羅光全書

冊卅五

牧廬文集（六）

臺灣學生書局印行

八十述往序

民國六十一年，幾位青年組織了先知出版社，要求我參加，以示鼓勵。我答應了，拿了錢出書，出版了《牧廬文集》。

那年，我滿了六十歲。六十爲一甲子，爲紀念一甲子的生命，把當時散佚的文章，收集起來，編輯了這部文集。文集分六冊；第一冊爲羅瑪四記，早已出版；第二冊爲台南五年，也已出版五年；下面四冊爲台北七年，又分爲述往，哲學，宗教，生活。文集出版不久，先知出版社因經營不良，即形倒閉。牧廬文集由我收藏，轉交學生書局，每冊改名出售，售書不多。

今年我滿了八十歲，在台北已住二十五年。二十五年內所寫的文章很多，或者是專書，或者編輯成集，都已陸續出版，祇有一些學術論文和演講稿，還存在莢子裡。到了八十，可以作一總結了；我把《牧廬文集》的原書重新編輯；前兩部仍舊，所改和所加不多；後面四冊完全改編，編爲兩冊，一冊爲牧靈編，追述在台北總教區的牧靈工作，一冊爲文化編，追述在輔仁大學的文化工作。前兩部記事，紀述羅瑪和台南的生活，文筆生動簡樸，頗能引人興趣，後兩部說理，則嫌枯燥。原本想摘錄台北二十五年的日記，然和全書體裁不合。每段又過短，故放棄不抄。但就幾項具有歷史價值的事，摘錄有關日記，不爲稱功，而是爲歷史保留資料。現在錄出有關日記，還有有關人士在世，可以作證，日記不能有僞。

我的八十年生活，分成三大段：衡陽十九年，羅瑪三十一年，台灣三十年。衡陽十九年，十二年在南鄉老家，七年在黃沙灣修院。羅瑪的三十一年，九年求學，廿五年教書，十八年在駐教廷使館任教務顧問。台灣的三十年，五年在台南任主教，十二年在台北任主教，十三年在輔仁大學任校長。八十以後的歲月，全在天主之中。

我在七十自述，獻身五十年，八十向天父自責自慶的三篇文章裡，通盤說出了我對生命的感想。在這篇序文，我不再重覆，因爲這三篇文章都收在本書的附錄裡，我現在要說的，是我的思想已經有定型，不會改變，在哲學裡，我的思想定型在生命哲學，宇宙爲天主所造，乃是一創生力，繼續進化，化生萬物，形成一生命洪流。在生活上，我的思想定型在基督結合一體，同基督負羞辱痛苦的十字架，補贖自身和人類罪惡，以崇拜天父的偉大，稱謝天父的慈愛，在這個思想的定型裡，我希望安渡餘年。

羅光序於天母牧盧

民國八十年三月十二日

牧廬文集（六）

目　錄

傳

供職清廷的義大利畫家郎世寧

民國五十八年五月十五日在故宮博物院講

清朝文人魏禧在文集中，曾有一篇記西洋畫的文章，他說：「余性好宮室園亭之樂，而貧無由得。每欲使畫工寫倣古人名第宅，或直寫吾意所欲作。故於此畫最好流連。然中國自古無是。此以知泰西測量之學爲不可及。伯子又述客言：泰西人作宮殿圖，千門萬戶，不可畢數，觀者如身望見阿房建章中。噫！安得使余見之而記之！」(一)

我們今日無法推知魏禧當時所看的西洋畫是那種畫。但是他文章裡，對於西洋宮室畫的推崇，則不免有似驚奇而不知所云。據我在歐洲所看的畫和畫集，不曾看見過有他所描寫的宮殿畫。如有，則是刻本畫圖。刻本畫則是以雕刻爲藝術。

清姚元之曾有文誌北京南堂油畫，文云：「南堂內有郎士寧線法畫二張，張於廳事東西兩壁，高大一如其壁。立西壁下，閉一目以覷東壁，則曲房洞敞，珠簾盡捲。南窗半啓，日光在地；牙籤玉軸，森然滿架。有多寶閣焉，古玩紛陳，陸離高下，……穿房而來，有大院落，北首長廊連續，列柱如排，石砌一律光潤。又來則隱然有屋焉，屏門猶未啓也。低昔視曲房外。二犬戲於地矣。再立東壁以覷西壁，又見三堂三間，堂之南窗，斜日掩映。三鼎列置三几，金色迷離。堂上懸大鏡三。其堂北牆，樹矗其上，仰視承塵雕本作花，中凸如蕊，下垂若倒置狀。俯視其地，光明如鏡，方磚一一可數。……線法古無元，而其精乃如此，惜古人未之見也。特記之。」(二)

郎士寧乃是郎世寧，乾隆時充職內廷。南堂的壁畫是以西畫畫法繪中國畫，創中西合璧的新法。

一、行傳

郎世寧爲義大利北部米蘭省人，生於一六八八年七月十九日。

米蘭爲龍巴爾提亞區（Lombardia）的首都。羅馬帝國亡後，龍巴爾提亞族入據此區，中古時曾為自由市。一五二一年併入神聖羅馬帝國版圖，當時神聖羅馬皇為西班牙加祿五世，米蘭乃屬西班牙的統治，一七一四年再由西班牙的統治轉屬奧國皇帝的統治。

在加祿五世以前，米蘭曾有獨立自治的政府，獨立政府的首領為「史佛匝」（Sforza）侯，創業諸侯「史佛匝方濟」，頗好客。提倡藝術。繼任諸侯「陸德會」（Ludovico il Mono）更好藝術，禮遇名師，畫家「達文奇」（Leonasdo da Vinci）和建築師「布拉滿」（Donato Bramante）都作他的門客，以後的百年，米蘭的藝術風氣很盛，自成一派。

郎世寧少時即習畫，曾從名師受教，現在我們不能考據他的老師究竟是誰，在西班牙統治時代，米蘭曾有「布洛加啓義」（Procaccini），「車郎諾」（Cerano），「莫拉作能」（Marazzone），克肋思彼（Crespi）等著名畫師，他們的作品現在還保存在米蘭城內的教堂和宮殿裡，郎世寧年輕必定有機會向這些畫師中的一位領教。

一七〇七年正月十六日，郎世寧十九歲，棄俗進耶穌會，為助理修士。耶穌會由西班牙人聖依納爵在一五四〇年所創立。宗旨是為束己修身，宣揚教義。會士分為兩級，第一級為神父會士，第二級為助理會士，神父會士晉升神父，從事教學傳道各項工作，助理會士則不晉昇神父，在修院內助理院務，郎世寧進入耶穌會，請為助理會士，被遣到義大利北部港口「赭諾亞城」（Genove）修院。

既是助理會士，郎世寧乃繼續習畫，為「赭諾亞」修院聖堂畫聖畫九幅，在院不滿兩年，乘船赴葡萄牙，預備來中國傳教。

第一位定居北京，開創現代中國天主教會的人是利瑪竇神父。利瑪竇在一六〇一年正月廿四日（萬曆二十八年十二月廿一日）進入北京，在京居住十年，於萬曆三十八年五月十一日逝世，利氏傳教的途徑，是以人格和學術，結識學者，爭取皇帝信任。爲貫徹學術傳教的方法，耶穌會會長乃派天數專家鄧玉函和湯若望兩位神父來中國，湯若望於順治年間，除欽天監監正，加太常寺少卿銜。康熙四年（一六六五年）輔政大臣褫奪湯若望的職位，下獄論死，次年因皇太后御旨得赦，同年八月十五日去世後三年，康熙帝命恢復湯若望原職補治喪禮，以南懷仁繼任欽天監副，十二年擢監正。

同時在京供職的，尚有法國耶穌會士「世[illegible]翰」和「巴多明」兩位神父，奉命測量中國邊境，繪製皇輿全覽圖。乾隆帝後來又命葡萄牙耶穌會士「高慎思」和「傅作霖」繪製他所征服的疆域圖。圖成由法籍耶穌會士「蔣友仁」雕刻，郎世寧插畫，插畫爲征服回部圖。

康熙時，曾有一名馬國賢之義大利神父（Matteo Ripa），奉教宗格助孟第十一世命，爲被葡萄牙人拘禁在澳門的特使多樂總主教（De Tournon），賫送樞機紅冠來中國，康熙五十年入京（一七一一）。馬國賢長於繪畫，嘗以畫獻呈康熙帝，帝甚喜在京耶穌會士，乃致書總會長請派一畫家會士來京供職，會長遂選派了青年畫家郎世寧。

郎世寧被選派了以後，由「赭諾亞」赴葡萄牙，按當時教廷和葡萄牙國王的條約，凡是往遠東來的傳教士，都要由「里斯本」乘船動身，受葡萄牙政府的保護，即所謂葡萄牙保教權，後來法王路易十四世願仿效葡王的政策，創設法國保教權，來到中國的首批法國耶穌會士便受到法國政府的保護，而且也不受北京耶穌會院長的管理，但是在傳教工作上尚能合作。

郎世寧到了葡萄牙，往「哥因白拉大學」（Coimbar）留住到一七一四年，爲哥因白拉耶穌會學院作畫，裝飾聖堂。葡萄牙王后聽到了他的名字，延請他替自己的太子公主畫像，郎氏當時年僅二十餘歲。

一七一四年奉命由里斯本動身來華，次年（一七一五年）七月十日抵澳門，略事休息，動身往北京，十二月二日進京城，由「馬國賢」神父引見康熙皇帝，進宮供職。馬氏於雍正元年（一七二三年）返回義大利，郎世寧便在當年正式入宮供職。

在康熙帝時，郎氏未正式供職，只間爲宮廷作畫，一七二一年，在京的葡萄牙耶穌會士，因葡萄牙王費提南三世的賜金，重修東堂，名爲聖若瑟堂，郎世寧爲堂中作壁畫兩大幅；一爲君士坦丁大帝作戰圖，一爲君士坦丁賴十字徽號得勝圖。約在一百年前梵蒂岡宮內建一君士坦丁大廳，廳內的三面牆壁有君士坦丁帝史蹟三大壁畫；一爲君士坦丁夢見十字徽號圖，一爲君士坦丁賴十字徽號得勝圖，一爲君士坦丁受洗領，三圖俱爲名家拉法額的弟子所作，郎世寧少年時未遊羅馬，但對梵蒂岡宮的畫，一定有所聞，他作畫的想像，可能與梵蒂岡宮的壁畫相似。

北京南堂修理後，郎世寧也爲作壁畫，清朝姚元之曾爲文以記。郎世寧又在南堂的聖堂天花板上作聖畫。

雍正元年，郎世寧繪獻聚瑞圖。雍正二年，又進白海青圖，圖上一鷹一松一菌，也是一幅祥瑞的作品。瑞應的觀念本不合於天主教的思想，郎氏在入宮供職的初年，爲迎合皇上的心理，乃作祥瑞圖。在他心中，只是描寫自然界的動植物罷了。況且雍正皇帝猜忌心重，不喜西士，尤其忌視在各省的傳教神父，屢次下令禁止信奉天主教。在京西士，爲表示對皇上的忠信，乃央請郎世寧作畫以歌頌皇上。乾隆登基後，郎世寧便不再作這類瑞應圖了。

爲迎合皇上的歡心，郎世寧放棄西畫改習中畫。

在郎氏去世後三年，耶穌會士(P. Amiot)曾有一信報告巴黎耶穌會院長說：「皇帝不喜歡油畫，嫌油畫太光滑。畫上陰暗之處如太濃，皇上以爲是畫上的污點。因此，王致敬應該迎合皇上的喜好。」㈢王致敬（Fr. Attinet）爲耶穌會修士，和郎氏同在宮廷供職。

王致敬在乾隆八年（一七四三年），曾有信致巴黎耶穌會，述說改習中國畫的苦痛：我把以前所學的都要忘掉，重新學習一種新的畫法，以迎合中國人的藝術觀念。我的四分之三的時間都在用油去畫珍璃，或用水彩去畫絹，所畫的樹木、花果、鳥雀、蟲魚，和其他獸類，很少畫人像。皇帝和后妃的油畫像，是在我來以前由我們一位兄弟叫郎世寧修士所畫的。郎修士爲義大利人，長於繪畫。我和他每天都見面。我們所畫的都是皇上命我們畫的。我們先畫一組稿，獻呈皇上檢閱，皇上指點修改。凡是皇上所修改的，無論好壞，我們必定要遵照，不能參照自己的意見。㈣

當義大利大畫家彌格安琪洛在梵蒂岡宮，爲教宗尤里第三世作畫時，教宗若有所指檢，彌氏便抗命逃亡，樞機們若有批評，彌氏則盛怒啐罵，可是郎世寧爲清乾隆帝作畫，只有頻聽皇上的吩咐。

在宮裡供西士作畫的房屋，名叫如意館。乾隆帝沒有登基以前，以皇子的身份，常到如意館看郎世寧作畫，稱郎氏爲師。登基以後，仍舊每每駕幸如意館。

郎氏爲人，性情謙和，沒有藝術家的放蕩倨傲，崇奉宗教，最爲虔誠。他供職皇宮，不求名、不求利，只求以藝術取得皇上的歡心，爲賺得傳教工作的保障。那時外國傳教士和中國信從天主教教友的生命，都操在皇上的手裡。郎世寧因此看自己的繪畫不是爲藝術而藝術，不是爲名利而繪畫，乃是爲維護宗教信仰而供職，他因此甘心捨棄專長的油畫而改習中國畫。他因此以宗教的熱心去工作，一筆不苟，每幅都是精微入妙，馬身上的毛，魚身上的鱗，花葉上紋線，處處求精。

乾隆元年(一七三六年)五月二日，郎世寧在如意館向乾隆帝跪奏，奏請放寬禁令，准許教士傳教。乾隆二年十二月十四日，再奏請解禁。乾隆十一年(一七四六年)福建教士被拘，郎世寧大膽跪奏請恩開釋，乾隆不悅。當年十二月十八日福建桑主教和四位神父被處絞刑。(五)

乾隆二年(一七三七年)，皇帝命郎氏和畫家沈源、唐岱、孫祜、張爲邦、丁觀鵬共作圓明園樓閣圖。沈、唐兩人供職宮廷，唐岱爲滿人，曾從王原祁學畫，長于山水。

乾隆三年，王致敬修士來京，致敬法國人，爲在京的法國耶穌會士所招來。郎世寧把他薦與乾隆皇帝，使他在皇宮供職。

乾隆十二年(一七四七年)，皇帝在如意館翻閱西士的圖畫，見有噴水池圖，很驚奇。向郎氏詢問究竟。遂命郎氏詢問在京西士有誰能造噴水泉者。郎氏訪得蔣友仁神父頗曉這項工程。乾隆帝遂諭令郎世寧和蔣友仁在圓明園內起造西式宮殿，造噴水池爲裝飾。次年，進呈圖樣，動工建造。後三十年，乾隆五十一年(一七八六年)晁俊秀神父(Franciscus Bourgeois)奉帝命作圓明園銅刻圖二十幅。巴黎圖書館存有刻本，義大利也有覆印本。(六)

乾隆時，西域回族屢叛，帝下令征伐，亂平，再命西士繪圖紀功。乾隆十九年(一七五四年)七月，帝在熱河行宮接見格爾穆克部酋長投誠，命王致敬作圖紀事，王致敬招郎世寧與艾啓蒙同繪。乾隆二十年，帝命郎氏作阿玉錫持矛盪冠圖。廿四年（一七五九年）又命作瑪瑺斫陣圖。三十年（一七六五年）帝命郎世寧和在京工繪事的王致敬、艾啓蒙（Ignace chelbarty）、安德義（Joannes Salusti），共作準噶爾部平定圖十六幅。在十六幅中有郎氏作品兩幅，名鄂壘札拉圖之戰。黑水圍解。郎氏兩幅戰圖，在嘉慶二年（一七九七年）一位德國藝術評論家曾認爲遠過其他十四幅戰圖以上。㈦這兩幅戰圖爲郎氏作品當年流傳歐洲的唯一作品；然尙不是真品，而是銅刻本。當十六幅戰圖作成後，原圖寄到法國，由法國王家畫院製成銅刻板，印製百幅。郎世寧曾有一函致法國王家畫院院長馬利尼侯爵（Marigney）。這封信寫於一七六五年（乾隆三十年）七月十三日。信上說：

謹啓者，命刻此畫之皇帝上諭班已明言刻工應忠於原畫圖形，然愚爲滿全皇上之旨意，且爲保全歐洲藝工之聲譽，竊願囑托二事。

第一，銅板應用刀刻，或用硝酸雕刻；雕刻宜極精細，俾能呈獻於偉大之皇帝。

第二，印刷皇上所定之幅數以後，刻板如已欠明瞭，則宜重加修理，以便寄回中國覆印時，能如第一次所印同樣清晰。㈧

在寄往法國的戰畫中，法國印度公司所訂的契約指明有郎世寧所繪的愛玉史斫陣圖。這幅畫不列於十六幅戰畫以內。然必是郎世寧在乾隆三十年所畫，或許名字不同。

乾隆二十五年（一七六〇）。兆惠平回京，俘有回首的妃子。乾隆愛其美色，欲娶爲妃，封為香妃，為她建清真寺。又命郎世寧為香妃畫像。世寧曾為乾隆帝和帝妃畫像。香妃像用油畫畫於韓國紙，香紀狀為歐洲騎士，穿戴歐洲騎士武裝。(九)

西域臣服時，回酋進貢良馬。乾隆帝很以良馬為貴，命郎世寧畫馬寫真。乾隆八年(一七四三年)郎氏畫十駿圖十大幅。每幅有乾隆御題，每幅寫有馬名：卉花鷹、霹靂驤、奔霄等。乾隆十三年(一七四八年)畫四駿圖四大幅，每幅左上側書馬名：如意驄、紅玉塵等，每幅上款有乾隆御題。乾隆二十八年(一七六三年)又畫愛烏罕等馬四幅。因此郎世寧以畫馬著名。

郎氏著名的百駿圖則畫於雍正六年(一七一一年)。又有八駿圖一幅，畫於乾隆二十年(一七六〇年)。郎氏且寫乾隆帝觀馬和騎馬圖。

除馬以外，世寧也畫皇帝所寵的鳥獸，如白鸛圖、白海青圖、白鶻圖、白鷹圖、瑞麅圖。麅為一純白幼鹿，腳蹄嫩紅，乃稱為瑞獸。世寧畫狗、畫魚、畫猿，也有專長，不是艾啓蒙、王致敬所可及。

乾隆二十三年(一七五八年)郎世寧壽七十，皇帝賜錦緞六匹賀壽。年六十時，乾隆已封他三品頂戴。

乾隆三十一年七月十六日，郎世寧在京逝世，享壽七十八歲。在中國住了五十年，供職四十三秋。逝世後，乾隆皇帝賜侍郎銜，殯葬銀三十萬。葬於北京天主教墓地。庚子年拳匪亂，在京西士墳墓被挖，郎世寧的墓也被毀，僅留一塊墓碑。

乾隆皇帝在郎世寧的一幅馬如意驄圖上，曾題字說，第一個中國應用凹凸畫的人，是唐朝尉遲乙僧，乙僧爲西域人，第二個應用凹凸法的人則是郎世寧，世寧也是西方人，乾隆皇帝以往看到郎世寧的畫法，是兼東西。

俞劍方的中國繪畫史說：「郎世寧畫本西洋而以中法參之，形神逼肖。精工細緻，刻畫入微。……工翎毛、花卉、人馬、射獵、畫馬尤工。」(十)

二、西　畫

歐洲的繪畫從中古到近代，以義大利爲主，現代的歐洲畫，則以法國領先，中古畫。文藝復興古典畫，現代印象派畫都以人體爲中心，在第十三世紀和第十四世紀時，歐洲人體畫以宗教畫爲宗，大師禾鐸(Giotto 1267-1337)的每幅畫有一中心，幅中人物都以中心人物爲趨向，中心人物又有一種詩意的表情。線畫謹嚴，顏色鮮明，每幅畫充滿嚴肅的宗教情緒，第十六世紀和第十七世紀的文藝復興古典畫，則以希臘裸體美爲主了，名師如「達文奇」

(Leonardo Da Vinci 1452-1519)「彌格安琪洛」(Michelangelo 1475-1564)，法拉厄洛(Raffaello 1483—1520)「黎琪安諾」(Tiziano ?—1576),「丁鐸冷」(Tintoreto 1518—1594) 等，以生物解剖法描寫人體的姿態，以立體幾何法增加人體的活躍，以顏色配調法表現人身的情感，文藝復興的古典派繪畫，無論壁畫油畫，人體如生，情感畢露，人體寫生的畫法，已經達到了峰嶺，古典藝術史家「魂福齡」(Henri Woelfflin)在一八九八年曾說第十六世紀的繪畫比較第十五世紀的畫，不同之點是以綜合代替分析，對於人有新的人格價值，對於形式美有新的端重和高貴的觀點，使人像達到理想化的境界，在表現時有節制，肢體的配置有高貴性，體量集中，有橫直的線紋，細節目簡樸，位置有次序，人體美在三立方面積上顯出，在人體上分光明黑暗，使輪廓更清楚。然而大藝術家又各有各人的理想。第十七世紀開始有「巴洛可式」(Barroco)和新古典派的藝術，義大利和歐洲的繪畫已開始尋找新的途徑，第十八世紀和第十九世紀乃有印象派的產生，第廿世紀則變態百出，未來派立體派超寫實派將歐洲藝壇，弄的大家不知何所適從了。(土)

郎世寧在第十七世紀下半期，從米蘭的名師習畫。米蘭的畫家除「達文奇」享有盛名外，其他畫家都不能和翡冷翠、威尼斯、羅馬的畫家齊名。然而大家的趨勢，都是趨向「巴洛可」和新古典派，「巴洛可」藝術思想，代表歐洲繪畫雕刻建築的一個時代，在裝飾上喜歡複雜，在顏色上喜歡強烈的對照，在表情上喜歡深沉，在姿態上喜歡戲劇性，因此後來流爲形態或狀態主義，而沒有真實的內容，郎世寧青年時所習畫，必定是「巴洛可」和新古典式，他所畫的西洋畫現在保存的有赭諾亞城和哥因白拉的耶穌會院中聖畫，在中國的只有故宮博物院的香妃圖，香妃圖以油畫畫在朝鮮紙上，形態和顏色很像十七世紀的西洋新古典畫，香妃全身的表情，深沉嚴肅，顏色雖複雜，但很調和，有人懷疑這幅畫不是郎世寧的真蹟，我則相信，這幅畫非郎世寧本人，當時沒有別人可以畫出來。香妃的武士裝，爲歐洲中古騎士盔甲，非西士不能畫，他的徒弟艾啓蒙和他相差太遠了，何況郎氏作香妃圖的事，當時耶穌會士有詳細的傳述，若這幅畫爲後人臨摹，臨者也可稱爲能手。

羅馬剛恆毅樞機曾藏有郎世寧的護守天使圖和聖彌額爾天使圖。畫品的真僞很難斷定。兩畫都不是油畫，畫法爲中西合壁。

可惜郎世寧當年爲北京東堂和南堂所作聖像和乾隆帝及后妃的畫像，現在已經都不存留遺跡了。

三、中畫

中國畫素以山水畫爲宗，花鳥動物爲次，人像畫則屬稀少。中國藝術的哲學思想，和中國整個哲學思想相連。中國儒家以天地人三才代表宇宙，宇宙的變化以陰陽兩氣的調和爲途徑，變化的目的爲生生之道，人雖爲宇宙之秀，然而是宇宙之內，與宇宙合而爲一，人生的大道乃是參天地之化育。因此中國的繪畫，以山水代表宇宙，山水畫的精神代表宇宙陰陽相合的生生之道。山水畫中的人物，優遊於宇宙之中，不成畫品之中心。梁元帝「山水松石格」曾云：「夫天地之名，造化爲靈，設奇巧之體勢，寫山水之縱橫。」王維「山水訣」也說：「夫畫道之中，水墨最爲上，肇自然之性，成造化之功。」董其昌的《畫旨畫眼》書中的畫家六法：「一曰氣韻，氣韻不可學，此生而知之，自然天授，然亦有學得處。讀萬卷書，行萬里路，胸中脫去塵濁，自然邱壑內營，成立鄞鄂，隨手寫去，皆爲山水傳神」。神韻一辭，雖爲中國繪畫的至善，但誰也不能說出意義何在。我以爲神韻即是畫品的至誠。至誠如中庸所說，可盡人性、盡物性、參天地的化育。

中國畫中的花鳥畫自五代徐熙、徐崇嗣、黃荃、黃居寀、趙昌、易元吉等畫家，創寫生沒骨畫以後，明朝邊文進、呂紀、林良、陳淳、周之冕等各家，在鉤勒寫生以外，有寫意的作法，清朝惲壽平和蔣廷錫則已經不能走出前代畫家的阡陌，絕少創作。中國歷代花鳥畫無論寫生寫意，畫品的精神則在於神韻。山水可以有神韻。花鳥生物更該有神韻。叢品的神韻，不是言語可傳，而在於觀者去心會。神韻的意義，就是宇宙萬物的調和，以參天地的化育，顯明天地生生之道。中國繪畫裡沒有一件東西是獨立的，而是協調在宇宙以內。花鳥畫中的生物，也要顯示出這種精神。

郎世寧在京學習中國畫，他不能學習寫意的畫法。寫意同於寫字，工夫全在筆法，郎世寧終生不會寫中國字。他便學習宮筆，工夫仍舊在於線條。顏色不是主要條件。郎世寧學會了寫生，然而他以中國線條法過於平板，他便使用青年所習西畫的立體幾何畫法，更又以顏色爲主，因此他的畫，寫生的工夫達到絕頂，所有狗馬，栩栩如生。唐朝曹霸和韓幹畫馬，生動逼肖，但是並不活活欲出。郎世寧的馬和狗，則活躍紙上，神情逼真。不過他的寫生，乃是西洋人物畫的寫生，畫中的主要人或物，爲一畫獨立之主，主要人物的生氣，畢露畫上，和周圍的宇宙不發生關係。他的畫便只有西洋寫生的生氣，而無中國的神韻。因爲是有生氣，他的畫不是工匠的模倣品，而是有高尙的藝術價值。艾啓蒙和他同時在京的西洋畫家習西畫的中國畫家，所有作品既無神韻又無生氣，乃流爲下品。

中國繪畫史說：「佛教繪畫與中國繪畫以極大的影響，使中國畫壇受控制於佛畫之下者亙一千年之久；但西洋宗教畫所繪與中國繪畫之影響則無此偉大。惟曾鯨之傳真法，曾參用

之而已。」㈩

郎世寧曾有從遊弟子多人：艾啓蒙爲西洋修士從他習中國畫者，其他中國人從他習西畫者，有劉九德、楊大章、夏杲、丁皐、戴蒼、陸燦、蔣廷錫、丁觀鵬、鄒一桂等。一桂著《小山畫譜》評論西畫畫法，詆爲技工，不足稱爲藝術，因缺乏神韻風格。

西洋畫之不能影響中國畫，原因不在於畫法不同，而是在於藝術哲學不同。王致敬曾記乾隆皇帝一次來如意館觀畫，看王致敬所畫仕女，皇帝問所畫是西洋女人否，王致敬答爲中國女人。皇帝便說不對，應該修改。㈩東西兩方的藝術哲學不同，中國人不喜歡普通的中西合壁畫法。

郎世寧的畫，在中國藝術史上應有特別的位置，較比明清兩代禽獸寫生的畫家都高明，因爲他自有風格。他死以後沒有傳人，因爲中國習畫的人不能有西洋畫的深湛研究，不知道以顏色以寫生氣。現在中國習西畫的人，則又對中國國畫缺少根基，不知平面與線紋的靈妙。當代唯一可以運用西法畫中國山水畫者，則爲張大千先生。大千先生的山水近作，顏色的深濃，氣概滂沱，已經以顏色爲主，融合中西的畫法，而又有中國畫的神韻，則較郎世寧的中西合壁更高了。

柯薄萊殉難記

一、

一九四一年七月末梢的一個晚上，波蘭奧西微茨(Ouschwitz)俘虜集中營的波蘭俘虜照常集中在荒涼的廣場上，靜候點名。北歐的太陽夏天炎威薄弱，晚風更使單衣的俘虜感到絲絲寒意。俘虜的心中冰涼苦酸，白日黑夜都是一片灰色。勞力苦工和蜷伏冷板，代表了他們的生活；皮鞭鐵棒和哨子或猛喝，制定他們的時間表；百步外的火葬爐，標明他們的歸宿。但是集中營的鐵門上卻懸著一方匾額，匾額上寫著〃Arbeit macht frei〃「工作使人自由」。俘虜們苦笑著說：「苦工使人死後獲得整個自由」。

俘虜每人只有一個號碼，沒有姓名，他們分組分班，集群而居。清晨從木板上爬起，趕緊分組，分班在廣場上排隊，等候喊點號碼；傍晚放下工作，走進鐵柵以前，也同樣地等候。嚴冬早晨的冰霜，傍晚的北風，凍徹俘虜的骨髓。點名的時間，成了集中營殘酷刑罰中最可怕的刑罰。

一九四一年八月末梢的一次點名，情形和平日一樣，「雙死」(S.S)警察隊隊長大聲吼著號碼，被叫到號碼的俘虜苦聲地應著「在」。一個一個號碼吼下去，一聲一聲應個「在」。俘虜們以爲這只是一架機器的動作，大家都心不在焉地聽著。突然一個號碼吼出了，「在」的應聲沒有回響。荒涼的廣場上靜極了，俘虜們頓時停止了氣息。同樣的號碼又重覆吼了一次，廣場裡只有靜默，仍舊沒有回聲。憤怒的警察隊長再怒氣填胸地吼了一次號碼，俘虜們驚悸地彼此顧看，回聲還是不出來。這個號碼的俘虜逃跑了！

集中營周圍安置四層鐵絲網，網上通有高壓電流；營周圍每百公尺有守望台，台上日夜站著拿著機槍的兵士，台下繫著兇悍的警犬。這個俘虜怎樣可以逃出集中營呢？警察隊長下令搜索全營。三個小時的時間，警察和警犬鬧翻了集中營各個角落，那個俘虜卻蹤影全無。警察隊長下令解散隊伍，進棚安息。但是第十四班的俘虜，守夜等候，因爲那個逃亡的俘虜屬於第十四班。

第二天清晨，廣場上再吼著俘虜的號碼，一個一個答應在，只有昨天傍晚沒有答覆的號碼仍舊不得回音。有了答覆的號碼，遣去工作。第十四班的俘虜在場中立正站著，時間成了永久，焦急打斷了思索，好幾個羸弱的身體倒臥地上，警察們把倒臥的俘虜拖往廣場一角。

「雙死」警察隊長胡里西(Fritsch)下了決定，爲警戒全營俘虜一個逃亡，十個受死刑，死刑爲餓死。當天下午六點，胡里西走來凶狠地看著第十四班立正站著的俘虜，用手左右亂指，被指的人走出行列，站在一邊。他指了十個人，十個判定餓死的人！

十個死刑俘虜中一個突然哭說：「可憐我家中的妻子和兒子。」他是五六五九號俘虜，名叫加約尼色克(Gajowniczek)。

這時從立正行列中，慢步走出一個俘虜，他的號碼是一六六七〇。警察立時把他圍住，警察隊長舉著手槍對他說：「你幹什麼？」

「我想頂替他們中間一個人。」俘虜慢慢答說。

警察隊長呆住了，手槍放下，睜眼看著他，驚訝地問說：

「你爲什麼？」

一六六七〇號俘虜指著加約尼色克說：

「他有妻子有兒子，我沒有妻兒，又老又生病，不中用了，我願意頂替他。」

「你是誰？」警察隊長問。

「我是天主教神父」俘虜答覆。

胡里西命五六五九號歸隊，一六六七〇號同別旳九個號碼一同押走。

一六六七〇號俘虜，名叫柯薄萊(Maximianus Koble)是一位方濟會神父。

十個俘虜被押到地下牢獄，剝去上下衣服，赤身關在第十一號地牢裡，不給水，不供食，要他們活活餓死。

集中營的墳地工人波哥維(Bruno Borgovic)恢復自由後，述說他在地牢裡的見聞。他說從第十一號的地牢裡每天常聽到祈禱的聲音，或是唱聖歌，或是唸玫瑰經。他每天跟著警察進入地牢，看看有沒有斷氣的俘虜。口渴肚餓的俘虜向警察喊要一口水一片麵包，有的爬到牢門口，警察一腳把他們踢回去，再不然便一槍結束他的生命。柯蒲萊神父坐地不動，靜默不言，有時也勸同伴安心忍苦。基督不是懸在十字架上，口裡乾渴，血淚流盡而死嗎？死後復活了，他的事業更輝煌。他們死在地牢裡，祖國波蘭必能因他們的犧牲而得救。

最後幾天，受餓的俘虜體力盡了，躺在地上不能動彈。波哥維還看見柯蒲萊神父或是站著，或是跪著，口中細聲唸經。餓了兩個星期，到了八月十四日，十個俘虜已經餓死了六個，剩下四個，三個躺著不動，奄奄一息，只有柯蒲萊神父神志還清明。他曾替每個臨死的苦伴送終，給他唸赦罪經。八月十四日，警察要把第十一號的地牢弄空，別的被「雙死」警察(S.S.)判處死刑的俘虜該佔這個死牢，警察叫來集中營的醫生波克(Boch)，命他給四個垂死的人打一毒針，收拾他們的生命。柯蒲萊神父坐在地上，背靠著牆，頭下垂，兩手放在腹上，望著醫生給三個同伴注射毒藥。他見醫生到他身邊，口中唸經，把手臂伸給醫生，身體一陣劇烈震動，隨即斷氣。波哥維來收屍體時，很驚訝柯蒲萊神父仍舊靠牆坐著，頭垂在左肩上，眼睛睜開，臉上氣色似乎神采發光。

次日，八月十五日，天主教的聖母升天節，柯蒲萊神父的屍體行了火葬。

二、

柯蒲萊神父在一九四一年五月二十八日被禁入奧西微茨集中營。三個月以前，在二月十七日，他被「雙死」警察拘捕，拘留在巴委亞克(Pawiak)。五月二十八日和三百二十個波蘭俘虜，被囚入奧西微茨，號碼爲一六六七〇，先編入第十七班，又入第十班，再入第十一班，末後因病編入第十四班。營中的生活，從早到晚是苦工。初到時，他被派推輪車，載水泥，砌火葬爐的圍牆，後被派運柴木。不久，便病倒了，醫生田魯夫(Rudorf Diem)要他進病房休息，他卻推辭不去，把床位讓給另一個苦伴去養病。每次醫生問他，每次他都讓別病倒的俘虜進病房。醫生便問他究竟是誰，他答說：「我是天主教的神父。」醫生便說：「在這樣被壓迫的痛苦下，你還信有神？」柯蒲萊很誠懇地答說：「在這樣的情形下，更要信有神。」

「雙死」警察隊長胡里西一次看到柯蒲萊胸前掛著十字架，厲聲的說：「你信這個？」

他安詳地答說：「我信」胡里西舉手一掌打在他臉上，再又問：「你還信？」「我當然信！」胡里西又打一掌，拉下十字架，摔在地上，頭上冒著煙走了。柯蒲萊謹慎地捧起十字，重新掛在胸前。

他病倒在床板上，不能出棚作工，同班抱病睡在棚裡的苦伴，在地上爬行，爬到他的床前，向他懺悔，求他唸赦罪經。他勉勸苦伴們加強信仰，忍受痛苦。苦伴們偷偷地藏著麵包送給他，他卻偷偷地分給害病的苦伴。

他被捕兩次。第一次被捕，在一九三九年九月十九日，德國軍隊剛侵入波蘭，德國警察就拘捕了柯蒲萊神父和同會會士三十七人，軟禁在慈幼會會院裡，待遇還不錯，同年十二月八日，忽被釋放。

柯蒲萊神父回到他原籍的尼波加拉諾(Niepokalanow)，重新整理自己開辦的印刷廠。次年正月赴瓦爾沙首都，拜會德國駐軍首長富蘭克(Frank)請准恢復出版「純潔聖母的騎士」雜誌，富蘭克詢問明白為一宗教性刊物，准許出版；但是「雙死」警察隊卻從中阻撓，嚴厲批評「純潔聖母的騎士」煽動反抗德國。柯蒲萊堅持出刊計劃，再往華沙首都奔走，德國駐軍當局竟向他建議，請他簽名原簽德國人名單，便能享受特權，柯蒲萊答說：「我出生是波蘭人，現在是波蘭人，將來也是波蘭人。」

十二月八號，天主教的純潔聖母節，柯蒲萊神父的雜誌出版了，發行一百二十萬份，波蘭各方來信讚譽鼓勵，慶爲亂世的精神食糧，「雙死」警察著了慌，下令禁止。一九四一年二月十七日早晨，「雙死」警察的兩部上車停在方濟會會院門外，門房通知柯蒲萊神父說：

「他們到了！來了四個，三個『雙死』警察，一個翻譯。」

「好罷！小子，我在這裡，啊！聖母瑪利亞。」柯蒲萊答說。

「雙死」警察把他帶走，他被拘禁到死，那時年方四十七歲。

柯神父生於一八九四年正月七日，家庭是波蘭鄉下的一個農家，父母業織布，收入僅可糊口。他排行第二，七歲時得同鄉一藥房老闆的幫助，入學讀書，十六歲時，進方濟會。一九一八年四月二十八日，在羅馬受祝聖爲神父，繼續讀書，考取哲學神學兩科博士。

馬松黨當時在歐洲社會裡，秘密結社，反對宗教，柯蒲萊在羅馬留學時，計劃成立社團，和馬松黨對抗，社團取名純潔聖母軍。第一次歐洲大戰後，他回到波蘭，展開社團工作。一九二二年發行「純潔聖母的騎士」雜誌，銷行五萬份。一九二七年波蘭一貴族捐贈一塊兩萬八千平方公尺的土地，地在瓦爾沙首都城外西面，名叫尼波加拉諾，柯蒲萊動工興建印刷廠。一九三〇年奉命往日本，四月抵長崎，在神哲學院任教。五月在長崎出刊日文「純潔聖母的騎士」雜誌，出版一年，銷路達一萬八千份。在日本住了六年，回波蘭兩次，赴印度一次，一九三六年，又回波蘭參加區長選舉會，遂留住波蘭，任尼波加拉諾院長。尼波加拉諾原有兩萬八千平方公尺土地，一九三七年增加了四倍，次年增加了六倍成了小城，城中有三百多位會士和一倍以上的技工，負責「純潔聖母軍」的組織和「純潔聖母的騎士」雜誌的發行。

這座城，是柯蒲萊神父的建築，是波蘭人民的一座精神中心。

德國「雙死」警察不能容許尼波加拉諾的存在，不能讓柯蒲萊神父堅定波蘭人的志氣，只有拘禁他進集中營。

基督曾經在最後晚餐席上向弟子們說：「我沒有別的誡命，只命你們按我愛你們之愛，你們彼此相愛。人之愛，沒有比爲朋友捨生更大的愛。」（若望福音第十五章第十二—十三節）基督爲救人捨了生命，他的信徒也要有爲人捨生的勇氣。

柯蒲萊神父實行了基督的誡命。

去年十月七日，天主教教宗保祿六世，當全球主教代表在羅馬開會時，在聖彼得大殿，舉行隆重典禮，諡封柯蒲萊神父爲亞聖，受教會人士的敬禮。

「加約尼色克」已經成七十歲的老人，親自來到聖彼得殿，敬禮爲他捨生的亞聖。但他

在教宗封亞聖以前，早就在自己家裡，供著柯蒲萊神父的遺像，朝暮敬奉。（中央日報副刊）

民國六十年元月十九日於天母牧廬。

壽雷震遠神父七十

耶穌在福音上說：「追求正義，如飢如渴的人，乃是幸福的人。」(一)孔子說：「君子喻於義。」(二)孟子說：「義，人路也。」(三)正義感，乃是我們人格的代表，也是我們培養人格的基礎。

義，有人與人之義，有國與國之義，有人與天主之義。君子之人，注重人與人之義，克守自分的身分，決不傷害別人的名份，對於錢財和名位，如同孔子所說：「如不可求，富貴於我如浮雲。」(四)

忠臣烈士，愛國愛民，對於人民的權利和國家的主權，寸土必爭，赴湯蹈火，甘心爲國捐軀。

聖人，感念天主的洪恩，無可奉報，獻身於基督，一呼一吸，一思一念，都爲報天主之愛。

君子，忠臣，聖人，同心追求正義，爲人，爲國，爲天主，捐棄一己私利，滿全正義的責任。責任發自正義，責任感乃正義感的實現。

正義感若培養充實，則超越責任以上。中國古人所歌頌的慷慨俠義之士，追求社會正義，以天下爲一家，以世界爲一人，一遇不義的事，頓打抱不平。

現在社會上不義的事，多得令人不驚奇，有人竟不以爲不義了。強暴者橫行鄉閭，受欺者敢怒而不敢言。國家政權以暴力專政，魚肉人民，剝奪基本人權，竟號稱解放人民；國際政客，以眼前實力爲重，趨炎附勢，蔑棄公理，在這不義的世界裡，追求正義的人真寥如晨星了！

當中華民國成立初年，軍閥橫行，列強主張瓜分中國。有雷鳴遠神父，挺身而出，爲正義吶喊。他在華北，創益世報爲窮人奮鬥，爲工人呼冤，第一次歐戰後，他奔走歐洲，替中國人爭生存權，替中華文明爭敬仰。抗日戰爭爆發，他組織救護隊，援救中國傷兵。第八路匪軍禍國殃民，他痛責共黨爲魔鬼，卒至受共匪毒害，爲正義而捐軀。

雷鳴遠既死，他的精神繼承人雷震遠神父，步其後塵，爲正義而奮鬥。他洞悉共黨違背正義的毒心，也明瞭共黨僞裝仁義的伎倆，更深知國際政客的自私，他在華北，他在越南，他在美國，代表正義的呼聲。他出生在比國，愛中國爲第二故鄉；他奉召爲司鐸，爲傳教而獻身。

傳教的目的，爲宣講基督福音，引人成爲天主的子民，建立本地教會。基督的福音，以正義爲基督，以仁愛爲堂宇。基督身爲天主聖子，降生成人，所有的使命，在於塡補人類在正義上對於天主的虧缺，又給人類以天主子民的身份眞正平等。塡補了人類在正義上的虧缺，基督引人進入天主的堂奧，呼天主爲父，以人人爲手足，愛情的熱忱，乃能純潔而聖化。

雷震遠神父繼承雷鳴遠神父的傳教精神，作正義的呼聲，作福音的宗徒。中華人民所受不義的待遇太多太苦，從軍閥官僚來的，從共黨暴力來的；凡是不義的行動，都違背基督福音，必先掃除種種不義以爲福音之地。

當孟子向國君爲人民呼求正義時，時人罵他好辯，孟子說：「予豈好辯哉！予不得已也。……公明儀曰：庖有肥肉，廄有肥馬，民有飢色，野有餓伎，此率獸而食人也。楊墨之道不息，孔子之道不著，是邪說淫民，充塞仁義也。仁義充塞，則率獸食人，人將自食，吾爲此懼。閑先聖之道，距楊墨，放淫辭，邪說者不得作。……聖人復起，不易吾言矣。」㈤

雷震遠神父爲正義的呼聲，辯共產的邪說，放國際政客的淫辭。他也可以說：「予豈好辯哉！予不得已也。……聖人復起，不易吾言矣。」

古經的先知們，奉天主的命，爲正義而呼喊，葉肋彌亞，依撒依亞，厄則基亞，都以正義爲光明，呼人傾向；最後爲正義的太陽—耶穌基督作嚮導的洗者若翰，自稱爲曠野的呼聲，向黑落德王抗議說：「按理你不能佔你的弟婦。」㈥他竟因這種抗議而招殺人之禍。

雷震遠神父近十年，走遍了美國，在廣播電臺、在電視臺、在大學講壇，大聲疾呼：按理共黨不能竊據中國大陸。多次美國青年，敲打坐椅，大聲呼嘯，阻止演講，雷神父以靜默鎮壓了青年的囂張，一氣講完自己的正義演詞。美國青年瞠目結舌，欲辯無言。

今年他年滿七十了，身體剛由病中復原，又將步上征途，為正義作戰。記得我在臺南主教任所時，他過六十壽，神父們親熱地為他向天主求福。他以六十歲的身體，剃光了頭，在太陽下可以步行幾小時。今年他七十歲，我在臺北任所，集合他的朋友們，為這一位熱心追求正義的神父，虔求天主保佑他的健康，繼續作正義的呼聲。

民國六十三年九月十日

註：

㈠ 瑪竇福音 第五章第六節。

㈡ 論語 里仁。

㈢ 孟子 告子上。

㈣ 論語　述而。

㈤ 孟子　滕文公下。

㈥ 瑪竇福音　第十四章第四節。

追悼田樞機

一、純粹的中國人

民國三十五年二月十八日，青島主教田耕莘受封爲樞機，大家都以爲奇，田樞機本人更爲奇：在中國主教中，教宗怎麼選到了他。在晉封樞機大典後幾天，我陪著樞機晉見教宗庇護十二世。教宗對我說：「我們選了一位純粹的中國人作樞機，你們中國人一定很高興。」

田樞機是一位純粹的中國人，他生在孔、孟故鄉的山東，沒有出國留學，從小讀四書五經。在修院裡雖然讀了拉丁文，讀了神學哲學；但是陞了神父以後，常在山東南部的鄉間傳教，他的生活習慣，是中國鄉裡人的習慣；他的傳教方法，是中國人的作事方法；他的言語行動，絕對不帶洋氣。後來他升了主教，晉封爲樞機，在美國住了九年，週遊世界好幾次；然而他的生活習慣，仍舊是中國鄉下人的習慣，是一位純粹的中國人。

但是教宗庇護稱讚田樞機是一位純粹的中國人，還另有意義，即是稱讚他有中國人的傳統美德，可以作中國人的代表。孔子曾描寫自己的人格說：「其爲人也，發憤忘食，樂以忘田樞機一生，乃是中國人的標準人格，孔子的人格，也就可以利用這幾句作代表。

他的一生，「發憤忘食」。在任陽穀主教以前，他曾傳教於山東易水王家莊、戴家莊、汐上、鉅野、單縣、黃岡、渚城、范縣、魚台、嘉祥、鉅城等十一處，幾乎是每一年或兩年換一地方，到處發憤忘食。民國二十三年出任陽穀監牧。陽穀區轄陽穀、壽張、觀城、朝城、范濮之縣，於民國二十一年成立。成立後，沒有神父接受監牧的職務，都視陽穀教區爲畏途。最後，兗州韓寧鎬主教向教廷傳信部舉薦田耕莘神父，田神父甘心接受上命。民國二十八年，田監牧升爲陽穀主教。民國三十一年，調任青島主教。民國三十五年，升北平總主教。民國四十九年，兼任臺北署理總主教。到處常是發憤忘食，不知老之將至。

田樞機又常是樂以忘憂。中華民族是一種樂天安命的民族。每個人的生活，有如孔子所說：「飯疏食飲水，曲肱而枕之，樂亦在其中矣。」中華民族的生活，在兵荒馬亂的亂離時，到處可以圖生存，五千年來民族的命脈乃可以不斷。田樞機稟有這種樂天精神，加以基督事事隨順天父旨意的訓示，他一生在困苦中有安樂，在病痛中有慰藉，「不怨天，不尤人。」他傳教的勞苦雖重，尚不足算爲最大痛苦，他的最大痛苦，是在歐美旅行時，聽見各方都以爲他在教區危難之時，拋棄了教區，在外苟延殘生。他一生是埋頭苦幹的人，被人輕視為求苟安的主教；他在土匪、日寇、八路軍中，置生命於度外，被人譏為怕死的人，以樞機之尊，隱身於香港、於西德、於美國，前後共十一年。在十一年的精神困苦中，心中則常安樂，不怨不尤。民國三十八年曾來臺灣一遊，備受國人的歡迎，精神一振。不意次年在西德遭遇車禍，右臂打斷，抵台灣後，又發心臟病，再加骨節炎，晚年他常說：「全身沒有一處不痛。』在全身的痛楚中，他的心境常是恬適，兩眼幾全失明，不能閱讀，心臟衰弱不宜多談，長日默坐，手持唸珠，靜唸經韻，在心和天主相接之中，度日度月，精神從來不見衰敗的氣色。

田樞機的美德，可以代表純粹中國人的美德。

二、純粹的天主教教士

這一位純粹的中國人又不失為一位純粹的天主教士。蔣總統弔唁田樞機說：「畢生弘揚教義，為救世救人而努力。」教宗保祿也弔唁說：「懷念他從事使徒工作的熱心」。從青年神父的老年樞機，他常是發憤忘食，弘揚教義。傳教時，衣食樸素，或者步行，或者乘單車。在窮鄉僻壤，在通都大色，自小小易水五家莊，到陽穀縣城，至青島大都市，到北平舊都，又到臺北戰時首都，他的工作，常在弘揚教義，盡基督使徒的使命。

爲弘揚教義，應一心愛人，田樞機在鄉下愛鄉下人，在城裡愛城市人。在山東時，他憐惜搬家往東北謀生的山東人，常常接濟他們的家庭。當年山東屢遭兵荒飢饉，人民沒有食物充饑；田耕莘神父向上海購糧，運回賑災。在青島時，有逃避戰禍和八路軍的難民，又有四方踴進舊都，躲避共匪的人士，田主教焦費心思，予以救濟。到了臺北，一心打算建立一大醫院，爲救助貧苦病人，去年乃動工建立耕莘醫院。

愛而不教，不足爲愛人。田耕莘神父在渚城時，辦理小學。在魚台縣，設立男女小學四班。任陽穀主教，欲設中學，不克成功。抵青島，青島有天主教中小學五十一所，入北平，北平有天主教學校之十八校。田樞機在北平加設耕莘中學。設上智編館，在輔仁大學增立多瑪斯哲學院。署理臺北總教區，乃恢復輔仁大學，創多瑪斯與若瑟兩修院，又鼓勵興辦初中高中，建立耕莘文教院。

天主教教士，弘揚教義，以身作則。田樞機不汲汲於名利，不戀戀於衣食。心懷謙虛，絕不以樞機之身而驕人。衣食樸素，酒不沾唇。教友有送佳禮者，收而轉贈他人。每晨四點起床，默想祈禱。晚間九點必回住所，雖大宴會也不久留。病中無事，日夜誦經。宗教熱情，溢於言表。中外人士，凡和他稍有接觸者，都口口聲聲，稱揚他爲好人。

聖保祿宗徒曾條陳立教應有的品德說：「是故爲司牧者，其立身處世，務期無疵可摘。莊敬自持，循規蹈矩，處事有條不紊，待人和靄可親，優遇遠人，循循善誘；不可沉湎於酒，不可舉止暴躁；務須溫柔寬裕，與世無爭，不戀財物。」（致弟茂德書 第三章第二節—第三節）

聖保祿的話，可以爲田樞機主教一生的寫照：「他是一位有純粹中國美德的人，是一位有純粹天主教主教品德的人。」

中央日報七月二十八日

懷念鄉友鄒濟勳院長

逝世已一年，謹以一短文作紀念

我可以說是在海外生長的人，對家鄉的事知道很少，在十九歲時我就出國到羅馬留學，三十一年沒有回國，腦子裡祇有衡陽故鄉的名字和衡陽市的幾條街道，還記得來雁塔，雁峰寺，湘江中的東州島和清草橋；若問我衡陽名人的姓名，我就茫然無知。民國五十年，我被派來台灣任台南主教，一個人都不認識。但是到任一個月內，就和住在台南的幾位湖南同鄉相識，因著他們的介紹，我進入了台南的社會，結了很好的人際關係。那時有鹽務局長朱玖瑩先生，有已故標準局長尙賢德先生和警察局督察汪攝吉先生。

在台南住了五年，被調來台北；在台北已經住了二十二年，所結交的湖南同鄉朋友則更多了。但是在同鄉的朋友中交情最清淡又最雋永的，則要算鄒濟勳孝威院長。我們兩人是衡陽小同鄉，他出生於西鄉，我出生於南鄉；在台北兩人住得很近，他住榮民總醫院，我住天母；我又常有事找他，或者爲著氣喘病我住榮總，或者爲著耕莘醫院的發展我問他高見，要說設宴應酬，每年祇有兩次相聚：一次是他宴黃少谷院長賀生，一次是耕莘醫院開董事會。

我倆的交情可以說很清淡，但很雋永，二十多年中日新又新。

我到台北總主教任所，總務郭潔麟神父也是衡陽人，以前他在台北木柵住過，認識那時住在政治大學附近的榮總鄒濟勳副院長，便介紹和我認識，鄒副院長約我到他家中晚餐。我那時常出國到羅馬和香港馬尼拉開會，雖然住在天母，很少有機會和鄒副院長見面，有時害點感冒小病，我往自己辦的耕莘醫院。

就是爲著辦耕莘醫院的發展，我才和鄒院長會面的次數多了。耕莘醫院由田耕莘樞機主教向德國天主教會海外援助會獲得第一期建築費用而開工，我來台北接任後，繼續醫院的建築，第一期工程完成後，醫院就開幕營業，開幕日曾請蔣夫人剪彩，孫科院長任榮譽院長。但是院址處在新店中央新村附近，那時唯一通到新店的道路還不是柏油路，產婦坐計程車來醫院，路上都怕震動太凶。醫院的營運便產生多方面的困難。首任院長爲美籍神父，又不懂經濟，我祇好換院長，派當時狄剛副主教管理醫院，以吉朝芳神父和郭潔麟神父作助理，不久狄剛主教被選爲主教團祕書長，後又升嘉義主教，耕莘醫院由袁君秀神父繼任院長。在醫院開始時，和台大醫學院合作，醫師都要由台大介紹。後來合作不太順利，袁君秀乃改組董事會，邀請榮總，台大，三軍總醫院的院長擔任董事，也請衛生署故顏署長參加，我以創辦人身份任董事長，每年舉行董事會一次，研究醫院發展計劃，鄒院長常是直話直說，多有指正。董事會聚餐時少不了喝酒，鄒院長喜歡開酒，然酒量並不大，袁神父能喝幾杯，吉神父則算海量，邱院長也能喝。大家杯杯相對，氣氛非常輕鬆，不曾酩酊大醉。祗有一次，我因故半席退出，事後聽說鄒院長有了九分醉意，但從他發生心臟病發，則杯酒不嚐了。

耕莘醫院爲求發展，須成爲教學醫院，鄒院長代表衛生署來視察時，定爲第三等教學醫院，建議和私立台北醫院簽約，建教合作，台北醫學院學生來耕莘醫院實習，實習時有本校教授來院指導，後來台北醫學院設立了自己的醫院，和耕莘的合作便停頓了。

三年前，美國洛杉磯的一位中國修女，姓陸，學醫，外科手術很高，到榮總服務，和院內院長主任等相熟識，當時耕莘院長袁君秀神父又重病，姚宗鑑副主教奉命代理院務，聘陸修女到耕莘醫院，一年後，袁神父去世，姚副主教任院長，聘陸修女爲副院長，陸修女遂建議和榮民總醫院進行合作。同鄒院長商談，鄒院長答應辦理，惟須輔導會主委鄭爲元將軍的同意，乃由我和鄭主任接洽，同意榮總和耕莘簽約合作，民七十五年十一月廿五日鄒院長和姚院長簽約，耕莘派醫師來榮總實習，榮總派醫師到耕莘會診，指導；合作期限三年，期滿，兩方如同意延長，可再延三年。耕莘因此受惠很多，乃新建一座十層高樓，增加一倍病床。

榮總在新中正樓建造以前，舊中正樓的一等病房不多。這三年來，每當我有病須進院療養時，鄒院長常親爲尋得房間，又每當我有神父或好友，須到榮總檢查身體或就醫時，鄒院長也必盡力相助。

今年他的血癌被發現的前三天，我氣喘病再發，住進榮總，他來看我兩次，例外坐下長談。他病發後，病房就在我的病房隔壁，我去看他，他淒然說自己得了這種病。我送他一冊吳經熊所譯的《新經全集》和一冊我出版的《生活的修養和境界》。三月十四日我出院，爲不打擾他，祇在他病房門口，向他行一鞠躬，合掌祝福。但聽醫師說院長的病情已經穩定，沒有危險，我也就心安了。不料四月十二日晚間噩耗突來，次日上午到榮總靈堂致弔，我傷感很深，殯禮時，我親撰一輓聯：

鄉音未改異鄉相逢二十年友好

識心濟人掌理醫院四十載愛心

樂天知命道貫中西——記吳經熊公使

一、

一九四七年正月廿一日，我在羅馬火車站歡迎吳德生（經熊）公使。我和他未曾相識，但早已知道他清高的品德。當時我在駐教廷使館兼任教務顧問，同時在傳信大學教書，兩人相見如同故交，論在使館的職務，我尊他是我的主管，論在教會的身份，他敬我是神父，兩人便相敬而不分上下。他的爲人是一位洵洵的儒家學者，又是一位虔誠的天主教信友。

他到了羅馬第一樁事，是安置他的家室，他有十三個子女，大兒子已結婚留在上海，其他八男四女都隨他夫婦到羅馬任所。同來的還有次子的未婚妻，又有一位朋友的兒子，一家大小共十六人。使館祕書先爲他定了一家旅館，住七個房間，三天後，德生公使對我說：旅館太貴，花費過多。我便安排他家都搬入使館，使館當時祇是辦公處，前任謝次彭（壽康）公使，單身住在旅館。房間不夠，祇好打地舖，年輕的孩子輩也都不在乎。在使館辦公室住了半個月，另外租到一座別墅，爲義大利從前一位外交部長的房子，大戰前租給美國駐義大利大使作公館，大戰時，房屋空著無人住，廳房大而多，花園非常寬敞，祇是荒蕪多亂草，門窗多破損。稍加修理後，雖不煥然一新，然很雅緻幽靜，不失爲一座高尙的使館。使館地近羅馬的一座古教堂，名聖安妮思堂，安妮思爲古羅馬帝國時一位殉道的聖女，她的節期在正月二十一日，適爲德生公使全家抵羅馬的一日，德生公使以這種巧合係天主暗中處置，對聖安妮思特加崇敬。每天早晨，全家都到聖堂參與彌撒聖祭。

「無爲而無不爲」，係老子的人生觀；德生公使喜讀儒家經書，性情卻近於道家清靜無爲，手不釋卷。家中事，全部交給夫人，兒女們都識大體，無大事不吵父親，一切聽母親安排。使館事都託給我，他批閱重要公文，和秘書商量重要案件。當時請來一位王尙德神父作我的助手，他長於理財而且也有興趣，德生公使偏不願意把使館經濟交給他，硬要對於理財既無興趣又不擅長的我兼理財務。他說對於好理財的人沒有信心。

教廷要人，羅馬教會各方面的學者，早已聞名中國吳公使爲一位有名法學家，而且是一位虔誠的天主教教友，精神生活非常高。德生公使不出門，來拜訪他向他領教的人接踵不絕。到了中飯或晚飯時，來客沒有走，便留住一同進餐。一家十六口，共坐一張長桌，家常菜，家常話，來客所得印象美而深。尤其在晚飯後，全家坐在飯桌邊，同唸一串聖母玫瑰經，德生公使指點祈禱的意義，來客更深感一個天主教家庭的氣氛。教宗庇護第十二世特別召見德生公使全家，我陪著晉見。全家坐在教宗的辦公桌周圍，閒話家常，談話畢，教宗和他們全家人攝一影。按教廷慣例，攝影時教宗立著，表示隨機攝照。德生公使以為教宗站著不敢當，忙去搬了一張椅子，請教宗坐下，大家圍著教宗，這張影片就成了一張正式的典禮照片，教廷人士深恐其他使節也援例晉見而攝影，乃傳出話，如另一大使或公使有十三個子女者，可一同圍著教宗攝影，這樣便沒有人援例了。（現在教廷改了習慣，教宗和晉見的人常常合照。）當時國務次卿孟棣義蒙席，即後來的教宗保祿第六世，非常禮遇德生公使，每年邀請他們全家到他家中參與一次彌撒，然後共進早餐，這都不是外交慣例。

那時，駐教廷的使節裡，法國大使為著名的馬里旦(Maritain)哲學家，著作很多，和德生公使過從甚密，彼此互相邀宴。還有里邦諾的公使衡魯(Helow)，後來任里國總統，又有烏拉圭的公使，兩人都是好學之士，和德生公使往來也多，羅馬耶穌會最著名的額我略大學，本篤會的聖安瑟爾莫學院，都邀德生公使向全校學生發表演講。

德生公使來羅馬時，隨身帶來新經譯稿，這部譯稿已經由先總統　蔣公親自審閱了一遍，篇章上加有許多紅墨筆的眉批。蔣公在抗戰最艱苦繁勞的時期，天天審閱德生的譯經稿，細心指點該修改的辭句，有時自加改正。德生公使將譯經稿，重新抄了一部，帶到羅馬，尋找聖經專家，再斟酌譯稿的文辭，拉我和他一起工作，我們倆多次拜訪羅馬各教會大學的聖經教授，因為我倆都不懂希臘文和猶太文，我當然懂拉丁文，然而拉丁文也不是聖經原文，我們請教最多的一位教授，即白亞教授(Bea)，他後來升樞機，在梵蒂岡第二屆大公會議時，對於和基督新教的團結非常努力而著名。我們倆人對於聖經的譯名，很費心思，有時對一名詞，費時兩三天。上午辦公，下午對閱聖經譯稿，我們費了兩年的工夫，把譯稿改完，作為定本。一九四九年行間，德生公使到奉化謁見在鄉退休的 蔣公，呈上新經譯稿，承蔣公嘉獎，著即付印。

德生公使在羅馬住了兩年半，這時國內的情勢非常惡劣，我國政府在許多國際會議中，常遇困難，但若有教廷代表參加，德生公使請教廷協助，教廷代表必竭誠相助，另外在國際郵政會議，教廷代表態度都是友好。當徐州大會戰時，于斌總主教受先總統 蔣公委託赴美求援，于斌主教繞道羅馬，申請晉見教宗。教宗庇護第十二世不允，德生公使乃促余與國務次卿孟棣義蒙席交涉，晚晌十點鐘通電話，孟次卿答應次晨見教宗時代為關說，中午回電話云教宗允於次日上午接見，談話時間很短，那時教廷駐華黎公使留在南京，秘書在香港，對田樞機很不禮貌，德生公使向孟棣義次卿表示不滿，秘書立時被撤職。一九四九年春，先總統 蔣公暫時引退，孫科出任行政院長，二月十九日電召德生公使回國，二月二十一日乘飛機離開羅馬，抵南京後，接受司法部長之職，但任命尚沒有發表，孫科就辭去了行政院長，德生公使乃回羅馬任所。然而在這年的夏天，他辭去駐教廷公使職，於六月十四日離開羅馬，十五日由拿波里上船往檀香山，到檀大任教。同時法國馬里旦大使也辭去大使職，往美國講學。

二、

德生先生往檀香山後，時有信札來往。他把所寫的英文自傳「超乎東西」，寄給了我一冊。在羅馬時，許多外國朋友，尤其是天主教人士，催促他寫自傳，述說皈依天主教的經過。他乃動筆草寫，寫了幾頁，唸給我聽，自加註腳，幽默多趣，我接到「超乎東西」一書後，乘著夏天在海濱休假時，把書讀完，似乎又是聽見他自己在讀，自己在加註腳。全書浸沉在基督的愛裡，思想則貫通東西。

我於一九六一年來臺灣，任臺南教區主教，一九六六年調到臺北，任臺北教區總主教，德生資政也來到臺灣，和祝文英女士訂了婚，訂婚典禮，由我為他倆祝福，結婚時，我則在羅馬教會，由德生資政的兒子叔平神父主持彌撒。德生資政的原配德蘭女士於一九五九年十一月三十日去世，夫婦同居四十四年，恩愛情深。德蘭女士雖沒有讀過書，然深具中國婦德，治家教子，在外交各種場合。都能和氣迎人，令人欽敬。德生資政作有《德蘭集》詩集一卷，真情感人，充滿基督福音的希望。

德生資政受張曉峰先生的聘書，在中國文化大學任教，有名譽校長銜，任哲學博士班研究所所長。後來，我任輔大校長後，邀請德生資政也在輔大哲學博士班兼課，因爲我也在文化大學博士班教一門課，我們倆至少每月見一次面，常是吳太太約我到家晚餐。晚餐前一小時，我和德生資政坐談，談國際問題，談教廷關係，談中國哲學。我倆都不從事政治，又不是政治專家，祇憑我倆對於國際問題的敏感，彼此交換意見。對於教廷關係，他非常注意，他以爲我在這方面是專家，常常詢問我的意見。在中國哲學方面，德生資政喜歡道家，尤其喜愛莊子雲飛天外的精神，但他卻常願體驗禪宗的靜默生活，他從皈依天主教後，專心於精神生活的修養，以克慾靜獨接近天主，而又深感於天父的慈愛，乃樂天知命。滿懷這種精神，他寫了英文「國父傳」，孫科先生認爲過於偏重宗教情感，然他卻能表達　國父的心境。他又作「蔣總統的精神生活」英文本，每章都同他討論過，後來門生吳怡教授譯成中文，德生資政自予修改，囑我作一序。我非常喜愛這本書，不但文章秀美，思想高深，而且深入精神生活的堂奧，表達蔣公「萬物皆備於我」的浩然之氣。

《聖詠譯義初稿》於民國三十五年出版，已經快三十年。德生資政心想作成定本，囑我代爲校訂，他自己也修改了一些詩句。民國六十四年定本付印，我作一序，序末說：「昔杜少陵有句云：『讀書破萬卷，下筆如有神』，予於吳子見之矣。」新經譯本由香港真理學會出版再版，德生資政嫌版本過簡，字太小，囑我由輔大出版社印一大型精裝本，並作一篇序，敘述譯經經過。我很高興替他出版，他看到精裝本欣喜大爲開心。

多次我們談到法學，將他所藏的兩冊英文著作贈給我。他奉聖多瑪斯爲師，講論「性律」。傳統聖多瑪斯派法學者堅持「性律」不能變，德生資政卻主張能變，在羅馬時使聖多瑪斯大學（天使大學）的道明會法學教授驚異。德生資政說聖多瑪斯的主張是性律不能變，性律的解釋和實踐則可以有變。他講的法理是正確的。

我寫《中國哲學思想史》，每一冊出版，都送他一冊。德生資政對於宋明理學不感興趣，但對程明道和王陽明則很敬佩，在講授禪學時，常講到陽明的致良知和明道的悅樂心境。

在文化大學哲學博士班的論文口試和入學考試時，德生資政常邀請我去參加，他自己主考，問的問題不多。若其他考試委員提到中西哲學問題，他就開口，而且長篇議論。在臺灣他寫書以外，寫的報稿不多，但每次寫一篇必定思想非常深入。我寫的東西多，都是深入淺出，他的文稿則深加思索，充滿他的精神，在他的「哲學與文化」文集中，我喜歡他的《儒家的悅樂精神》和《中西文化的比較研究》，表達他的學識，又顯露他的藝術精神，他專長法學，心胸都是藝術家的氣概。他喜愛明道的兩句詩：「時人不識余心樂，將謂偷閑學少年。」對於東西文化，他都有深刻的研究，而且身體力行。在他的生活裡，結合東西文化的精神生活之重心，直接體驗天人合一的妙趣。他生活清靜，排除世物的貪慾，有禪宗的靜默，又有莊子的飄逸，有孔子的仁恕，而以一切歸於天主的愛。聽他和我每次的講話，讀他每篇著作，我常體驗到他的這種超越精神。

最近幾年內德生資政身體生病，我倆見面多談話少，最近一年，他不能講話，祇能睜眼點頭；最後須要吳夫人大聲在他耳邊代我傳話，我每次感受很深。眼看一位思想高深，精神深奧的學者，昏沉地躺著，一切全靠吳夫人的細心服侍，吳夫人歷年全心力照顧他的生活，在天主上智的處置下，人就很微少了。但他現在脫離了肉軀，已經實現他所欽佩的聖若望宗徒所說：「一顯明了，我們必要相似祂（天主），因爲我們要看見祂實在怎樣。」（若望一書 第三章第二節）他已看見天主，和天主永久相合爲一，體驗天主子女的喜樂，達到人性的圓滿。

民國七十五年二月十五日天母牧盧

一、追思西灣子張可興主教

張可興主教，聖名默爾爵，生於一九一四年一月六日（適逢主顯節，生後即受洗，故奉朝拜嬰孩耶穌三賢士中的一位作本名主保。）籍屬河北省崇禮縣西灣子村，父母世代信奉天主，兄妹三人，可興居長，弟可義，妹可峰。可興幼時每日往聖堂，為神父輔祭，寒暑風雨無阻。若母親一早忘記喚醒，耽誤彌撒，必流淚痛哭。十一歲入小修院，就讀七年，一九三二年升入大同哲學院。次年，被西灣教區石德茂主教選送羅馬，入傳信大學，攻讀哲學兩年，得哲學學士，攻讀神學四年，得神學碩士。一九三九年三月十八日受聖司鐸。同年七月，赴法國露德朝聖，轉往比國，留住聖母聖心會總會三月，乘船回國。開始在西灣子小修院教書。一九四一年，任大蘇計副本堂，次年調高家營子，任教區總務主任。一九四八年，任養正中學校長。一九五〇年被中共逮捕，次年獲釋。獲釋歸來，即接獲教宗任命西灣子教區輔理主教的通知，經石德茂主教勸告，勉強接受，五月二十四日聖母進教主佑節，接受祝聖主教禮。九月石德茂主教被捕，十一月病逝。張可興主教接管西灣子教區，次年，一九五二年，被中共逮捕，判刑十年，關入張家口第二勞動營作鐵工。一九五六年，假釋出獄，幾個月後，一九五七年，再被捕，被判無期徒刑，關入塽上活沅縣的蘇魯灘農場。一九七三年母親去世，也不能回家送殯。一九七六年因勞動成績優良，改判有期徒刑十六年送保定監獄翻譯所，可以和家中人通訊。一九八五年元月十二日，保定市中級法院准予減刑釋放，出獄回家，到宣化妹妹張可峰家中定居。一九八八年患胃癌，十一月六日逝世，年七十五歲，安葬西灣子教區墓山。

二、

張可興主教生性溫和良善，他的妹妹張可峰說：「默爾爵主教從小與其他孩童不同，是個善良、端莊、聽命、熱心的好孩子。」在羅馬傳信大學時，我們同學六年，後面三年，他作了我的學生，聽中國思想史課，那時我仍舊住在傳信學校。六年中他留給我的印象，是個溫良、謙和的修生，對於宗教生活非常熱心，對於旁人則少說話。他那時身體不健康，肺部有病，吃力的運動不能做，讀書也不能太用功。傳信學校那時的校長是巴泠德蒙席(Peturs

Parente)，爲人嚴厲，常常想把他送回中國，但一方面看他特別良善，又熱心神功，一方面西灣子石主教不同意送回，便讓他完成學業，受聖司鐸後才回國。他回國前，往露德朝聖再往比國，我同他和另一位綏遠的學成歸國的夏樹卿神父，一同旅行。我的舊日記說：「一九三九年七月十七日：晚飯後，張可興、張鎮遠兩司鐸亦到，四人（夏神父和我）一齊去參加晚上持燭遊行禮（露德聖母洞），今晚人數更多於昨晚，因新到有朝聖團。」他祈禱的熱忱給我印象很深。

一九五一年，一位趙振東教友見到張主教，他的印象是：「我接觸過剛祝聖不久的張主教，也是那樣和藹可親、平易近人，而又立場堅定，我們有共同語言，談得非常好。」

一位武荷教友，曾經和張主教從一九五四年，在勞改營住了四年，他說：「我被送到勞改營的當天下午，正是吃飯時間，我看見大多數人湊在一處吃飯，有的說笑，有的抬槓。又看見一個人遠離大家十多步遠，不和任何人在一起，獨自一個人拿了個碗吃飯，引起了我的注意。我想，這個人爲什麼獨自一人吃飯，不和大家湊熱鬧呢？再仔細觀察，看見這個人態度溫和，面孔慈祥，我的印象是他是個品質高尙，有聖德的人。心想，這個人是誰？在世界上有這樣表現的人爲數非常少，莫非是神職人員？因此，引起我的好奇心，我便站起來，走到那人跟前，和他搭話，我問他：一個人在這裡不孤單嗎？他說：我愛清靜，一個人待著自在。我又問他貴姓？那裡人氏？他答：西灣子人。我當時心中就斷定，他一定是張可興主教。於是我對他說：你是主教嗎？他當時很正色的看我，問我：你是那裡人？姓什麼？我說：台路沟人，姓武。於是他就問我說：你是武荷？我說：對啦。於是他就問我了解外邊的社會環境和聖教會的情況，我就把我所知道的情況簡單地告訴了一番。從此我們二人從內心有了互助同情的心理。……勞動態度端正誰也比不了，幹活時的誠心，細緻，耐心，吃苦，安定等表現不可言喻。曾經勸過我說：世界的苦是有限的，我們要爭取永遠的福樂。……主教的聖德表現十分可貴，特殊。我們的勞動營是個大院，有鐵工廠，麵粉廠，被服廠和鞋廠。被服廠和鞋廠大多數是女犯人，在院中常能碰著婦女，即使迎頭走來一個婦女，他也不抬頭，如同沒人走過一樣，頭也不歪，態度可欽。有個犯人說：張可興是個佛人！這個人不尋常，比出家和尙還有道行。我答應說：我們天主教的主教、神父，有他一定的人生觀。同時，我內心讚嘆說：真是一個活聖人。」

李冬青教友說：「在獄中每次給他送去食品，我（張可峰）都告訴他別給別人，自己吃吧！可是每次自己只吃三分之一，其餘的都給了別人，怕我惦記他的身體，來信哄我說：自己都吃了。……在監獄中，同監以小組領飯菜，由一個人分給大家。起先無論誰分，大家都有意見，主教給大家分，都很滿意，所以主教分了很長時間，因爲最後是主教自己的最少，有時就沒有了。」

張主教在逝世前一年所祝聖的一位阮煜眾神父說：「在祝聖典禮後，我請主教訓話，主教慈祥地看著我，但和藹可親，十分鄭重地說了一句話：『要作教友的慈父。』這一句話，聽來很簡單，但這句語重心長的話，卻包括神職人員牧靈生活的全部內容。」

張主教一生，充滿了良善溫和的精神，在童年和青年的平寧生活裡，他溫良慈善；在困苦艱難中，他仍舊溫良慈善。李冬青教友說：「主教對教友無微不至地關心，不僅關心靈魂大事，也關心教友的日常生活。」

三、

「我的胞兄張默爾爵的一生，是效法吾主耶穌背十字架的苦難一生。」這是他的胞妹張可峰說的。他的胞妹又仔細述說一些事實。

「一九四二年，在高家營子任教區總管賬。有一天默爾爵被八路軍的地下工作者帶到離高家營子二里地的紅泥灣村，把他綑在樹上打，逼他拿出槍來。聖教會那裡有槍呀！他被打得皮破血流，晚上放回去時還說，如果第二天不給槍就死裡打。住在張家口的石主教知道消息後，馬上委託教友把他背到張家口避難養傷。」

「情況一天比一天緊張，一九五二年，張主教再次被捕，定反革命罪判刑十年，在張家口第二勞改處鐵工廠勞動，整天抬二百斤重的大鐵槌。……我每隔半個月去探望一次，送些食物和替換衣服。……一九五八年被送到活沅縣的蘇魯灘農場去勞動。農活繁重，每天早晨兩點起床，步行八里地才到幹活地點，中午吃一頓土豆當午飯，晚上走回住地給他吃一頓筱麵。主教既累又餓，瘦得皮包骨頭。兩個半月後，我去探望時，除帶一些食品和衣物外，還從活沅縣神父處請了一尊聖體，主教感動的說：在我最難過的時候，吾主耶穌親來安慰我。……關押在第二勞改所，每天砸紅礦石，爲煉鋼鐵用。主教的內外衣服都染成紅色，主教的汗水把棉襖全濕透了，可想知勞動的強度多麼大！一九六〇年，國家遭受三年自然災害，全國人民都吃不飽，探監時不許送食品，經過九個月的折磨，主教餓的快站不起來了，頭也抬不起來了，耳朵也聾了，勉強走出來同我見面說幾句話。……一九六六年，史無前例的無產階級文化大革命，主教在監獄裡慘遭殘酷刑法。……把他吊起來毒打，打完後帶上手銬腳鐐，長達四十天之久。還把他一個人關在小屋裡，用火烤，帶背銬，吃飯時不給開背銬，只能趴在地上用嘴舔飯吃。那段時間，我們之間有五年斷了聯繫。出獄後，當我提到文化大革命中主教所受的罪時，主教說：在各種艱難困苦中，是天主保護了我，沒讓我死在獄中！唉！有多少比我年輕的都死在監獄裡了。」

張冬青教友記述張可峰女士的話說：「同主教一起坐過監獄的人，出獄後說：在獄中他睡在門口，因爲門口沒有人願意睡，既冷又不安靜。他每天第一個起床給犯人倒便桶。……在塽上蘇魯灘農場勞動時，我又去看他，可惜不在了。第二星期到法院去找，正巧在法院門口碰見。他與另一個犯人銬在一起，每人銬一隻手，另一隻手背行李，拿東西。有兩個兵跟著從法院出來，我兄妹二人互相看了一眼，不敢說話。他們在前面走，我遠遠跟在後面，看他們往何處去。只見那隻沒銬的手，背那麼多東西，不時從背上跌下來。頭上的汗往下掉，累的實在走不動了，休息一下再走。這樣斷斷續續地走了一個半小時，才走到第二勞改所，進了院才把手銬打開。看當時的情景，真如同吾主耶穌背十字架上加爾瓦略山，他完全效法了耶穌。」

一九八五年從獄中釋放出來，住在妹妹家裡，每早四點鐘起床，默想，五點三刻行彌撒，彌撒後聽梵蒂岡電台廣播。整天的時間，常唸玫瑰經。晚上同妹妹談話從七點半到八點，常勸妹妹生活簡單，熱心恭敬聖母，多念玫瑰經。「當我（妹妹）問他獄中受苦的情況時，他一字不提。看到他在獄中穿的衣服補釘疊補釘，縫的密密麻麻。他說是自己從垃圾堆裡拾回破布，洗淨後自己親手縫上去的。」

出獄不久就病了，「主教病了。其實三十五年的獄中生活，早已折磨成許多疾病纏身的人了。回到宣化後，主教經常頭暈。一九八七年四月，主教吃不進東西了，家中人經常看到他用手按摩胃和腹部，問他是否很痛，答說：『可以的，沒什麼！』病情在發展，身體在消瘦。九月份到北京醫院檢查，醫生確說『賁門癌』，並說已到晚期，食道只剩一條細縫能進食。最多活兩三個月。」一九八八年上半年，病勢稍減，仍舊每天起床，做默想，行彌撒。但是到了夏天，病勢轉重。八月十五日聖母升天節，最後一次舉行了彌撒聖祭。大家還積極想辦法，請大夫找偏方，外出求購治胃癌的藥品。教友的醫護人員熱心診治，護理，畫夜守護在旁，輪流值班。按時打針、輸液、輸氧、用藥。主教的血色素下降了，需要輸血，有一百多教友爭先恐後去醫院驗血，都想爲主教輸上自己一滴血。結果有十三位男教友和十一位女教友爲主教輸了血……無論誰去看他，從來沒有聽到主教呻吟一聲，巨大的汗珠從頭上滾下來他不喊一聲疼。有人問主教：疼得很厲害吧？答說：「可以的，」「給你打一針吧！」答說：「打也行，不打也行。」我們就趕快打一針，讓他睡一會……有人對他說：您爲我們大家做這麼大的補贖，一定很難受。答說：「可以的，這是天主賞的！」

「主教已臥床不起，不吃也不喝，手裡整天拿著苦像和教宗送給他的念珠，只要醒著，不分白天夜裡，不住嘴的念玫瑰經。有時睡著了或昏迷了，還看見主教手裡握念珠，口親苦像的動作。」

「主教已臥床不起，因爲貧血只能仰臥平躺，絕對禁止坐起，否則有生命危險。因爲整天整夜平躺著，主教呼吸困難，臀背部都磨破了，實在難受不行。幾次扶他坐起都造成休克，經過打針，做人工呼吸急救才脫離危險。我見主教的病苦比任何人都重，曾問過主教：主教病這麼重，是不是自己求的？主教卻說：隨天主聖意安排罷！」

張可興主教終生的標語，就是「隨天主聖意安排」，勇敢的忍受痛苦折磨。

四、

他受折磨的原因，是因他堅決拒絕參加「愛國會」。當他剛被祝聖為西灣子輔理主教時，石主教被押「工作人員經常用軟硬兼施的辦法搞他，催他帶領全教區神職人員和教友，脫離教宗領導，搞三自革新，與梵蒂岡脫離一切關係。並派宣化教區自選自聖的主教常守謙勸他，他對常說：『可惜我只有一個靈魂！如果有兩個，可以犧牲一個。』同時還有人暗中監視他的行動。所以大家心情都很緊張，十分害怕恐懼，不知何時災禍又會臨頭。我們想見主教還得悄悄去。」這是他妹妹說的。「情況一天比一天緊張，一九五二年，張主教再次被捕。」

張可峰女士又說：「一九五七年搞自選自聖，政府把他假釋回到天主堂，希望他回堂後能帶頭走革新道路。但他比以前更堅決，堅決維護聖教會的統一，走至一、至聖、至公，以及一牧一棧的正路，不搞裂教，不背教宗，寧死不屈，所以他又被逮捕。」

一九五四年，武荷教友和他同一勞動營，武荷後來作證說：「在勞動裡，每月、季、年末，對犯人改造的好壞，勞動表現，有一個評定會，每次評獎時，犯人都提名張可興，討論時發言說：張可興工作細心，態度穩定，對人和藹，是大家一致讚成的。每次群眾討論都是第一名。可是等到領導員批下書，每一次都沒有張可興。大家都說領導員不公平，不按實際勞動表現評定，還有的口頭問領導爲什麼？也有寫條子給領導員明確答覆爲什麼？所以眾人催問下，領導把幾個勞動工廠召集到一處，開了一次大會，當眾答覆這個問題。領導坐在正面主席台上說：這次評論功過工作已經勝利結束，對大家提出關於張可興的評獎問題，現在給予明確答覆：我們領導班子承認張可興的勞動表現是卓越的，超眾的。我們考慮張可興有一個重大缺點，就是思想不正確。在中國的法律上信教自由；但是在我們中國有中國天主教，我們實行三自革新，自立、自傳、自養，不屬羅馬教會的統治，要和羅馬教宗脫離關係。說到這裡，便高聲喊張可興回答問題。主教便站了起來，態度慈祥可親，神氣溫和可敬。領導繼續說：張可興，你做過什麼壞事？反過共產黨？打過八路軍？還有過反動宣傳或做過什麼違反國家法律的事？你不過是個天主教的神職人員，爲什麼來到勞改所？我現在代表政府和你說話，只要你說一句：『你和羅馬教宗脫離關係』，馬上釋放你，你說一句吧！主教便溫和平靜的回答：『那麼我就說一說：我們天主教是至一至聖至公從宗徒傳下來的教會，所以我不能和教宗脫離關係。如果脫離關係，我就是裂教。』說到這裡，領導就打斷他的說話：『好啦！好啦！那你就安安心心的在勞改所吧！』主教便坐下，態度依然那樣安祥慈祥，可親可敬。我當時在場，聽到以上的話，心情既興奮又激動，既喜歡又悲傷，眼淚不由自主的奪眶而出。此情此景實在無法形容，就如同看見了天主聖神降臨在主教心中，給了他勇敢、智慧和力量。三十多年的往事歷歷在目，如同剛發生的一樣，記憶猶新。」這是李冬青教友在今年二月十日所寫的。

他在保定監獄翻譯所時，和上海的金魯賢神父同所。他最後被釋回宣化後，共黨幹部希望他合作，計劃邀他到上海去旅行，他回答到上海不見金魯賢，即使見到也不會稱他主教，幹部就將旅行計劃作罷。幹部又想給他安排工作，因他不妥協，工作沒有安排，連剛上了的戶口也取銷了，生活費不能領，購買日常用品的票也領不到，只靠教友暗中幫助。教友就因他的勇敢不屈的精神，特別尊敬他，愛護他，在他的病期中，大家除加強爲他祈禱外，又輪流侍候，出外購藥，自行捐血。主教去世後，教友決定舉行隆重喪禮。

「宣化的教友在聖堂就爲主教搭了靈棚，主教身穿紅紫色主教禮服，胸佩寶石苦像，手捧臨終苦像，手指戴權戒，安祥地躺在周圍佈滿紅色玫瑰花和白色玉簪花的靈床上。神父教友們人人臂載黑紗和白花，前來棚裡念經。無數的男女老少教友，特別是好多孩童，都日夜守護在靈棚。排隊到遺體前致敬，親苦像，親權戒的老少教友不計其數。第二天十一月七日，早六點，爲主教做入殮儀式，然後把棺材抬入大堂前邊的安所架內。宣化大堂莊嚴肅穆，堂內掛滿黑帳子，燈光輝煌。三千多教友擠滿聖堂，參加爲主教做的五六品亡者大禮彌撒，彌撒後拜了安所。然後把主教送回崇禮縣西灣子老家安葬。……在西灣子聖堂停放兩天兩夜，幾十位神父和數千教友從外地趕來，爲主教獻彌撒。」十一月九日安葬。墓地在山上，主教墓在山頂，山頂祇有黃土，教友先期每人背一塊石頭上山，修了一座堅固漂亮的墓。

張可興主教的精神長留在宣化和西灣子兩個教區的神父和教友心中；而且也逐漸進入全中國教友的心靈。聖經上說：「聖人的死最寶貴」，中國古語說「死有重於泰山，有輕於鴻毛」。張可興主教的死，是聖人的死，是重於泰山的死，在未來的歲月裡，將更發放光輝。

雷鳴遠誕辰百週年

一位外國人，入中國籍成爲中國人，讀中國書，作中文文章，全心愛中國，爲中國的命運而奮鬥；據我淺見所知道的，只有雷鳴遠一人。

明朝末年的利瑪竇，在北京京師和文士達官交遊，讀中國聖賢的書，寫中文文章，向朝廷大員介紹西方天文學、數學和哲學。在中國學術史上留有名字；但是他沒有歸化成爲中國人。

雷鳴遠出生在比國剛城，距今正是一百年。他在光緒二十七年（公元一九〇一年）來華，爲天主教的神父，被派到天津傳教。

當時正當拳匪亂後，列強企圖瓜分中國。外籍人士在中國氣燄囂張，漢口的租界竟掛著牌子寫上不許狗和中國人進入的字樣。在雷鳴遠來到中國後十一年，即民國十一年，羅馬教廷的第一位駐華代表剛恆毅總主教（義大利人），在漢口租界由秘書翻譯知道了牌上所寫的字句，氣憤填胸，用手杖敲著木牌，連連搖首。

雷鳴遠在天津事事表現替中國人抱不平。民國五年，天津法國領事陰謀擴張法租界。租界外有一片荒地，名叫老西開。天津當時的杜主教，向中國政府買了這塊建造主教公署，法國領事藉保教名義，把老西開作爲租界內地。雷鳴遠神父極力反對。法國領事向杜主教（法國人）提抗議，杜主教禁止雷神父公開說話。雷神父上書法國駐北京的公使，公使又向杜主教抗議，雷神父被調往正定，後來到了浙江嘉興，由浙江回到歐洲。在巴黎那時勤工儉讀的學生正遇著許多困難，雷鳴遠神父便跑遍比國法國，勸募獎學金，他安插了兩百多位同學，還有六十幾位同學的生活費由他負擔，在精神方面他更支持他們，輔導他們。在受他津貼的學生中，包括當時留法的周恩來。

民國十六年，雷鳴遠再度來中國，在河北安國傳教。同年八月八日歸化成中國人，加入中國國籍，他也脫離法國的聖文生傳教會，自己創立了中國的若翰小兄弟會。

他第一次在天津傳教時，特別注意社會運動，在宣統二年，他鼓吹紅十字會，領頭捐獻，又在新創的法政學堂教授社會學。民國元年和創辦天津大公報的吳斂之出刊廣益錄週刊。爲著這個週刊，他受了京師林主教（法國人）的責斥。民國四年，雷神父在天津召開救國大會，同年十一月一日，他創刊了天津益世報。

益世報的第一份報在民國四年十月十日國慶日出版。益世日報的出版典禮非常隆重，十月十日早晨天津杜主教爲出刊事業舉行彌撒聖祭，巴黎聖文生傳教會總部也來信致賀，天津的各界更表示熱烈的興奮，全中國的天主教會都相率贈送捐款，資助報業。

益世日報後來成了中國最大日報之一，大家似乎都不理會是一份教會日報，因爲所有的教會色彩不濃，只有每星期一次的宗教副刊。然因立論公正，立場光明，益世日報乃爲大眾所重視。可惜，後來因七七事變，天津被陷，益世報內部又因經理李渡三和閻錫山想購買報社股票，益世報便停刊了。

中日戰爭在九一八事變以後，在長城隘口激烈爆發，民國二十二年，雷鳴遠神父在安國組織了救護隊，隨軍救護傷兵。救護隊隊員有二百四十人，都是天主教教友，由二十位耀漢小兄弟會會士負責管理，由雷神父親自率領。到了長城隘口，戰事卻因塘沽協定而停止，救護隊分成四隊，分別在喜峰口、古北口和冷口一帶擔任修路工作。二十九軍軍長宋哲元將軍請雷神父合設殘廢軍人教養院，教養院設在耀漢小兄弟會在北平的基地，收容傷殘軍人一百七十多名。

綏遠戰事爆發，雷神父向傅作義申請到最前線擔任擔架救護工作，用小兄弟的會士，組成敢死隊。

蘆溝橋事變，中日戰爭全面興起，雷神父往定縣見唐浩源師長，商量組織救護隊，軍醫處正因救護隊人員逃逸沒法組織時，聽了雷神父的建議，馬上接受，就立刻有了三百人。救護隊在河北方面，隨著國軍的進退，救護傷兵傷民。然後退到山西陝西。

國軍退駐中條山，救護隊隨軍行動。蔣委員長特頒贈雷神父陸海空甲種獎章，電召到漢口晉謁。三次會談，決定組織軍事委員會華北戰地督導民眾服務團。在民國二十八年開進中條山。在當年的十月十六日，奉中央命令，率領一部份團員赴河北河南。沿途遇著共黨軍隊，但尚能達到安國。但當時河北主席鹿鐘麟已被共黨軍隊所攻擊，雷神父往投孫殿武將軍。孫將軍所轄為新五軍，雷神父在新五軍參謀長室，被逼往劉伯誠處，便成了俘虜。這時是民國二十九年三月，共匪在精神方面，給雷神父重大的痛苦，雷神父病倒了。四月十二日，經中央多次交涉，劉伯誠釋放雷神父。他由小兄弟會會士護送往河南，受龐炳將軍接待，然後往洛陽，六月十一日，因病勢沉重，中央派專機接往重慶。六月二十四日逝世。蔣委員長賜贈輓聯，國民政府頒褒揚令。

天主教會的教義，為一種超越文化派系的信仰；天主教會的組織是一種超越國界的團體。然而教義信仰的生活方式應融會當地的文化，教會的組織應由當地人士負責。在教會初傳入中國時，教義書籍都由外文譯成中文，教會負責都是外籍傳教士。但是教會該走的合理途徑，乃是教會的中國化。尤其當列強對中國壓迫很凶，外籍人士在中國自視很高的時候，教會更要表現尊重中國人的精神，及時提高中國人在教會的地位，同時，教會還要培養信友自尊心和愛國心，在各種困難的情況中，為民族國家爭光。這種思想便是雷鳴遠神父一生的志願；他終生抱定這種志願，堅決奮鬥，絕不氣餒，終至犧牲性命。

他在教會內工作目標，以中國人負傳教的責任。雷神父分三期進行。第一期，在天津組織公教進行會，號召並組織天主教信友負責傳教。民國六年，在天津召開全國公教進行會大會。後十幾年教宗碧岳第十一世創立了義大利公教進行會，在民國二十二年派于斌司鐸由羅馬回北平，任中國公教進行會總監督。第二期進行以中國人負責傳教的步驟，在於向羅馬教廷進言，擢升中國主教。民國五年，雷神父爲這樁大事上書教廷。當時在亞洲和非洲的主教都是外籍傳教士，還沒有一位本籍主教。教宗本篤第十五世在民國八年頒佈通牒釐訂傳教方策，提出了本籍人士負責教務的原則。民國九年雷神父在羅馬拜訪教廷宣道部部長樞機，陳言擢升中國人爲主教事。又晉謁教宗力言這事的重要。民國十三年教宗發表首任中國主教的命令，民國十五年十月廿八日，教宗碧岳第十一世在羅馬聖伯多祿（比得）大殿親自給六位中國主教行授職禮。雷神父在羅馬參禮，喜極而泣。第三期工作，加強中國人負責傳教的精神，雷鳴遠創立了兩個團體，一個男性團體，名若翰小兄弟會，一個女性團體，名叫德蘭姐妹會。以中國勤儉樸素的傳統，作這兩個團體的精神。他自己成了若翰小兄弟會的成員，粗衣糲食，胼手胝足，親自操作。出門常乘單車，在河北、宣化和山西的路上奔波。

雷鳴遠神父卻有大聖大賢的愚忠，對於教會上峰的命令，全心服從，雖把他從工作地調走，雖不准他向羅馬教廷建言，他忍受了，而且快樂地忍受了。後來教廷宣道部長纔對他說因著他忍受一切不怨天不尤人，証明他的主張不是想出風頭，而是爲教會國家的利益，教廷接受他的建議。他作先知先覺而又作緘默的愚人，我很佩服雷神父這種人格，很受他的感召。蔣總統曾輓他說：「博愛之謂仁救世精神無愧基督，威武不能屈畢生事業盡瘁中華。」他一生的座右銘是三句話：「真愛人、全犧牲、常快樂。」這是孔子的安貧樂道、自強不息、立己立人的精神，更是基督犧牲一己的性命以救天下蒼生的精神。

窮人的姐妹

一、

台北縣八里鄉有一座安老院，四層樓房，兩進庭院，背山臨水，農田週繞。庭院內花木掩蔭，綠草奇石。樓房廳堂，室無雜塵。院內安居一百六、七十位男女老少，年齡都在七十歲以上，體壯健步者少，龍鍾虛弱者多，還有臥床不起者。居院者還有四位神父，一位雙眼失明，一位血壓過高，一位精神失常，一位九十餘高齡。服侍這些老人的，是十一或十二位修女，再加幾個女工。

這座安老院建造快二十年了，當時遠在鄉間，從天母須要繞過臺北市，繞過蘆州五股才可以達到。院內外一片清靜，舉眼可望落霞紅遍海水，現在周圍房屋連接了，前年還有建築公司以縣府名義，重畫土地，要求安老院搬家，以建造豪華別墅。內政部許水德部長親自到安老院訪問，說明政府沒有這項計劃。

我每次到院訪問老者，高興他們或她們生活舒適，精神安定。臥床病人，有修女照料，沐浴清潔，不亞於醫院。各方朋友常有來信介紹老年病人，央請收容入院，但是院長答覆床位無缺。我也怕收容過多，修女人數少，服侍困難。而且收容的條件有兩項規定：一是年滿七十歲，一是沒有子女照料。偶而有子女在美國，願出錢，送父親或母親安居院內，修女也不能收容。

安老院不置產業，也不設基金，完全靠各方捐助，這是天主教慈善事業的特徵，一心依恃上帝天主的照顧，激發善心人捐款，修女們也有專人向外勸募。在經濟方面，從來沒有斷炊的時候。

二、

建造並負責服侍老人的修女，屬於「窮人的姐妹會」修女。這種修會的創立人爲法國余剛貞修女(Teanne Jouean)。

余剛貞修女，出生在法國不列顛省北部的北海岸康家鎮(Cancale)，時在一七九二年十月二十五日。家窮，父親出海打魚，溺斃海中，剛貞那時僅三歲。她十六歲時，到一貴族家作工，幫助廚師，工作八年。廿四歲，自願到聖瑟味城的一所醫院，開始爲貧窮病人服務。

當時正當法國大革命時期，國王被斬了頭，教堂被查封，貴族、教士、政客紛紛被殺。一八〇二年，拿破倫和教宗碧約第七世簽約，恢復教會的平靜。

但是社會的貧窮並沒有解除，當余剛貞到達聖瑟味的醫院時，瑟味城的市議會標貼告示，公佈乞丐的名單，以免冒充乞丐者領取救濟。全市約一萬居民，竟有四千人淪爲乞丐。

在醫院服務六年，又轉到一家富婦家作傭工，工作十二年，富婦去世，余剛貞結識了兩位同志婦女，共同生活。一八三九年，在初冬的一天晚上，余剛貞把一位癱瘓而又失明的老年婦人領來家中，背著她爬上家中狹窄的樓梯，把自己的床讓給她，認她作義母。不久，又領來一個老婆婆，她原來作傭工，主人死了，她病了沒人照顧，余剛貞聽說她曾以自己的積蓄，奉養主人的暮年，很佩服她的義氣，就自告奮勇，收容了這個老婆婆。余剛貞和兩位同志替人縫紉洗衣，賺錢養活兩個老婦。

社會的老人，零丁孤苦者好多！余剛貞在五十歲的時候，時爲一八四二年五月二十九日，和兩位同志及另一女子，組織一個服務老人的修會團體，稱爲「窮人的婢女」（後改為窮人的姐妹），宣誓度清貧、獨身、服從的生活，專事服務老人，他們租了一間地下大廳，收容了十二個老人。

余剛貞每天外出勸募，所遇樂善好施的人不少，吝嗇而怒喝的人也有。一次，一個大漢給她一個耳光，她溫和地回答說：「謝謝，這是你給我的禮物，現在請你給我的窮人一些東西吧！」大漢睜著大眼，只好掏了腰包。

一八四三年十二月八日，余剛貞的小團體第二次推她作領導；但是她們的教堂主任巴葉神父卻在兩星期後，聖誕節的前夕，聲明指派另一位團員湛梅修女作領導，他自己操握這個小團體的命運，自命「窮人姐妹會」的創立人，余剛貞作一位外出募捐的修女，巴葉掌握了修會的權四十一年，以及到一八八四年羅馬教廷派遣調查員，把她調到羅馬。那時，余剛貞已經去世五年了！

三、

余剛貞負責勸募，外間卻認她為「窮人姐妹會」的會祖，每到法國北部一座城市募捐，這座城市的富人就要求她在城中創立安老院。她的交通工具通常是兩條腿，走路成為她祈禱、反省、默想的生舌，有時在路上遇著小孩，她教他們唱歌：

「出外求乞的人兒，什麼東西都珍貴。如要德行進步快，一切事上要自謙，常常自視很渺小，自我放在腳下踐。」

又唱

「做人要平和近易，任何事不要推辭。出外求乞的人兒，什麼東西都珍貴。」

她這時在修會只佔次要位置。一八五二年調到巴黎總院，服侍老人。「窮人姐妹會」的會規說：

「小姐妹們：要全力以赴，耗費一生，不怕辛勞，爲老人服務。她們有責任收留和盡力養活他們。並不分晝夜，以迅速、愛心和事奉基督的榮幸和尊敬心情去幫助並照料他們。因爲基督就在她們所收容和照顧的貧窮人中。基督曾經說：誰接待你的，就是接待我。同時又說過：『你們爲我兄弟中最小一個做的，就是爲我做的。』」

「窮人姐妹會」的發展很快，一八五一年十一月已有三百位修女。十五座會院，收容了一千五百位老人。一八七九年七月，在法國蘭都舉行一次修會大會，一百三十七位會員代表全球一百七十座安老院參加。當代表在大廳舉行會長選舉時，擔任唱歌的初學生在廳外等候，余剛貞老修女也被領到大廳門前，初學生問她來做什麼，她答說：「是啊，我在這裡和你們一樣等著，……其實我應該在裡面。」

一位創會的會祖，竟被摒棄在門外，她卻安心等著，等著新會長選出後，她進去向她表示服從。這年的八月二十九日，她平靜地離開了人世，年八十七歲。現在天主教敬她爲聖者。

余剛貞的精神流傳在八里鄉安老院的修女中。

自序

羅馬晨鐘第一版自序

留居羅馬十五年，從未一天臥床不起，這次因手術，竟臥病院，一週不能下床，然而精神很清爽，宜於書寫，乃乘機將歷年所草詩稿，細加刪改，彙寫成冊。

生性喜好詩詞，幾無一天不讀詩。功課忙，日間無餘時，晚晌臨睡，讀詩三首，心情舒適，煩慮消除，一宵安睡到天明。若有時觸物有感，因故心動，便執筆弄句，爲詩賦情。詩篇寫完，胸襟頓覺舒暢。

自己有無詩才，我自己也不知道。我只知道，若自己不爲哲學神學法律各科書籍所拘囚，詩興並不太遲鈍。可是我每天就常被這些書籍所淹沒，很難有幾分鐘，容我自由遐想。當我做學生時，晚飯後三刻鐘，同學們努力功課，我幻想天外，讀文學書，寫日記和報稿；間而寫詩。一九三六年秋，被任爲教授，同時還攻讀法律，編講義，參考法律名著；我腦子沒有一刻的空閒。但第一年我毅然爲文學爭時間。後來我要應教律碩士與博士試驗時，文學則被擠於我的時間表以外了。故一九三八年和一九三九年，我幾乎沒有寫過一篇東西，我認爲把心內的詩人已殺死，一生再不會寫詩了。不料博士論文一完，腦中稍爲清閒，每晨早點後，校園獨步，鳥雀花木，竟又引動我的詩興了。我瞿然一驚，心喜尋獲了已失寶物，從此我又寫詩了。一九四三年冬，我因任職駐教廷使館，離開傳信學校，失去早晨散步的機會，但每晚我須回使館。月夜雨夜，沿帝百里河，慢步獨行，觀路燈，聽河流，詩興頓起，這幾年的詩篇，動機雖變化百門，其成熟的機會，則常在朝晨與深夜，獨步沉思的時刻。

在開始寫詩時，我信筆自由成句，無韻無格式。當時且只讀國內新詩集。後來慢慢讀舊詩，又讀西洋詩豪的作品，我寫詩便漸漸用韻了，也漸漸採取格式。終於每篇詩都用韻，都有格式；並且把以前的自由詩，也改削一次。

於今我寫詩的原則只有兩條：（一）用韻。韻按國音讀法，不拘平仄。（二）有格式。格式的辦法以一篇之首章或首節爲標準，首章或首節，任意寫幾句，每句任意寫爲幾句。首章或首節既成，後面的每章或每節則仿效其句數與字數。這種辦法，有似乎填詞。

我不敢說我的原則準對。我本人實行的經驗，不覺得原則過於拘束，而表現情緒，稍能有形式範圍，我以爲更近於藝術，讀了百卷中國詩詞與西洋詩歌；我理會昔日信筆成句的自由詩，非作詩的正途。

這次整理詩集，雖因臥病有閒，然也因喪親之痛，尚深積於胸。去年聖誕日，噩耗傳來，心痛欲裂，既悲一生不能再見親人，又恨平生未克報答親恩，痛淚泉湧，決意將哭親之情，作爲詩篇，印成小冊，永存紀念。故月來寫詩二十餘首，並以往懷親之作，共四十餘首，已可合刊單行本，表示教思，然思已往未印刷詩集，不如總集已往諸作，共成一集，則不獨哭親之詩，可以紀念家親；以往諸詩，也可成爲教親之資，身體髮膚，受之父母，小小詩章，不應歸之父母嗎？當去年我平生第一種小作，在羅馬出版時，特將這書獻之雙親。當時猶意雙親尚活人世，聞說兒子之教思，必可開顏一笑。豈料那時雙親已早期歸天了！今日集詩弔親，家親在天之靈，必可飛近兒身，莞爾相視。

病院臥室，清潔空敞，適於閱讀，我自清晨到深夜，坐床書寫不止。醫生和看護，都以我工作過度，次彭公使也囑我休息。然念家親戰時受盡磨難，死於非命。兩弱弟幼小堪憐，失親流離。我集詩弔親，聊表教思，豈敢畏難苟安，貪想床上的舒服？

一九四六年三月三日羅馬

中國哲學大綱自序

寫完了這本《中國哲學大綱》，我很想寫一篇書後，發表我對於各家思想的意見。但是我躊躇了很久。拿我的主張去批評中國古代的哲學，不論說的對不對，中國的學者許多都不會讚成。那麼書寫後就等於白費工作。最好還是把中國古代哲學思想，明白地講一遍，讓讀者自己去評判罷！

可是我真能把中國古代哲學思想，明明白地講了一遍嗎？寫中國哲學史的人，按代按家按人，去述說中國哲學，容易說的明白。不過，因爲分的太明白了，讀者則只能知道某某學者有甚麼主張。但是若問他們中國儒家或道家的思想怎樣，他們卻不知道怎樣答覆了。因爲他們所讀的既是哲學史，他們便沒有一個系統的中國哲學觀念，他們所有的中國哲學知識，多是支離破碎，缺而不全。

我並不是說哲學史不該讀！研究哲學思想的人，必定該讀哲學史，爲知道一家思想的變遷，爲知道每位哲學家所有的主張。但是研究哲學的人，若僅僅只讀哲學史，結果則不但是對於哲學不能有系統的觀念，就是對於哲學史也不能有正確的認識。好比一個沒有讀過聲光物理學的人，讀聲光物理學史。一些物理學的術語名詞都不懂，他怎樣會懂得清物理學史呢！近代中國外國許多大學的文哲學院，除倫理學外，只講哲學史。這是因爲講哲學的教授，自己沒有哲學系統。

我在羅馬「傳信大學」，教授中國哲學，已經十五年了。每星期一小時向中國學生講，一小時向外國學生講。外國學生的中國哲學課兩年，中國學生的中國哲學課爲五年；但是每週一小時，授課時間還是很少，而且向外國學生講中國哲學。若專講哲學史，則爲解釋人名朝代和中國哲學名詞，費時不少。若講的哲學家稍多，他們便分不清，記不住。因此我只好把中國哲學的代表思想，儒釋道三家，用系統的方法，選出各家思想家的重要點，前後連貫，作成三個有系統的學說，寫成講義，印成書。

爲中國學生，我本來採講中國哲學史的教授法，每年講一家，一家裡只選幾位重要的哲學家，詳細討論他們的思想。但結果我理會到中國學生對中國哲學所有的認識，多是破碎不全，於是我近年也改用系統教授法。把給外國學生講的教材，多加擴充，特別是多引經據典，成系統的研究，免去膚淺的流弊。這兩冊的方法，兩冊《中國哲學大綱》，即是由歷年教學的經驗所積成的。

用系統研究法，去講中國哲學，困難很多，所能有的缺點也不少。中國古代哲學思想，雖早已分成家系；但是各家裡，並沒有一個顯明的哲學系統，而且各家學者，彼此所說的，多不相同，甚至還有互相衝突的。於今要把這些學者的話，彼此連貫起來，作成系統，很能夠失去他們本來面目。尤其是各家思想的變遷，都分辨不出，容易以古混今。

然而一家的思想，既自成一家，必有自己的特點；一些學者，既都屬於一家，他們的思想，必有共同之處。把各家的特點和各家學者的共同處，選擇出來，作爲這家思想的元素。哲學重推理，一種主張，不能單獨存在，必有前因後果。若能找到了一家思想的元素，把元素按倫理的原則排起來，於是便有這家思想的線索。有了線索，然後便可以再去研究線索上的各點的變遷，和各位學者在這一點上的主張。中國哲學思想，漢書藝文志雖分有九流；其實後代則只有儒釋道三家。法家墨家，曾有過一時之盛，然繼承無人，在中國社會上，沒有發生影響。

儒道釋的思想，各有各的門徑；但是所走的方向，卻都相同。三家的目的，都在解決人生問題。三家的哲學，都是人生哲學。

中國古人，讀書求學，不在於求單純的學識，是在求知道做人。無論怎樣高深的玄理，也都對於人生有關係。《易經》本是講宇宙變易的玄理，但也應用這種玄理於人事。理學家講太極、講性、講理；他們的目的是在於修身養性。老子的《道德經》，講一個不可言的道，但是他也以道爲人生的最高標準。佛教講唯識講真如；唯識真如，便是佛教人生觀的根本。

因此研究中國哲學，必定該從人生一方面去研究。若以孔子的正名，只是一種單純的論理學談名談觀念，那便是誤解了孔子。若以莊子的〈齊物論〉，僅僅是一種名學，那又是誤解了莊子。儒釋道三家裡，有名學，有玄學，但都用爲講人生哲學。

我爲理出中國各家哲學的系統，便從人生哲學一方面去研究。所求得的各家系統觀念，在綱目上，我自信一定不違各家的本旨。在解釋上，在發揮上，有些人或許不同意。然而我以爲按照這書的講法，中國哲學的意義，很可以表現清楚；而且爲研究中國哲學的人，能有一個整個的認識。

所可抱歉的，就是我所寫的，多是掛一漏萬，缺而不全；這也是因爲在海外，不能找到參考書。在羅馬的圖書館中，所藏的中文書很少。傳信大學中國學生同學會的圖書室，雖有不少中國近代研究中國哲學的書，但缺少中國歷代經學家的著作。我希望他日回國，再版這本書時，能夠補正這些缺點。

在中國現今的大變亂時期，而且我又身居海外，我能夠印出這本書，全靠朋友們的幫助。我特別向他們誠心致謝。

一九五二年正月十三日羅馬

利瑪竇傳自序

十年前，我寫了《陸徵祥傳》。當時有人批評這種傳記體裁，不合中國文體，中國以往只有行傳和年譜，而且作者對於民國歷史的認識，不夠寫《陸徵祥傳》。

這兩種批評，我認爲都對；但是並不能因此便一筆抹殺我所寫的傳記：我所寫的傳記是世界的一種文學體裁。

中國以往的行傳和年譜，當然具有歷史和文學的價值，然而行傳過短，年譜過簡，對於一個人的思想人格，不能完全寫出來。歐美的傳記，則以一個人的生命，分章敘述，使他的性情嗜好，言語行事，思想學識，都有適當的說明。因此這個人的人格，活躍在紙上。這個人整個的一生，都爲人所認識。

福音四傳，可以作爲歐美傳記的始祖；後代聖人的傳記，便造成歐美傳記的體裁。但是傳記之成爲文學，則爲近代歐美文學界的新收穫。

文學的傳記和歷史的傳記，作法不同，結果也互異。歷史的傳記，注重在考據，凡是和所傳的人有關係的文據資料，必徵引無遺。這類的文章，只有同行的人纔會感到興趣，一般的讀者必定要覺得枯燥無味。文學的傳記，則能引人入勝，而且還具有感召的力量，使人因景仰傳中人的人格，油然生仿效的心情。一本傳記爲能引人入勝，不單單是文筆要通順暢達，描寫要活潑生動；而且結構也要靈便。爲使結構靈便，則在歷史材料方面要有很精密的選擇。梁任公曾教人寫傳記的作法：「凡是以表現個性之言動，雖小必敘；凡不足以表現個性之言動，雖大必棄」。做一個人的行傳，將他一生事業，胡亂寫出，是不行的。

在一本文學傳記裡，不一定可以找到關於所傳的人，一生所有的一切事業。例如於今兩本著名的《耶穌基督傳》。一本爲義大利文豪巴彼尼(Panini)所著，一本爲法國文豪莫里雅克(Mauiiac)所著。福音四傳所記的史事，幾乎有三分之一，沒有列入這兩本書內。

爲寫文學傳記，應該以史事爲根據，應該盡量收集所傳的人物有關的史料；但是不能和寫歷史一樣，把這些史料，按照年月先後和性質的種類，都錄入傳裡。

寫文學傳記的作者，雖然該愛歷史，該研究歷史；但不能是歷史專家。然而文學傳記的作者，也不能是小說專家。文學傳記作者，應該有小說家的觀察和描寫力，但是不能和小說家一樣專用想像。文學傳記中所說的，句句都應該有史實作根據。文學傳記作者可以剪裁史事，但不能虛構史事。最近很流行的奧斯勒(Oursler)的《耶穌傳》，（王家棫王鎮國譯）便不是純淨的傳記，已近於小說了。

這次我寫《利瑪竇傳》，已是寫第六冊傳記了。

近幾年，因著每天聽到大陸聖教會所受的摧殘，使我很爲大陸教會同仁提心弔膽；同時也引起我緬懷創立中華傳教事業的先賢。我既作《徐光啓傳》，便不能不寫《利瑪竇傳》。

利瑪竇的偉大，不在於灌輸西學，也不在於精通中文，乃是在於他能克己，能勇進，能識時，另外是在於他愛主心切，不求榮己，只求榮主。

希望利子於今在天，垂念中國大陸的聖教會，是他一生血汗的遺產，祈求天主，不讓共魔把這份珍貴的遺產，像共魔挖祖墳一樣都挖光了。

一九五五年二月露得聖母節序於羅馬

儒家形上學自序

四年前，我曾刊行一部《中國哲學大綱》。四年來，常想印一冊《中國哲學大綱續編》，把前一部書內所沒有多加發揮的問題，繼續加以發揮。在該當多加發揮的問題中，有兩項問題較爲更重要：一是儒家的形上學，一是佛教的禪學。

關於儒家形上學的問題，近兩三年來我在「傳信大學」講中國哲學時，曾系統地向學生們講說：去年「新鐸聲」雜誌在新加坡出版，由我主編。我便把儒家形上學的講義，加以編訂，陸續在「新鐸聲」發表。於今我把這些文章，收集成冊，稍加補充，成爲形上學一書。這冊書既可以與《中國哲學大綱》相脫離，故不名爲續編。

《易經》說：「形而上者謂之道」，道乃是天地人物的性理。宋明理學家以講性爲特點；儒家形上學，可以說是儒家的理學。

理學家討論性理，不是以性理爲單獨的玄理問題；他們是以性理來解釋孔、孟的正心誠意和齊家治國平天下。孔、孟所講的，爲修身齊家治國平天下的原則；理學家所講的，是孔、孟的原則在性理上的根據。宋明的理學和孔、孟的倫理原則，不能相脫離。兩者互相關聯，結成儒家的思想，造成中國文化的中堅棟樑。

五四運動以後，全國風氣趨於歐化，青年學子幾乎以研究中國祖傳思想為可恥，結果造成了今日中國大陸的浩劫。一個民族之成為民族，不僅在於民族的血統，也在於民族的祖傳文化。於今我們責罵中國共產黨，違背祖宗，消滅中華民族；正是因為他們用暴政消滅中華民族的祖傳文化。

中華民族的祖傳文化，固然有許多缺漏；但我們不能因此就以作中國人為恥，而願作外國人。我們該做的事，是把祖傳的文化思想，缺者加以修改，漏者予以補充，使中國的文化，日見昌盛。

所以，今日自由中國為挽救中華民族，最注意的事，是鼓勵國人，研究祖傳的文化思想，以奠定中華民族文化的根基。

民國四十五年九月三日序於羅馬

理論哲學自序

寫這部哲學書，我幾乎費了兩年的時間。若說爲預備這部書，費了多少年月，則從我攻讀哲學的時候起，至於今已二十七年了。因此，誰也不能因看見我繼續不斷的印書，便說這部書是草草寫成了。

預備材料和執筆寫稿，所費的時間雖不少；但是所寫出來的這部書，也像我所寫的中國哲學思想書一樣，只有大綱的系統說明，沒有深入的研究。讀者一定要責我學識淺薄，工夫不足。

但是我自己既然知道這些短處，當然也想避免，於今沒有能夠避免，那是因爲我作書所採的體裁，是求在大綱上，對哲學思想，加以系統的說明，國內所出的哲學書，數字雖不多，也不算太少。然都是對於一人一派或一門的哲學思想研究發揮。間有介紹全部哲學的書，則又過於簡單，連哲學上的各種重要問題，都沒有一一舉出來，那裡講得到系統的說明。我便因爲想填補這種缺點，纔決定寫這部書。這部書的目標和作法，便在於對全部哲學，作系統的說明，前後一貫，根據一致的主張。

什麼是我的哲學主張呢？當然不是一句話可以說盡的，讀者在書裡的每個問題上，常常可以看出來。我的哲學主張，有些是儒家的思想，有些是士林哲學的主張。

免不了有人要罵我是頑固，是守舊，儒家思想已是古董，士林哲學更是僵屍；處今日而倡這種主張，不是白費紙墨嗎？

現代的哲學，最厭惡「系統」兩字，最不信「不變」一詞。現代主張應當研究問題；問題則是具體的，是變的，是活的，絕對不能以呆板的系統原則去答覆，更不能說爲答覆各種問題有一成不變的原則。現代的哲學，雖不滿意上一世紀的唯物實徵論，認爲哲學思想，不能以外面的現象和人感覺的印象爲止點，應該深進一步，研究形上的本體。然而現代哲學所承認的形上本體，卻和外面的現象相混；本來想跳出現象以外，結果仍舊掉入現象以內。難怪現代哲學只要研究具體的問題，只相信變動不居的思想。

現代人的生活，一年中所有的變動，勝過古人十年二十年所有的變動。不用說科學上的新發明，常是日新月異。單單說我們今日出門遠行，一年裡坐飛機所能走的路；上一世紀的人，十年也走不完。「動」字已成了現代人的特徵，「動」字也就走進美術和學術以內，畫家雕刻家不願意表現物的靜態，願意表示物的動態，好比在照相時，一個人動了，照出來的相或是兩三個腦袋，或是模糊不清。現代的畫，乃成爲這等模糊不清的動態畫。

現代哲學家中有許多人，也主張動的哲學，爲能跟上時代，不願甘心落伍。於是現代哲學思想，也多凌亂雜碎，不易瞭解。

然而經驗告訴我們，越是動，越應該有靜做根基。老子也曾告訴人靜爲動根，例如你要走到一目的地，若是目的地當你向他走時他也走，你要追到他就要多費時間，萬一他比你走的快，你便永遠走不到目的地。假使世上的一切，完全隨著時間而變，那麽所謂要研究和要解決的問題，已經不是問題，而且永遠不能有答覆，因爲問題剛一發生，問題已經隨著時間過去了，當你要研究時，你所研究的已經不是以前所發生的問題了，至於你想出來答案，你把答案送給誰呢？你所要答覆的問題，早已不存在了，早已變了。可見還有什麽哲學可講呢？

不僅是哲學上需要一定不變的原理，別的科學上也需要一定的原理。物理化學爲研究問題，當一定的原理還沒有發明時，最少應假定一些固定的原理。若連假定的固定原理都不能有時，便無法研究問題。

假使你膽敢向現代主張沒有真理，沒有一定不變的原理哲學家，批評他們的主張不對，批評他們的主張不一定是原理，你必定要聽見他們罵你守舊，罵你不懂哲學。可見這班哲學家在自己的心中，相信自己的學說是真的，相信自己的學說是一定的原理；而且他們還要求人家也這樣相信。

我以爲既是這樣，我不妨明目張膽來講有系統的哲學，來講不變的真理，何況我所講的哲學系統，我所講的真理，不是我一個人的主張，不是我自己的發明。有這種主張的哲學家，於今既不少，以往也多。

這部哲學書分上中下三冊，共約五十萬字。上冊講名學，包括理則學和認識論；中冊講形上學，包括本體論、宇宙論和心理學；下冊講實踐哲學，包括宗教哲學，倫理哲學和美術哲學。

讀者若從上冊到中冊，中冊到下冊，逐次讀下去，越讀越容易，因爲後面所講的問題，多沿用前面所講的學理。

讀了以後，敢請諸位不吝賜教。

一九五八年六月一日羅光序於羅馬

實踐哲學小引

這兩冊書是我所寫的「哲學」書的上半部。上半部名「理論哲學」，下半部名「實踐哲學」。《理論哲學》包括認識論、自然界哲學和形上學；《實踐哲學》則包括宗教哲學，倫理哲學和美術哲學。

《哲學》上下兩部，原來承張曉峰部長列在國民基本知識叢書以內，交由中華文化出版委員會出版。去年政府改組，曉峰先生改任陽明山革命研究院院長，文化出版委員會總幹事，屢次以該會出版費短絀，哲學一書不能如期出版相告，後又謂這書已編在基本知識叢書第六輯以內，繼則謂該輯先印名著翻譯會譯書，末又謂第六輯叢書已中途停頓。我早已知道哲學書籍在付印上，困難很多；第一，哲學上派別很多，出版者不能不看書中的思想屬於那一派。第二，哲學書籍很枯乾，出版者對於這種書籍不感到興趣，而且又怕這種書籍賣不出去。因此，我很諒解總幹事的苦衷，便把《哲學》一書，移到真理學會出版。先將下半部《實踐哲學》付印。上半部的稿本，因去年赴台時，願意隨身將手稿帶往台灣，匆匆趕完，缺漏頗多，於今乘機將上半部稿本詳加修改，等改完後，將來才付印。

爲印這冊書，公教進行社華德中神父及梁作祿神父，聖經學會雷永明神父，公教報陳雄爲神父，幫忙很多，謹向四位神父虔致謝意。

一九五九年二月二十五日羅光識

中國與教廷使節史序

前年，我國駐教廷公使館升格爲大使館，我爲紀念這件盛舉，曾在新鐸聲雜誌上，發表「中國駐教廷使館簡史」一文。那時我作文的目的，不過是爲後代人，保留這件有關中國駐教廷使館的史事。後來，因爲新鐸聲每期需要我的文章。編者不作文，旁人誰願意不取稿費而多寫文稿呢？我便興起了研究教廷與中國往來使節歷史的心願，逐次把研究所得，寫成文章，以充報稿。

當時，我研究所遇的困難很多。我既沒有多餘的時間，可以往羅馬各圖書館的檔案部去研究；而且在百年以內的檔案文件，梵蒂岡和傳信部的檔案部都不開放，加之我國駐義大利使館的檔案文件，當第二次世界大戰，義大利和我國宣戰，我國大使撤退時，檔案文件裝箱，寄存堆棧中，至今沒有取出來，所以不能參考。

幸而方濟會主編「中國方濟會誌」的明大道神父(G. Mensaerf)和留法的謝凡神父和衛景奘先生，把各人所集的文據，借給我採用，我纔能將教廷和中國歷代的使節，都寫一篇研究性的文字，然而所缺的文據，仍舊很多。因此，我本不想將那些文章集成一書，但轉念歷史的研究是繼續的，我將我所得的，集印成書，後來研究的人，可以繼續前去，免得他們又要從頭作起，多費精力，這就是我印這冊書的用意。

一九六一年三月三十日羅光序於羅馬寓所

羅馬四記自序

我在羅馬住了三十年。去年纔來到臺灣，於今心常想著羅馬。羅馬不是一座平凡的都城，實在值得人想念。

兩千年前，統一歐洲，跨有地中海沿岸歐亞非領域的大帝國，是以羅馬爲京都。羅馬帝國滅亡了，羅馬皇帝的遺蹟則留在羅馬。於今來遊羅馬的旅客，可以在這些古蹟前面流連，想像當日羅馬皇帝的豪華。這是是羅馬城的一個極不平凡的特點。

古蹟常爲殘柱絕牆的古物，沒有歷史知識的遊客，不大感覺參觀古物的興趣。但是普通遊客在羅馬可以欣賞另一種較容易領略的遊覽品，在羅馬的公立私立藝術館，以致於羅馬的大街廣場裡，遊客們可以欣賞純白大理石的雕刻，可以玩味顏色鮮明的繪畫，在近世紀文藝復興時，羅馬教宗與樞機，宮中養了許多大藝術家。這班大藝術家在羅馬留下了很多的佳作。這一點又是羅馬城的一個極不平凡的特點。

又有許多遊客，到了羅馬連藝術品也不知道欣賞，可是他們來遊羅馬的心火，較比遊覽古蹟和欣賞藝術品的遊客，更高更活躍。這班來到羅馬的遊客，是天主教信友，是朝聖者。

羅馬的古蹟是死的，羅馬的藝術品是冷的，羅馬的天主教教宗，羅馬的天主教聖堂，則是活的。從一千九百年前直到於今，羅馬天主教的生活，越活越強，越活越盛，羅馬乃是天主教的中心，乃是天主教的聖地。來羅馬朝聖的人，朝見教宗，朝拜聖堂，他們和羅馬古往今來的信友，過同一的生活，共成一家，這一點更是羅馬的一種最不平凡的特點。

這三個極不平凡的特點，使羅馬變成世界各國首都裡最不平凡的首都。何況羅馬今日又是一座很新式的都市。

我在羅馬住了三十年，於今在臺灣心常想羅馬。因此，把昔日在羅馬向中國報章所寫關於羅馬的文章，收集起來，再加以添補，集成一書，名爲羅馬四記。

四記一共七十篇，分爲四篇：人物、遊興、生活、思想。七十篇文章，大部份雖爲歷年零碎發表的文章，合起來則可以作我在羅馬的三十年生活史。我因爲於今常想羅馬，便將這很長的生活史印出來，作爲我對於羅馬的紀念。

民國五十一年三月十四日臺南主教公署

羅馬晨鐘再版自序

《羅馬晨鐘》第一集，出版於民國三十七年，由南京保祿書局付印。南京淪陷後，這冊詩集也就淪沒了，可以說是沒有和世人見面。過了十五年，於今我把這詩集重新再版，作爲自肅齋叢書之一。在第一版時，全集共收詩一百五十首。這次再版，刪出詩十首，集中詩的詞句，也稍有修改。編輯次序仍照第一版的次序。

《羅馬晨鐘》第二集，是第一次出版，收有在《海濱夕唱》集以後所作的詩，共一百零九首。這些詩是在近十四年裡寫的，十四年竟只寫了一百餘首詩，我的詩興真是蕭條極了。尤其是近五年裡，寫的詩很少，去年只寫了一首。其中原因是因爲在羅馬的最後幾年，我專心寫哲學；到臺南來後，則忙於教區的事務。

《羅馬晨鐘》第二集的詩，作法和第一集的作法是一樣，我常遵守自己所定的原則（第一集出版自序）。有人評論劉大白先生的新詩，是由宋元詞曲蛻化而出，別具風格。昔年有人評論我的詩，也說是由詞曲變出來的。宋元的詞曲，我最喜歡讀。而且我認爲詞曲是中國詩歌變遷最後的產物，白話新體詩應該由詞曲蛻化而出，而不是抄襲外國人的散體自由詩。

一九六三年六月十四日臺南

中國哲學大綱再版自序

《中國哲學大綱》出版已經十五年了，當時我在羅馬傳信大學教中國哲學，積十餘年的教書經驗，寫成了這本書。託思高聖經學會主任雷永明神父在香港出版，我自己爲發行者。後來我繼續在羅馬又教了十年中國哲學。用這本書作教科書。民四十六年，因張曉峰先生之請，爲現代國民基本知識叢書又寫了一冊《儒家形上學》。民五十年，我由羅馬來臺灣，任臺南教區主教，教務甚忙，又常赴羅馬開會，僅只第一年在輔仁大學哲學研究所講授形上學，第三年在臺南碧岳神哲學院講授儒家思想，曾由香港寄來幾十冊《中國哲學大綱》。去年，我調任臺北總主教，教務更形忙碌，然于斌總主教堅請赴輔大擔任形上學一科，張曉峰先生屢邀赴中國文化學院擔任儒家思想一科。我於是在百忙之中，把這本書稍加修改，交商務書局發行再版，版權歸商務所有。

這本書再版和初版不同之點，在上冊是加入了儒家形上學和宗教思想。在初版裡，儒家形上學思想夾在第二章人性論，因爲儒家的人性善惡論，是以形上學爲基礎；可是既是夾在裡面，當然所說的不多。這次再版，我特別寫了形上學一章，列爲本書第一章。第二章則爲儒家宗教思想。這一章也完全是新的。在初版裡，儒家的宗教思想是分散在第一章和第七章裡面，論儒家敬天和敬祖。再版的第二章則包括儒家全部宗教思想的大綱。再版的第三章儒家倫理標準，是集合初版的第一章和第二章而成。

本書下冊，再版和初版所不同的，是在下編講佛教的定慧兩章裡加入了兩段，一段論禪的哲學，一段論心的哲學。這兩段所講的，是佛教哲學最重要又最艱深的兩點。這次我簡單予以說明，使讀者可以領悟佛教哲學的精髓。

本書雖屬再版，實際則是初次和社會人士見面。初版的書在臺灣沒有代售處，故少有人見到。這次再版，正期復興中華文化運動之時。本書將儒道佛以及法墨各家的哲學思想，系統地予以述說，使國人可以了解我國的傳統哲學，對於中華文化的復興，想來應該可以有一分的貢獻罷！

民國五十六年二月二十三日序於天母

陸徵祥傳再版自序

《陸徵祥傳》出版已十九年，當時國內沒有這種體裁的著作，有人評為不合中國文史傳統。近十年來，國內既有傳記文學雜誌，又有傳記的專輯，於是這種由歐美流進來的體裁，已經成為通行的文體了。

傳記文學的性質，我曾在拙著《利瑪竇傳》的自序裡稍加說明。傳記文學不是中國已往的行傳和年譜，也不是歷史傳記或歷史小說，這種文體以傳述書中主人的人格為主，以史事為材料，以文藝為作法。作者要有寫小說者的描寫天才，要有歷史考證者的絲毫不苟；善於選擇史料，長於描寫人格。書中所敘的史事要生動，要確實，使讀者看著傳中所寫的人物，很生動地如見其人。

我寫陸傳，擬按著這種標準去寫。前半部以史事為主，包括陸徵祥從青年讀書到辭退大使職的五十年事蹟；後半部是陸徵祥在隱修院的生活，史事簡短，多寫思想。陸氏是以達官而退隱，離紅塵而入冷門。為更明顯地展現他隱修生活的困苦，我常提到他往年在官場的尊榮。在塵俗中地位愈高，生活愈美滿，後來在隱修院的苦修生活則越見艱難，在精神修養方面所下的工夫越見高深。這並不是以他的官職來加重他在教會的身份，也不是攀他的官職來爲教會爭光。

陸徵祥不是一位雄才大略的政治家，也不是一位富於學術的學者；他乃是一位君子，而且是一位標準的儒家君子，「子謂子產，有君子之道四焉；其行己也恭，其事上也敬，其養民也惠，其使民也義」（論語 公冶長）陸徵祥居官時，謹小慎微，履行職務；愛慕受教，以敬許文肅公；體貼愛護，照顧使館屬員；奉公守法；管理外部屬僚。棄俗修道以後，則更擬效法耶穌基督，以入聖人之域。

暮年隻身隱居比國修院，他不是暮景蕭條，更不是潦倒無意味。在孤獨之中，他常心與天主相接；在隱院之內，他常心懷祖國人民。他的暮年生活，乃是一種完滿的精神生活；在身體的疲憊中，求精神的發揚；在劃地而居的隱院裡，參予天主的無限化育。他在晚年，因此心常安樂。

商務印書館經理徐有守先生，要求重版《陸徵祥傳》，因爲近年索閱這本書的人很多，而第一本是在香港出版，在臺灣不易購到。我樂意地接受了徐經理先生的要求，把陸傳略加修改，交與商務付印，在書首作一短序。

徐光啓傳自序

十五年前，我寫了一本《徐光啓傳》，由香港真理學會出版。寫傳時，我住在羅馬，所能收集的資料有限；寫作時我便更注重文筆了。

近幾年在臺灣，我陸續得到了許多以前沒有看到徐光啓文件；有徐文定公家書墨蹟，有影印《天學初函》，有《農政全書》，有增訂《徐文定公集》所未收入的奏議書牘，還有徐光啓生辰四百週年的紀念文章。我對於徐光啓的思想認爲更深刻；對於他的人格，知道更清楚。我就決定修改十五年前所寫的徐傳，送與傳記文學社出版。恰好在暑期裡，午後我不在辦公室處理教務，便在天母寓所埋頭寫作，費了兩個月的時間，把徐傳改完，刪去治家和疏薦西士兩章，加添治家習農、樸素持身、農政全書三章。幾何原本津門墾荒和通州練兵三章。加寫部份很多，等於新作。其他各章，所增文字，有多有少。最後兩章，併爲一章。修改本和原本章數相等，共二十一章。

徐光啓一生的工作，在力求以科學建設中國的今日，更顯得偉大。他年輕讀書，從事科舉；但他的興趣和努力，則是科學，當時研究科學的風氣和途徑還沒有成立，雖說也有幾位學者在從事研究：如朱繡編著《救荒本草》、李時珍編著《本草綱目》、刑雲路編著《古今律曆考》；但都不能擺脫前人的成說，以求新的見解。光啓一方面研究中國歷代所傳天文、算學、農業、水利、輿圖等書；一方面實地觀察，從江浙到廣東，再又北上到京師，遇事必問，遇人必問，問後就作筆記，又進一步親身實驗，種田墾荒。經驗所積，編著《農政全書》，集中國古今農學的大成。

考了進士，光啓在翰林院作館課，乃和素與相識的西士利瑪竇、龐迪我、熊三拔三位天主教神父，研究西洋科學，後來又和郭居靜、羅如望、龍華民、羅雅各、湯若望幾位神父交往。對於西洋當時的天文、數學、地理、曆法、水利、火器、測量、藥材、音樂，都加研究，編譯幾何原本，簡平儀、測量法義、測量異同、勾股義、泰西水法、靈言蠡勺等書。

最可欽佩的，還是他的科學精神。光啓講論學術，絕不滲雜陰陽五行無稽之談，常以事理爲據。他所上奏疏，擬定屯田、水利、漕運、練兵、製炮、修曆、各種計劃，都使用科學方法。他平日整理事務，寫作文章，也常有科學頭腦，他相信推行科學的政治，足以挽救明末的危局。

蔣夫人曾爲《徐文定公家書墨蹟》寫序說：

「當有明末葉，西方科學文明正與利瑪竇傳教以俱東，所惜當時一般才智之士，均囿於故知舊習，惟以科學干祿爲能事，故步自封，不知其他。而其能接受新知並信奉天主，不一二心也。惟公深維我民智能之先，默察世界科學激流之所自，首先傾心於科學新知，治曆法，正歲差，繪星圖，製儀器，雖耄年猶登觀象臺，躬親實驗。又譯幾何原本，深研八線對數借方根割圜法之學，此即今所謂幾何三角代數之基本也。公益以生知之智，困勉之功，旁及於統計而營軍事醫學物理機械地理製圖水利諸科，淹通精貫，可謂前無古人。」（徐文定公家書墨蹟　臺中光啓出版社　民國五十一年版）

文定在科學上雖沒有新的發明，但是在全國不重視科學的時代，他研究科學，提倡科學，這種科學精神，則配稱一位特出的科學家。宜乎中國文化史，推崇他是介紹西洋科學的第一人，惋惜他死後沒有繼承的人；否則，中國近兩百年的歷史必另有色彩。

文定是一位學者，以學者而從政，企圖應用科學從事改革，練兵製炮，屯田墾荒，曬鹽種桑；但都因朝廷大臣掣肘，不能實現擬定的計劃。唯一的成就，是用西洋曆法修改大統曆，造成中國的新曆書，至今沿用。

在宦海浮沉裡，表現了他的高尚人格。明末是朋黨的時代，是宦官專橫的時代，文定知進知退。從考中進士到東閣大學士，他作了三十年的官，既不參加朋黨，也不依附閹宦。他自己說：「孑然孤跡，東西無者，苟利社稷，矢共圖之。」一生末期遭遇貶謫，雖受過大臣和閹宦的彈劾，皇上卻說：「浮言妄末，何待剖陳。」爲人正直，心無貪求，平居樸素，持身謹慎，有純正學者之風。

文定人格高尚，受有宗教信仰的陶冶。他在四十二歲領洗入天主教，一生保持虔誠的人心。沈榷攻擊天主教時，他不隱匿退縮，挺身上疏，爲教爲西士辯護。南京教會遭打擊時，他吩咐家人掩護教士。平日切實履行信仰生活，以教義爲生活原則，以教規爲生活規矩。每日默思人生大道，每天多次祈禱，參與教會儀典，必恭必敬。愛護同教教友，尊敬教士神父。又圖以自己的信仰，傳播他人，延請西士到上海開教。中國天主教史稱譽他爲中國開教柱石：

蔣夫人在序文裡又說：

「其所足師法者：一爲對宗教之信仰，雖在大地夢夢眾生囂囂之中，而起信起敬，身體力行，始終不懈；一爲對治學之方法，其未之能行，唯恐有聞與早作夜思，惟日不足之苦心，一皆見之於其所爲簡平儀序、泰西水誌序之中。其愛國家求真理之崇高不朽精神，固應久而彌彰，雖故而猶新也。」

景仰先賢，表彰德行，乃我一生的素志。二十年前曾作《陸徵祥傳》。陸公平生欽佩文定，自稱爲文定同邑私淑弟子，曾提倡增訂《文定公集》，向天主教會中樞介紹文定的事跡，希望教宗諡封文定爲教會聖人。和我談話或寫信時，也常提起文定。我就研究文定的生平，在作《陸徵祥傳》，再後五年，作《利瑪竇傳》紀念教會先賢，追述德表，以圖繼續先賢的精神。

生活的體味再版自序

生活的體味，成於羅馬。當時我在安靜的環境裡，事事留心，處處反省，對於自己每天的生活，或暇想將來的生活，細細體貼趣味，有如嚼青果，清新淡樸，滋味平淡而雋永。回到臺灣以後，生活忙碌，少有在星月之下回味日常生活的機會，但是在忙碌之中，生活仍不失清淡而雋永的滋味。

在再版時，乃加上第三編，選自羅馬四記、臺南五年和中央副刊，共文八篇。

民國五十六年三月四日於天母

牧廬文集自序

人事的變換，悠忽難測！對著窗外的白雲，望著陽明山的峰巒，遙憶年輕時的幻想，從沒有想到鬢髮霜白居在臺灣。

出生在一個農家裡，養成了鄉村勤勞的習慣，懷著樵夫牧童的天真，應接人事。童年和青年所呼吸的鄉土風氣，循環在血脈裡，不僅是年到白頭，鄉音不改；雖僑居羅馬三十年半，仍舊是不吃麵包而吃米飯的衡陽人。

我的生活分成三個階段：在衡陽故鄉住了十九年，在羅馬求學三十年，在臺灣服務已十一年。十九歲的鄉村青年，往羅馬讀書，心中不敢有大的抱負。但是天主以外面的時勢，逼著我往上走。大學讀書的段落還沒有結束，就開始大學教書的研究工作。當時國內有抗日的戰爭，歐洲又有第二次大戰，旅途不通，歸國無途。我便埋頭書案，執筆寫書。自以爲將長作旅客，老死羅馬。乃不意奉命來到臺灣。先在臺南，現在臺北，指導教務。悠悠歲月，年滿花甲，鬢髮半白，精力漸衰。

六十二年的歲月不算短，週遊歐美的地方不算少，心中所有的是一片白。年歲越大，空白越深。過去的事，已成過去；相識舊交，或老或死；將來的歲月，可有可無。

心中因著空白而覺得安寧，人世不是我長住之地，人事不是我所爭之點。或順或逆的遭遇，或榮或辱的成敗。沒有留在我心中，祇記在我的書中。心裡所刻的，乃是造物者—天主的恩愛。

中國古人常從清風明月中，看到造物者的美好。我則在人事的變換裡，看到造物主的恩愛。古人常講天地好生之德，我要常說天主愛人之情。

順境也好，逆境也好；人家捧場，人家投石；我常是樂觀。人間事故，引起感情的痛苦或愉快，我曾寫詩作文。但是心靈的深處，卻另有天地。心靈深處有天主同在，明朗平靜。

在明朗平靜的心境裡，對人接物，常有一片天真。自然美景，真摯人情，處處使我天性流露。複雜社會，陰沉人心，從不能迫我使用詭計。寧可使人負我，我不願負人。

《牧盧文集》便是天性的流露，平庸樸素；求學說理，記事述人，沒有炫世的學術，更沒有可傳的大事。印行問世，聊與青年共談人生。書分三部：羅馬四記，紀述三十年的活潑生活；臺南五年，略記五年的勤奮工作；臺北七年，紀錄七年來的苦思冥想。其他研究學術思想的專書，不收在文集以內。

孔子說：「六十而耳順。」（論語 為政）我認為自己「六十而眼明」，放眼看清了人生，低頭看透了自己，昂首望到了造物者天主。

民國六十一年八月廿九日羅光序於天母牧盧

利瑪竇傳再版序

《利瑪竇傳》出版已十二年了，今年再版。初版由光啓出版社付印，再版由先知出版社發行。

利瑪竇真是一位先知，預先知道中國傳教的途徑，也預先知道中國復興的步驟。他所預先知道中國傳教的途徑，在於文化工作；所預先知道中國復興的步驟是科學和倫理。他便在這個路途上，按著步驟去開路，提倡科學，宣講基督福音和儒家傳統的融洽。

可惜他開的路，被後來的人堵塞了！清朝皇帝和八股文人堵塞了科學的路，一知半解的外國教士堵塞了文化傳教的路，結果在三百年後，我們今天纔積極提倡科學，纔積極催進儒家思想和基督信仰的結合。

既然現在重開了利瑪竇所首先開闢的路，我便再版《利瑪竇傳》。利氏是一位先知先覺，他的精神常可以鼓舞我們的精神。

我本想把初版的利傳和前年再版的《徐光啓傳》一樣，加以修飾，添補史料，但是教務很忙，不能如願，只能照原版付印。初版利傳，在教會出版社付印，供教會人士閱讀，筆法和辭句都求適合他們的心理，再版則供社會一般人士的研究，供教會人士閱讀，筆法不太適合，尚望讀者見諒。

民國六十一年九月十八日序於天母牧盧

歷史哲學自序

生性頗喜歷史，曾寫了六冊傳記，又作《教廷與中國使節史》兩冊。第一冊《陸徵祥傳》出刊在二十年前，在當時還算創舉。因中國傳統的傳記爲列傳一篇，爲一個人的事蹟而寫書則爲年譜。

生性雖喜歷史，然所研究者則爲中國哲學，對於歷史係欠缺研究，更沒有時間作考據。近五年來，忽生興趣研究歷史哲學。開始因手頭參考書很少，摸不著門徑。幸而歷次出國，在羅馬訪問額我略大學歷史系教授，尋找歷史哲學書籍，又在臺灣各書局搜索這類的書，再由輔仁大學歷史系研究所借閱書刊。乃能得參考書共三十餘冊，閱後頗有心得，便逐漸寫稿，先研究中西歷史哲學的發展，再進而研究歷史哲學的問題。

歷史哲學現在雖然已經成爲一門獨立的學術；但本質上和人生哲學不能分離；而且歷史哲學的基礎是建立在人生哲學上面。

目前有些講歷史哲學的學人，根本否認歷史哲學和人生哲學有關係；但是他們卻把歷史建立在哲學的方法論上面。現象論的哲學派，語意學的哲學派，數學邏輯論的哲學派，既然認爲哲學祇是他們所講的方法論，當然把歷史哲學只列爲方法論的一種，而沒有形上的人生意義。然而這種講法或歷史研究法，和普通一般人所有的歷史觀念以及從古傳來的歷史觀念都相違背。

歷史哲學的研究；目前還是在啓蒙時期，將來的發展很遠，我寫這冊書，注意在簡單明瞭。把一些數學邏輯論和語意學現象學等派別的專門問題，沒有詳細討論。因爲歷史哲學本是爲給研究歷史的人，一個明瞭歷史意義的途徑；這種途徑因著分門考據而淹沒了。若是再又因專門的哲學而再分歧，歷史哲學便失去自己的意義。

我是一個有宗教信仰的人，對於人生有宗教的信仰，對於歷史也就有宗教信仰。但是宗教信仰是在哲學理論中和歷史接觸。

這冊《歷史哲學》，乃是我的初稿，有許多我自己不滿意之點，別人所不滿意之點一定更多。我因本年輔仁大學哲學研究所的博士班和碩士班，要求開歷史哲學一課，便把這冊初稿付印，供研究生的參考。希望將來能夠再版時，加以必要的修改。

民國六十一年九月十日序於天母牧盧

中國哲學思想史自序

在二十幾年前，我刊印《中國哲學大綱》時，我的一位學者好友對我說：「這種簡單的教科書何必寫，現在要寫中國哲學思想史。」又有一位學者好友告訴我：「曾經有人勸王雲五先生，只要寫唯有自己可以寫的書，不寫別人可以寫的書。」我笑答：「雲老寫了中國教育思想史和中國政治思想史，我也可以寫中國哲學思想史。」

我雖然喜歡哲學，專心研究的時間卻不多。每天忙於教會的行政工作，但是在忙中仍然教授中國哲學，到今年已教了三十九年。對於中國哲學思想的系統和特點，頗能明瞭。目前，中國青年研究哲學的人越來越少。青年人不喜歡研究中國哲學，也是因為沒有好的介紹書。因此，我想把自己研究的心得，記述下來。

我寫這本中國思想史，不是寫教科書，而是寫哲學思想史，把各家的哲學思想，詳細介紹。所用方法，則是歐美研究哲學思想的方法，注重系統，注重說理。

我因作研究的時間有限，在考據方面不能多下工夫，只能引用別人的成果。然而我對於考據的意見是，「在法學上有一條原則，稱為佔有人的權利；一種權利已經成立，在沒有證明這種權利不合法時，這種權利常存在。」因此在考據上，對於古代的史事和書籍，雖因各種原因能夠予以懷疑，但若沒有確實的證據可以證明是僞造時，便應該保全古史和古書的價值。近來古史辨的一派學人，善於疑古，善於列舉消極方面的證據，可是積極方面的證據則常舉不出來，可是他們卻常以懷疑而變成否認古史和史書的結論。這種方法缺乏研究學術的嚴肅性，我相信將來考古學在地下的發現，一定會證明他們的結論不是定論。

我寫這本哲學思想史，嚴守哲學的範圍，不把政治思想和教育思想混入。雖然中國古代許多哲學家，都是政治家或教育家，而且這各方面的思想，常連貫在一起。但爲清晰明瞭且爲避免冗長起見，我則只講哲學思想。

這本哲學史的分期，依照當代研究中國思想史的學者所作的分期，即先秦篇、兩漢南北朝篇、魏晉隋唐佛學篇、宋代篇、元明篇、清代篇，每一時期爲一冊，共爲六冊。預計於四年內寫成。現在只寫了第一冊，我即將第一冊付印，後來每一冊寫成，也隨即刊行。尚祈上主助祐，賜我全書完成。

民國六十四年三月卅日耶穌復活節於天母牧盧

中國哲學思想史第二版小識

《中國哲學思想史》共七冊，已全書付印。第一冊「先秦篇」已賣完，須要再版，年來因寫《中國哲學思想史》，愈往後寫，愈對前面的思想更了解。所以再版「先秦篇」時，想改寫，但是時間不容許我。只能把近年對《易經》研究所寫的文章，加進在《易經》一章裡，解釋生生之謂易，和《易經》的人生觀，《易經》一章已算完備。然後，在名學和老子的思想，增加一些解釋，其餘各章，都沒有更動。所有錯字，都由汪惠娟小姐和吳克倫小姐予以改正。

羅光　謹識

民國七十一年七月五日

中國哲學的展望自序

這一冊書名爲《中國哲學的展望》，實際上則是一冊哲學論文集。一共四十三篇，有一篇是附錄吳德生資政的大作，本文的四十三篇，有二十二篇爲近四年的作品，分散在雜誌和報章上，有二十一篇爲以往的作品，收集在《牧盧文集》裡。《牧盧文集》雖已由先知出版社出版，然流傳不廣，大家都少看到。把以往和近四年關於哲學我所作的文章，收集成冊，以便向研究哲學的學人，交換意見。

論文集的文章當然沒有系統，不能像一冊專書，前後各篇有嚴密的聯繫。這冊論文集也不例外；然而卻稍有例外，則是所談的哲學問題，都集中在兩點：第一點是儒家哲學思想，第二點是聖多瑪斯的士林哲學思想。書中的各篇論文，都包括在這兩種思想以內。

近三年來我專心寫《中國哲學思想史》，已經由先知出版社出版了第一和第二兩冊。在研究《中國哲學思想史》，我漸漸找到儒家思想的傳統，清理出來儒家哲學傳統的線索，也看到儒家哲學思想的中心點。

儒家哲學思想的中心是爲生生，由生生而有仁。從這個中心點，上溯《易經》的宇宙變易之道，進而入到萬有的性理和人的心，下而到人生之道的仁義禮智信，上下連貫，形上和形下相通。

年輕時我研究聖多瑪斯的士林哲學，後來再旁及西洋的現代哲學。後來在羅馬教中國哲學思想，有時以中西哲學互相比較，近兩年輔大和中國文化學院哲學博士班請我開中西哲學比較研究課，我便以儒家思想和聖多瑪斯的士林哲學思想作比較研究，也寫了幾篇文章。最近在我們的學術界頗有人提出中國哲學將來的發展問題。是恢復中國傳統的哲學呢？是放棄傳統而接受西洋哲學呢？是中西哲學共融呢？我對這些問題作了一點研究，費了一番思索，寫了中國哲學的展望，自我哲學，和力行哲學和中國傳統哲學精神三篇文章。這三篇文章既是從研究所得，我便把研究的問題以往和最近所寫的文章，都收集起來，結成這冊論文集，以就正於高明。

民國六十六年四月廿七日序於天母牧盧

儒家形上學修訂本自序

在二十五年前，我在羅馬寫過一本《儒家形上學》，由中華文化出版事業委員會出版，雖再版一次，現在已經是絕版了。

近十五年來，在輔仁大學和中國文化學院常講儒家形上學的問題，在報章雜誌上寫了幾篇有關於這類問題的文章。有幾篇文章已經收集在《中國哲學的展望》一書裡。

近年便常想把原有的《儒家形上學》一書，重新改寫一次，但因於時間難於抽出，至今尚不能如願，每次聽到有人問我這本書時，心中便有些著急，因此，在今年春天，寫完了隋唐佛學思想史，在寫元明清哲學思想史以前把《儒家形上學》一書，整理清楚，交由輔仁出版社付印。

《儒家形上學》的改寫本，加了儒家形上學一章，說明儒家形上學的意義和內容，宇宙論全部改寫，後面各章稍有增添。改寫和增添的資料，採自近年我所寫的文章。

雖然歐美近世紀哲學界因著科學的影響反對形上學，認爲不著實際，常屬空想，然而這班反對形上學的哲學家，他們卻把自己的理論建立爲一種形上學，因爲哲學沒有形上學就沒有基礎，沒有系統。形上學不是別的，只是研究最高理論的學術，讀哲學而沒有哲學的最高理論，哲學的思想怎樣建立呢？

批評或輕視儒家哲學的人，就是說儒家哲學沒有形上學，只是講人生的倫理學，假使真是這樣，儒家的思想爲什麼可以延續幾千年的命運，而又能成爲道統的思想呢？我深入研究儒家的思想，體會到唐君毅和方東美兩位學者歷年對中國哲學的研究，已經指出了儒家形上學研究的途徑。

儒家的思想，以《易經》的「生生」爲中心，生生由動的方面去研究「有」，西方傳統形上學由靜的方面去研究「有」，《易經》的宇宙的變化爲「生生」，物既由陰陽，互相結合而生，仍是繼續變化，整個宇宙沒有靜止的物，整個宇宙也沒有靜止的一刻。生生的動乃是生命，生命之理含在每一物中，按照物所稟氣之清濁，表現於動。人之氣清，生命之理乃得完全表現於人的心。人心靈明，所表現的生命之理爲仁，仁是生，是愛，含有眾善。生命在天地之間因流於萬物，繼續於萬物，各物各有生命的規律，互相連接，互相協調。中國古人常以天地在自然的天籟旋律、山水間都流露著生氣。人活在天地間和萬物成爲一體，融洽在萬物的旋律裡，且以自己的仁心，贊襄天地的化育，聖人乃以萬物皆備於我，以天下爲一體，仁民而愛物。《易經》乃說「夫人者與天地合其德，與日月合其明。」

仁義禮智的生活，便是人性的發揚，倫理道德的基礎，建立在天地之道和人性之上。道德的價值，也是本體的價值。因此儒家的性善性惡論，常由形上本體論去求解釋，朱熹便以人所稟的氣，作爲性善性惡的根由。

孔子注重禮，禮記以禮本於天理，天理爲天地之道，即一陰一陽之道，禮的根本也向形上學的宇宙論去尋。

仁爲孔子倫理道統的中心，仁乃天生之總，由天地生生不息而表現，中庸便以仁的最高點在於贊天地的化育。

儒家的標準人格爲聖人，聖人爲心無情慾的大人，大人和天地合德，和日月合明。儒家的仁義禮智信配合乾坤的元亨利貞，配金木水火土五行，中庸乃是天地萬物的協調，國家和平那是宇宙間的天籟。

或者有人可以問說：儒家的宇宙論是否在科學昌明的時代還可以存在？儒家宇宙論的形下層面天地構成說，以及元素周流萬物說，已不合科學的發明，形上層面的生生之理，則不但可以存在，而且還可以發揚，歐洲新的哲學不是趨向動嗎？形上學的對象已經不是「有」，而是「成」。《易經》和理學所講的對象，便是生生之成。

生命不僅是儒家哲學思想的中心脈絡，而且也是道家和佛教哲學的中心，我們由生命去研究中國哲學思想，可以貫通，可以體會，可以欣賞。

民國六十九年四月七、八日天母牧廬

中西宗教哲學比較研究序

《中西宗教哲學比較研究》一書，匆匆趕完，因和中華文化復興運動推行委員會還有兩冊書的簽約，須在明年交稿。

說是匆匆實則也不是匆匆。中國宗教哲學部份的手稿，已於十年前寫定，當時是爲另一種叢書而寫，但所計畫的叢書則從未出版，我便應用了所寫的舊稿，僅改正很少的幾點。關於西洋宗教哲學，則在我所寫的實踐哲學一書裡，第一篇即是士林哲學的宗教哲學。這次我沒有用舊作，因舊作出版成書，乃重新寫了這部份的哲學思想，也參考了幾種西文和中文的有關書籍。

中國的宗教哲學，不是系統的哲學篇章，而是凌亂的宗教信仰。從各種古籍裡按照西洋宗教哲學的觀念，予以結集，稍加系統化，讀者可以對中國的宗教信仰取得一個系統的概念。

西洋宗教哲學則爲實踐哲學的一部份，而且按理說應屬於理論哲學的形上學。本書係依照士林哲學的宗教哲學來陳述，再加以天主教神學中幾個和哲學相關的觀念。原來西洋的傳統宗教信仰爲天主教，近世紀才分出基督教。

《中西宗教哲學的比較研究》，首先是宗教信仰在哲學上的地位不相同，其次是研究的方法更有差別，相同之點，則是對於尊神皇天上帝和天主的信仰，內容很相似，而且有許多點相同。在祭祀和祈禱的意義上，也有相同之點。讀了本書的讀者，自已就可以看到這些相同和不相同的觀念和意義。

西洋人的宗教信仰非常深刻，即使在哲學上所有基本思想和宗教信仰不相容；然而他們寧願自相矛盾而保持宗教信仰，如康德和杜威。我們中國哲學家也都信上天，但在他們的哲學觀點裡，則都不提到宗教信仰。然而在另一方面，中國哲學家沒有人倡無神論而背棄上天，王充的無神，祇是無神。西洋哲學家則有人公開提倡無神論，不信有上天。馬克思的辯證無神論就是很顯明的例子。

宗教哲學是由理性去談宗教信仰，既然由理性可以談宗教信仰，更彼此不相衝突。宗教既不反對理性，科學是合於理性的，因此，便不能認爲科學反對宗教信仰了。本書雖沒有正式討論這個問題；但是讀者從書中能夠看到問題並不存在。

在緒論和第四章裡，讀者可以從古到今，跟隨西洋宗教思想的變遷；這些變遷和西洋哲學思想的變遷相關聯，認識論和形上本體論一有變遷，宗教思想就有變；不過哲學家的宗教信仰不一定就消失。在最後的結論裡，可以知道宗教信仰和西洋近代哲學的一個大衝突，就是「超性」的問題，現代西洋哲學人和普通一般人，多認爲宗教應該理性化，不承認超越理性的事理，中國哲學思想沒有這個問題，因爲中國的傳統宗教信仰，常在理性範圍內。佛教的禪和道家的道，實有超越理性的要求，然佛道以虛無和竟空去解釋，揚棄了超性的意義。

宗教信仰問題，實則不是哲學的問題，哲學祇能給宗教信仰予以解釋，而且有許多觀念還不能解釋，宗教超乎理性，然不能反對理性。

民國七十年九月廿日羅光序於天母詩哲牧廬

中外歷史哲學之比較研究序

在十年前，我由臺灣商務印書館出版了一冊《歷史哲學》，乃是一種嘗試的寫作，不僅是印刷的錯字非常多，書中的內容也沒有成熟。在當時，歷史哲學還是一種新的學術，而且我又不是專門研究這門學術的人。在這十年裡，我收集中外的歷史哲學書已在五十種以上，閱讀這些書籍，自己的歷史哲學思想漸漸成熟，所以我接受了中華文化叢書編輯會的邀請，寫這一冊中外歷史哲學的比較研究。

這冊書的體例，和我十年前所寫的《歷史哲學》相同，內容則不重複。我本來計劃用一個新的體例來寫這本書，專從歷史的哲學意義去研究，去發揮，但是本書的題目，是中外歷史哲學之比較研究，若不介紹中外歷史哲學的演變，便不容易閱讀專門研究歷史的哲學意義之著作。因此我仍舊先介紹中西歷史哲學思想的演變，然後，研究歷史的哲學意義，也就是歷史哲學的本編。

中國的歷史，可以說是中國古代的唯一學術。哲學當然也應認爲中國古代的學術，然而中國歷代常視哲學爲文學的一部份，哲學著作都包括在文學裡。至於考訂和注解經書在漢代和清代爲一門重要學術工作;但宜歸於歷史的考據一門。中國廿四史結成一個歷史系統,通鑑又成另一系統;傳記、紀年、紀事本末,合成中國歷史的史學。梁啓超曾詆毀中國的歷史,評爲缺乏學術價值,不堪和西洋的歷史相比。實則梁氏所提倡的新史學,乃歐洲近世的學術。歐洲各國所有的歷史著作,能夠和中國的歷史相比者實在是沒有。

《易經》和《春秋》的歷史哲學思想,已經開啓了中國後代的歷史評論的原則;天命史觀、道德史觀、氣運史觀,乃是中國歷史哲學思想的三大途徑。司馬遷作《史記》,標明自己的目標:「究天人之際,通古今之變,以成一家之言」,在中外的史家中,可以算是最偉大的歷史思想家。歐洲聖奧斯定在第四世紀開歐洲歷史哲學的前驅,以神學的中心思想,建立歷史哲學,將歷史的意義,擴張到整個人類的生活,伸展到人類的終極;歷史思想的結構,超出了一切的普通歷史。

黑格爾以歷史統制哲學,哲學爲邏輯的發展,邏輯爲絕對精神的正反合經驗,經驗即是歷史,哲學便是歷史。然實際上是以歷史變成哲學。馬克思繼承黑格爾的辯證論,以自然界定律駕馭歷史,歷史便成爲唯物辯證史觀。

國父孫中山先生反對馬克思的思想,否定物質能成爲歷史的重心,而以「民生」作爲歷史重心,創立民生史觀。先總統 蔣公發揮民生史觀的思想,人的求生慾推動理智尋求人生的進化，成就歷史的進步。

人類天生的傾向，在追求生活的幸福。人類的慾情卻盲目地驅使人墮入罪惡，罪惡增加人類的痛苦。人類的歷史便是排除罪惡的奮鬥史；聖奧斯定稱這種奮鬥史爲救恩史，中國古人常說歷史爲後人的教訓，教訓人爭上游而不墮入罪惡。

民國七十一年

儒家哲學的體系自序

民國六十二年，我曾出版了《中國哲學的展望》，收集歷年我所寫關於哲學的專文四十三篇。最近我又將近五年裡所寫的哲學文章收集起來，編成兩部書，一部是直接討論哲學的文章，命名爲《儒家哲學的體系》，一部是以哲學觀點討論生活各方面的問題，命名爲「哲學與生活」。

這一部《儒家哲學的體系》，收集了二十五篇文章，第一篇〈中國形上學的結構論〉，第二篇〈中國哲學貫通之道〉，將儒家哲學的體系，很簡單地予以說明。形上學爲哲學的基礎，儒家形上學的結構，即是整體儒家哲學的體系，這種體系由《易經》開端，漢代易學家加以擴充，宋朝周敦頤予以架構化而造太極圖，南宋朱熹和清初王夫之稍加修改；儒家形上學的體系就這樣決定了。從形上學到倫理學，由倫理學到精神修養論，中間的聯繫和體系，則在「中國哲學貫通之道」和「朱熹的形上結構論」兩文中扼要地講述。儒家形上學由「成」即變易方面討論宇宙萬有，宇宙是一個整體，由太極爲起點，而有陰陽兩氣，兩氣運行不息，運行的目標在於化生萬物，《易經》說：「生生之謂易。」（繫辭上　第五章）每一個物體由陰陽兩氣相合而成，「一陰一陽之謂道，繼之者善也，成之者性也。」（同上）陰陽結合而成，在物以內，繼續運行，每一物體都是動的，而且是內在的動，儒家稱爲生物。

萬物生命的理雖是一樣，然而因每一物所受的氣有清有濁，氣濁之物所有生命之理不能顯明出來，沒有生命的表現，例如礦物。氣較清之物所有生命之理稍有表現，例如植物。氣濁的程度減少，氣清的程度加高，生命之理在人身上完全表現。人的生命有感覺生命有心靈生命；感覺生命在人和禽獸裡都是一樣，唯有心靈的生命爲人所獨有；心靈生命爲精神生命，代表人。

人的精神生命，儒家用一句話來代表，即是「仁」。「仁」，和「生」相配。天地的變易之目標是「生」，人生命之目標爲「仁」；「仁」是愛自己和宇宙萬物的生命。儒家的倫理學以「仁」爲基礎，也是孔子所講的「一貫之道」。

「仁」爲精神生命，精神生命須要發揚，發揚之道在於「誠」。「誠」是「率性之謂道」。（中庸 第一章）人要按照人性而生活，漸次予以發揚，到了極點，乃能和天地合德，「贊天地之化育。」（中庸 第二十二章）中庸所以稱讚聖人的大德爲：「肫肫其仁，淵淵其淵，浩浩其天。」（中庸 第三十二章）

儒家哲學的體系，便可以用三個字作代表：「生」，「仁」，「誠」。形上學的萬有爲「生」的「存有」，人的生是「仁」，「仁」的修養是「誠」。上下互相連貫，結成一個體系。

這部書的文章有一部份已在《中國哲學思想史清代篇》的附錄中發表過，現在收在這冊書裡，爲使不買《中國哲學思想史》的人也能有閱讀的機會。全書的文章，雖不是專講儒家哲學體系的，但是每篇文章都在說明這種體系。若有人想要求證據，則可以參讀我所寫的七冊《中國哲學思想史》。

民國七十一年十月廿三日羅光序於天母牧廬

哲學與生活自序

現在的社會變得非常快，變得非常亂。雖說一般的趨勢趨向追求科技的升級，謀生活的享受；然而科技缺乏指導人生的能力，享受不能滿足人心的慾望，漸漸會使人變成機械、沉淪類似禽獸。因爲科技剝削人的思想，享受喪失人的道德，沒有思想和道德，人豈不淪爲機械和禽獸嗎？

古來的社會，讀書的人少，祇有士人讀過書，有思想。但是一般沒有讀過書的人，在家庭裡聽過父母講說祖先流傳的規條，作事都知道辨別是非。讀過書的士人所讀的是孔、孟的書，大家都遵從孔、孟的訓言。今天的社會大家都讀書了，家家和人人還可以看和聽空中傳來的節目。一個小學的學生，對於事物的知識可以超過以前的狀元。大學的學生知道天下的大事和學術，可以作以往朝廷上的宰相。可是今天的社會和國家，並不見得會比兩百年前社會和國家，更安定更幸福。這不是說人民沒知識纔是好，也不是說國家沒有科技纔安定。

研究哲學的人，就要追究這其中的道理。若說現在的人沒有思想，爲什麼報攤上的雜誌就有好幾十種呢？若說現在的人沒有道德，爲什麼政府和社團每年頒送五花八門的獎狀呢？

可是，反過來看，在當前民族所處的時空環境裡，大家連國家的基本政策都不明瞭，那裡還能談基本的思想！青年人犯罪的數目和技術，一年一年上升，大家便都裝鐵門鐵窗，都勸婦女不要黑夜單身出門，都說商業道德一落千丈。這其中的原因何在？原因當然很多。研究哲學的人，要細心分析，追求主要的原因。

講話和寫文章的人，當然要想，但不是所想的就是思想，思想要有正確的基礎、明白的系統、合理的證據。這種思想的訓練乃是哲學的訓練，哲學爲追求真理的學問。

凡是活著的人，生活總有一種目的，近視(不是近視眼)的人所有目的是今天和明天的目的，遠見的人所有目的是十年二十年或一生的目的。人生的目的越遠越有理由，越近越近於盲目。建立人生目的的學問，乃是人生哲學。

大家都研究科技，科技的科學愈分愈細，愈細愈精，愈精愈費腦力。現在的青年所有腦力就運用在精密的一門科技學問裡，至於科技學問間的聯繫卻看不到，怎能有觀察整體人生的智力。觀察整體人生的智力，要由哲學去訓練。

現在許多有見識的人也都看到了這種危機，乃講各門學問的哲學：政治哲學、歷史哲學、法律哲學、藝術哲學、化學哲學、物理哲學、數學哲學、語言哲學、文化哲學等等，都是高深的學問。可是，若沒有學過普通的哲學，即基本的哲學智識，怎麼能夠進入高深哲學的門堂呢！就如目前科學家在喊加強基本科學的教育，以能進入高深的科技教育。不過，教育界卻又都輕視哲學，青年人以哲學爲冷門。基本哲學不教了，高深的分門哲學沒有人教，造成了沒有思想的社會，沒有人生觀的社會。這就是今天社會所以成爲今天社會的主要原因。

我講了一大段論哲學的話，滿口嘮叨，豈不是一篇空話嗎？爲證明我所說的不是空話，我便和大家來用哲學討論人生。這部書收集了五十九篇文章，討論人生各方面的問題，討論的方法和原則，是我所信從的哲學，在這部書裡，我沒有講我所信從的哲學，但是從各篇文章裡都可以看出哲學的主張和方法。或許有人要嘲笑說不是哲學主張而是宗教信仰。我信仰天主教，我何必否認書中有以宗教信仰解決問題的文章？但是我常常將宗教和哲學分得清楚，跟一般不信宗教的人我不輕易談宗教，而祇談哲學。

以哲學談人生，是一種快樂。原則很少，應用則很廣。在複雜的人生問題裡，主張可以一貫。在棘手的人生難題上，可以透視難題的根基，從基本上講話。談到人生的修養，我還舉出了實例。因此我敢希望，大家讀了這部書，將來不會批評哲學是空話了。

民國七十一年十月廿五日羅光序於天母牧廬

中西法律哲學之比較研究序

四十年前，我在羅馬曾經研究過法學，還曾經考取教會法學博士，對於羅馬法很有研究的興趣，希望回國後能在大學教授羅馬法，買了一些法律書，還買了拉丁文的羅馬法典。後來因爲第二次世界大戰爆發，又因戰後中共叛國，不能返歸祖國，我的研究興趣，改爲研究西洋文學，又改爲研究中國哲學。所買的法律書則是「東之高閣」，蓋滿塵埃。第二屆梵蒂岡大公會議在一九六六年閉幕後，教宗保祿六世成立修改教會法典委員會，進行修改教會現行法典，我被任爲專家之一。十二年的工夫，我參加了修改法典的工作。（這本法典，於一九八三年二月二十五日教宗若望保祿二世纔公佈。）修改法典的工作，雖強迫了我回憶一些法學知識，但是沒有再引起我的研究興趣。

中華文化復興運動推行委員會爲紀念民國成立七十年，決定編印中華叢書，叢書中有哲學部一項，哲學部的書中有《中西法律哲學比較研究》一書，沒有人願意寫；雖對於中國具有法律哲學思想的法家，都有加以研究，然都沒有研究西洋法學。我因負責中華文化叢書哲學部分的召集人，既找不到著作人，便自己答應撰寫。

開始寫作時，似乎並不很難，漸漸寫到西洋法律哲學部分，便感到心中空虛，沒有西洋法學的確實知識。於是急請羅馬傳信大學法學院院長施森道，替我搜買有關法律哲學的書籍，又往輔大法學院圖書館借相關的書，幸而收到十餘種參考書，連我自己所藏羅馬法和中國法律的書，共有二十種，我乃有了膽氣繼續寫，而把書寫完。

本書的內容，只有三章，論法律的意義，論自然法，論人為法—民法。內容則包括法律哲學所有的問題，祇是在講述時，力求明瞭簡單，所以字數不多，乃是薄薄的一冊書。

現在，我雖然不研究法學，然而我卻喜歡法律；因為我天性喜歡秩序。生活的秩序，雖由習慣養成，然而需要把習慣當作規律，勉力遵守，日常生活的秩序才能養成。

一個現代文明國家，事事都應有秩序，秩序就是法律。可是我們中國人偏偏不喜歡守法，處處講人情，事事找法律漏洞。因而社會生活給人的印象，就好比臺北的圓環擠滿汽車，一片紊亂。而且中國人的天性，又好一窩蜂式地趨向新奇或有利的事，工商業者是這樣，學生選課也是這樣，更不用說婦女的時裝了。

為矯正這種習氣，須提倡法治。中國歷代儒家都攻擊法治，以為法治就是嚴刑峻法，實際上「法治」和「仁政」是並行不悖的，而且「法治」足以擴充「仁政」的意義和效果。在科學發達的社會裡，事事科學化；社會生活的科學化即是守法。

從我這冊小書裡，大家可以領會到這一層的理論。

民國七十二年正月廿八日羅光序於天母牧廬

生命哲學第一版序

從事哲學的研究工作，已經五十年。在求學時代所研究的爲西洋哲學，在教學時代所教的是中國哲學，在寫作方面所寫的爲中國哲學思想史和士林哲學。五十年來雖不是全副精力都集中在哲學研究上，但每天都幾乎用了三分之一的時間去研究。花了這麼長的時間，費了這麼多的精力，對於哲學自己有什麼心得？只是介紹中西的哲學或是自己有點哲學思想呢？

目前中西都不是哲學興盛的時代，歐美雖然新起一些哲學派別，然都是「人存哲學存，人亡哲學亡。」中國國內在大陸馬克思思想暫時在稱霸，然將來必是「暴雨不終朝」；在臺灣大家焦慮著如何產生新的中國哲學，使傳統的哲學可以有薪傳，新的中國社會能夠有中心的思想。天主教會去年紀念利瑪竇來華四百週年，激起天主教接受中國文化的問題。我既研究中西哲學，在這兩方面都有應盡的責任。

唐君毅先生的最後一部著作，名稱是《生命存在與心靈境界》，代表他自己的哲學思想。這部著作有一千兩百頁，詞句深奧艱澀不易讀，讀的人不多。但是他由生命和心靈去講哲學，路途非常正確。

方東美先生所著的《中國哲學之精神及其發展》，英文原本雖已出版，讀者頗少，中文譯本上冊今年已出版。這部著作雖是講中國以往的哲學，但是方先生以生命和生命超越解釋中國哲學的精神，也可以說是代表他本人的思想。

我的這部書，名爲「生命哲學」，不是以哲學講生命，而是以生命講哲學，這乃是儒家哲學的傳統。

《易經》以「生生之謂易」，宇宙變易以化生萬物，萬物繼續變易以求本體的成全，整個宇宙形成活動的生命，長流不息。西洋形上學以萬物爲「存有」，「存有」即存在之有，爲一切事物的根基。中國哲學以萬有之「存有」爲動之「存有」，爲「生命」，乃萬物的根基。「存有」和「生命」爲一體之兩面。在這兩面的根基上，建立我的哲學思想。

哲學爲學術工作，乃生命的高度活動；哲學的研究對象乃是生命，爲我的生命向各方面的表現。我的生命不限於生理的生命，而以心靈生命爲主。心靈生命向外的開展，認識宇宙萬物。宇宙萬物進入我的心靈，引起我對萬物發生關係的意識，我明瞭生命不是孤獨，而是相通。宇宙不是塊然無靈的客體，乃密密地和我的生命相連。我的心靈給了宇宙萬物一種真美善的意義和價值，顯示造物主的愛心。

人的社會從心靈的眼去觀看，不是數字的統計，生產和消費，只有形相的文明。社會文明的真諦在於生命的聯繫，在於聯繫的和諧。科技造成的機械，若缺少了心靈仁愛的動力，將要燒毀人類的文明，遺留一堆灰燼。

心靈的仁愛週遊在宇宙萬物之內，造成生命的旋律，激盪人類的生命向前創新，和造物主的神愛相融會。心靈生命進入無限的天淵，擴展到絕對的真美善，達到生命的頂點，在愛的圓融中，安祥幸福。

沿著心靈生命發展的歷程，本書講論了認識論，以建立人文的世界。研究了本體論，以認識萬有的基本。探索了宇宙論，以體驗生命的聯繫，分析了心理現象，以觀察生命的創新。討論了倫理學，以建立生命旋律的規範。描述了心靈生命的發揚，以窺見生命的超越。

生命的哲學，貫通了全部哲學的思想，結成一生活的系統。不是「隔岸觀火」地研究哲學的對象，而是我在哲學的對象內生活。這就是中西哲學的結合，萬物為「存有」，「存有」為「生命」。

生命哲學可以代表中國傳統哲學的革新而成為中國的新哲學嗎?生命哲學可以作為天主教思想和儒家思想的結合成為教會本地化的基礎嗎?請好心的讀者自作答覆。我只述說了我自己的哲學思想。

民國七十三年八月一日序於天母牧廬

人生哲學序

輔仁大學在新莊復校，就設立人生哲學的全校必修課，二十年來沒有變動。近來常有系主任來說：學生們不喜歡人生哲學課，因爲教授所講多係日常事故，沒有學術性，耽誤時間。而且系內本科的課目多得不能分配，請把人生哲學一科取消。

取消人生哲學課，我當然不答應。大學教育首在培養學生的人格，人生哲學乃是講授培養人格之道。輔仁大學的特色，就在於這種倫理教育。

我在輔大雖教了二十年的哲學，但沒有在系裡開課，祇教研究所的學生，現在既然系主任們說人生哲學課不容易被學生接受，我想自己親身經歷一下，究竟應該怎樣講授。便決定大傳系的人生哲學課，今年由我自己來教，而且先寫講義。

人生哲學講人生之道。人生是具體的活事，不是呆板的事物，隨時隨地常有變化。況且每個人的個性不同，生活也就不同。對這些不同的生活，給了普通的原則，便應該有哲學的根據。講授原則時又不能祇留在抽象的理論上，還要貼合實際的生活。聽講的學生不是學哲學的，對於哲學的術語和原則，常覺得很生疏。因此，祇講人生原則，聽來就很枯燥生硬；

僅講實際問題，聽來淺薄無味。有原則的理論又有實際的運用，纔可以吸引學生的興趣。由聽的興趣，又要進入青年的心中，對於他們生活真能有啓發性的效力。

中國傳統的教育，以培養人格爲主。《大學》開端就說：「大學之道，在明明德，在親民，在止於至善。」《中庸》開卷也說：「天命之謂性，率性之謂道，修道之爲教。」《大學》和《中庸》指出了教育的目標，又指出教育的途徑。中學歷代的教育傳統，乃有所謂「尊師重道」。老師教人做人之道，學生便要尊敬老師，看重人生之道。

人生之道就是人生哲學，在學校裡老師不教了，即便教，也祇當做一門學課去做，從學理方面去講。口不講做人之道，身不教做人之道，學生和老師的關係緊縮到聽課的關係，那裡還能要求學生「尊師重道」呢？現在要求老師擔任導師的責任，導師要懂心理輔導，但又要懂人生哲學的生活原則，否則輔導不當，或者自己生活不正，仍舊不能使學生「尊師重道」。

這冊《人生哲學》，即是我對大傳系學生所講的，也是我平生所實行的。

生活爲生命的發揚，生命發揚有自己的高尚目標，有自己的正確原則。《中庸》以率性爲生活的原則，完全率性的人則達到參天地化育的目標。得有孔、孟「仁民而愛物」的「浩然之氣」。人的生命怎麼可以沈沒在肉慾的污泥中，怎麼可以拿金錢作爲終生的嚮望？人雖然是心物合一的主體，人的思慮則是精神。有思慮乃有自由選擇，自由選擇使人成爲自己的主。思慮超越物質而趨向無窮，生活的目標使應超越物質而趨向永恆。

民國七十三年冬

中國哲學思想史民國篇序

寫完了《中國哲學思想史清代篇》以後，我停了筆，並且說明暫時不寫民國篇的中國哲學思想史，因爲對民國時期中國哲學界所介紹的西洋近代哲學，我缺乏研究，不便下筆。我就寫自己的哲學思想生命哲學，和輔仁大學教學用的人生哲學。

朋友們和弟子們卻不時催促，要我將民國時期的中國哲學思想系統加以陳述，使所寫的中國哲學思想史成一全書，包括中國歷代和當前的哲學思想。

我則答應朋友們和弟子們說：陳述已故去的人之思想或過去的時代之思想，較爲容易寫，因爲那些人和那些時代的思想已經成了定型；現在還活著的人或當前尚在變動的時期，思想也在變，就不容易捉摸，更不容易系統地去述說。

朋友們和弟子們又說：民國時期哲學界的人士有的已經去世，他們的思想不會再變，對於這些哲學人的思想可以寫了，至於整個民國時期的哲學思想，雖然現在仍舊不停的變，但是已經過去的思想變遷則又成爲歷史的事蹟，對於這些事蹟也可以寫。

我接受了朋友們和弟子們的勸說，動筆寫民國時期的《中國哲學思想史》，我寫這書的第一個原則還是我寫這全部中國哲學思想史的原則：只是寫哲學思想，關於社會、政治、教育等方面的思想都不談，免得全書太泛太膚淺。民國時期有好幾位思想界學人，在政治、社會或教育方面，有卓越的思想，但並不是學者，如梁啓超、蔡元培等人，我便不詳談。有的則是中國思想史的專家，如錢穆，有的雖不能稱爲專家，然堪稱爲中國思想史的學人，如徐復觀，我也不多講他們的思想。我寫這書的第二個原則，是對於活著的中國哲學人，不作專章論述，只在總論裡略提一提，使大家知道他們在民國時期哲學界所處的地位。在附錄裡則寫了肆篇，一篇關於馮友蘭的哲學思想，一篇關於我的人生哲學，一篇是剛過世的吳經熊先生的哲學思想，另一篇則是我和俞大維部長論學的點滴。

全書的第一章爲總論，總論頗長，概括也頗系統地陳述民國七十年來哲學界的思想變遷。以後的幾章，分別講述民國時期幾位哲學者的思想，這幾位哲學者的思想，對於民國的哲學思想，都具有建設性的影響，民國時期是一種變亂時期，先有軍閥的戰爭，後有日本的侵略，最後有共黨的分裂，學者都沒有安定研究學術的環境，在兵荒馬亂中生活；而且整個國家處在追求革新的趨勢裡，一切以西洋的社會作爲理想的模型。因此，在哲學界大家以介紹歐美哲學思想爲能事，一意鄙棄傳統的儒學。但是介紹歐美哲學思想的人，年輕學淺，沒有哲學的根基，結果造成青年人崇洋的心理，加速了馬克思主義的宣傳。政府遷臺以後，痛定思痛，才毅然提倡恢復固有文化，整理傳統哲學思想。民國時期的哲學思想要到臺灣定居以後，才有中國哲學思想的成績，幾位研究哲學的人，積數十年的研究經驗，創下了幾分哲學資產，供青年的學人繼續向前向上，繼續創作。我在這本書裡特別述說了他們的思想，作爲民國時期中國哲學思想的代表。三十年來中國大陸則沒有思想可言，一切只是唯物辯證論的瘴氣。希望早有一日，瘴消煙散，大陸臺灣共同成爲革新又充實的中國哲學的天下。

民國七十四年十二月一日序於羅馬寓所

振興民族生命序

這兩年裡，我極力提倡振興社會倫理道德，寫了幾篇文章，作了幾次演講，現在收集作成小冊，交與學生書局付印。

目前全球各地都有倫理道德墮落的現象，原因雖在於唯物享樂主義隨著經濟發達，腐化人心，但是根本的原因還是倫理思想的紊亂。當前的哲學思想將一切都歸之於人，倫理規律爲人所造，沒有天理性律；倫理模式爲社會習慣，隨時隨地而異；最重要的，以生活的目標就在於現世的享受。

我們中國的社會素來爲倫理道德的社會，傳統的儒家文化以人爲倫理的人，孟子曾說沒有惻隱之心，不是人；沒有辭讓之心，不是人；沒有羞惡之心，不是人；沒有是非之心，不是人。總括來說，沒有倫理便不是人。

現在的人並不是說不要倫理，或者不講道德；祇是善惡的標準亂了，以至於善惡不分。尤其青年人不以享樂主義的人生觀，符合他們的理想；他們已經在反抗，願意追求一種較高的精神生活。宗教生活的復興，東方神秘主義號召力的加強，都是這種趨勢的表現。社會人士卻注視青年犯罪問題，實際上社會倫理道德的癌細胞，是成年人的罪惡。因此，社會倫理道德的提高，要從社會各種行業，要從家庭的父母開始。社會倫理道德的復興，須要全體國民從自己的生活上做起。大學所以說齊家治國平天下，開始點在於修身。

孫中山先生曾經說：「中國從前能夠達到很強盛的地位，不是一個原因做成的，大凡一個國家，所以能夠強盛的緣故，最初的時候都是由於武力的發展，繼之以種種文化的發揚，便能成功。但是要維持民族和國家的長久地位，還有道德問題，有了很好的道德，國家才能長治久安。」（民族主義 第六講）目前大家一心提倡科技，以求國家的強盛，然而國家民族的復興，必定要提倡道德，道德足以使科技為國家民族之福；沒有道德，科技將成為國家民族之禍。

民國七十四年十二月一日序於羅馬寓所

聖母傳自序

在羅馬時，我喜歡讀法國文學家的傳記文學，對於義大利的新式聖人傳記，也常手不釋卷，因愛讀，自己就起心寫，寫了幾冊教會名人的傳記，乃大膽嘗試寫了一冊《基督傳》，在《基督傳》後，又寫了一冊《聖母傳》。

聖母瑪利亞的事蹟、福音四傳所記者很少，古代傳記中頗多有記載，然俱不是正史，不足以取信，我蒐集各種資料，細心運用成了這本小書，不是作歷史，而是以文筆引人起興，以增加對聖母的孝忱。

民國七十五年二月十九日羅光

作品展自序

余何豈敢言畫展抑何敢言畫僅以水墨調情適意鬆弛繁劇耳琴棋書畫曩爲學者之家事余不習琴更不諳棋書亦非喜乃選一畫昔年旅居羅馬授課傳信大學兼職駐教廷使館大使謝壽康次彭先生文人學者也曾留學法比友徐悲鴻張道藩喜藝術晚年畫竹館務有暇頓作畫嘗邀旁觀戲謂作畫適情亦養生之道余答欲試謝使即以珍筆貴墨相贈曁爾又以徐悲鴻畫馬集出示囑余習之謝使作竹以宋元畫家爲師重筆法愛強勁竹幹有力竹葉有勁最忌葉亂枝繁有女子之風切誡勿學鄭板橋畫竹用筆余嘗觀謝使手法略具心得作馬則全憑觀畫冊不知動筆先後亦不識安插四足立行奔跑姿勢更不成章亂筆塗馬塗則棄之一週兩次執筆調節工作四年如斯民五十年來台定居台南五載台北又二十秋每週兩次定期作畫遇故則輟故友雷震遠神父曾以葉醉白先生畫馬集轉贈徐葉兩家畫法有別余才拙但不克承仿故宮博物院所藏郎世寧傑作余祇能嘆賞而已友朋與門生屢自國外購筆墨作禮二十年畫作棄者多在者亦有朋輩間有索者門生婚嫁或遷居者亦拜求強而題贈今年逢余晉鐸五十年晉主教二十五年教中人與輔仁大學諸先生欲以爲賀台北年來已成雅習學者慶壽時舉行作品展不舉觴謝賀禮友朋相聚借機溫習舊情誠一樂事余故採納此習作此展覽以

所作畫及所刊書籍陳列問教手稿數十祇助回憶耳然祇爲展不敢爲覽聊博友朋一笑知我者其諒我乎

民國七十五年五月二十一日羅光序於天母牧廬

哲學概論前言

輔仁大學在各系的共同科目裡，列入了哲學概論，使成為各系的必修科。各系系主任對於這一點都表現不願接納的心理，因為系內本科的課程很多，又覺得哲學和各系的學術沒有關係。

十幾年前，中華民國各大學都設有哲學概論一課。一次，教育部召開大學課程討論會時，各大學的系主任都主張廢除哲學概論，因為老師講授方法不好，學生都不願聽。教育部接納了這種建議。十幾年來中華民國哲學會多次向教育部建議恢復大學的哲學概論一科，教育部答說不是該部取消了這一科，乃是大學負責者建議取消的，若是有些大學願意恢復哲學概論，教育部不反對。正當科技的教育成為教育的趨勢時，沒有大學願意恢復，哲學概論從此「壽終正寢」。

前兩年，教育部又召開大學課程討論會，討論共同課程和通識課程，在供大學選擇的共同課程中，我建議加入了哲學概論。因此輔仁大學在共同課程的選擇課程中，選擇了哲學概論為公共必修科，為訓練學生的思考力，又為使對科學有一共識。

各系主任當然有許多難題，我乃說明哲學概論應該和聽課學生的學系課程相連，講解該系課程和哲學的關係。這種講授法，卻難倒了許多哲學概論的老師。

我爲取得實際的經驗，在去年下學期，自己在國貿系開哲學概論一課，寫了這冊講義印成書，供哲學概論的老師們作參考，也希望消除系主任們的成見。

民國七十五年夏羅光序於天母牧廬

生活的修養與境界序

一、

閱讀了布拉神父(P. Pourat)的四厚冊《天主教神修史》(La Spi-ritualite chr-etine)，知道我們教會從初期的聖賢，就已專心於心靈生活的修養。初期的北非洲隱修士，以聖安當爲代表，穴居荒漠中，克己苦身。稍後聖巴西略主教訂立修院章程，聖奧思定和修士同居，開始團體隱修生活。後來聖本篤創立修會，以祈禱勞作爲規範，結合動靜的神修。聖伯爾納則代表本篤修會的苦修院，長齋靜默。中世紀時聖方濟和聖道明，開創佈道的神修，近世紀聖大德蘭和聖十字若望，發揚聖衣會的默觀生活。路德分裂教會以後，聖依納爵重整聖職員的精神，執行嚴肅方法的神操。聖撒肋爵主教則指導一般教友的神修途徑，聖味增爵又培植在俗聖職員的神修生活，把以往神修成聖的目標，從修會的會院，帶入社會的家庭中。第二屆梵蒂岡大公會議在論教會的憲章裡乃肯定神修成聖爲每位受洗者的責任。

但是不能諱言的，我們教會的神修方法，都是修會的方法，和修會的生活密切聯繫。古代和中古的中心觀念，在於聖保祿宗徒所說的靈肉衝突，爲發展心靈的精神生活，務必克制肉慾、肉慾的活動在於身邊，神修的工作便注重克苦身體。守長齋，打苦鞭，多靜默，少出門，勤祈禱，在修會的會規和日常生活的章程上，都有制定的規律。基督的形象，則爲梵蒂岡富西斯篤聖殿內，中間牆壁大畫家彌格安琪洛所繪的終審判圖，威嚴雄偉的判官基督。神修生活是在一種恐懼心理中發展。

近世紀歐洲浪漫主義盛行，戀愛小說的愛情在文藝作品中，表現淋漓，基督在神修生活的形相，由判官變爲新郎，神修乃爲預備燈油，迎接新郎於半夜來臨，修女懷著新娘的心情，與基督締結神婚。

當代歐美人士，在兩次大戰以後，憧憬東方的神秘主義，追求脫離物質的精神生活，實行印度的靜坐。天主教人士乃從禮儀中尋找心靈的安慰，禮儀生活成爲神修生活的象徵。

不信仰宗教的中國人，站在神修生活的門外，看著歐美社會的科學和物質享受，大喊歐美的文明爲物質文明，歐美的哲學從來不講精神生活。他們不懂歐美所有講述精神生活的專書，可以說是汗牛充棟；不過，這些書都是放在教會的圖書館和教會人士的手中，他們鄙視宗教信仰，當然不樂於去看。但，不應當說歐美文明只有物質，沒有心靈。

中國的哲學是講心靈，不單是從《書經》就開始講，而且歷代是以心靈爲哲學的中心，並不是如同王陽明所說孟子的心學，中斷了一千年，由宋朝陸象山重新講論。心學在儒家裡從來沒有中斷，陸象山所講心學不是孟子的嫡傳。

二、

但是，中國古人以宗教爲對神靈的關係，人生禍福操在鬼神，祭拜鬼神以求福免禍。孔子把禍福和善惡相連，行善有福，行惡有禍，上天的賞罰非常公平。孔子和後代儒家便常講行善避惡，善惡的標準在於人性天理，天理的表現，由人心而現。儒家的哲學專注於心性人心。行善避惡的途徑，乃是率性，按照人心天理而動。然而人心有情慾，情慾爲物質，情慾牽動人的感官，以壓迫心靈。儒家便主張克慾。克慾的方法，在於守禮，守禮以持敬，持敬以慎獨，慎獨則靜坐。情不亂動，意乃誠，心乃正。《大學》說修身在正心，正心在誠意，歷代儒家學者努力以成聖爲目標，成聖不能，最低可能成爲君子。

儒家的修身，以正心爲主點，心正則人心天理自然顯明；《大學》說明明德。顯明人心的明德，全在克慾，克慾乃爲修身的途徑。人走這條路，由自己全力去走，目標看著自己的心，心以上，不看上天神靈，上天神靈只主賞罰，賞罰隨著人格的善惡，善惡由人自己去造。儒家的心靈生活和上天連不上關係。雖說人心來自天地之心，天地之心有好生之德，人心也有愛之理，愛之理稱爲仁。然而人心之仁，祇及於萬物，以協助萬物的化育，不上達皇天上帝。對於上天，祇有敬，不用愛。

儒家精神生命的發揚，使自己的精神發揚到宇宙萬物，和天地合德，和日月合明，和四時合序，和鬼神合吉凶，如同孟子所說的浩然之氣充塞天地。

三、

三十年前，我寫了一冊小書，書名叫《生活的體味》，是用文學小品的筆法寫的，供青年人閱讀。近二十年所寫書籍，都屬哲學的學術書，另外是關於中國哲學，以致造成所謂中國哲學專家的印象。有人便向我說：研究中國哲學，費的時間那麼久，寫的書那麼多，應該能夠寫一冊書把中國修身學和天主教神修學融會一爐，加以冶化。我聽了以後，深深考慮，我究竟是位主教，有責任指導神修生活，乃決定寫這冊書。

但是，我不是用研究學術的方法，系統地、分析地來寫，我是以中國古人體驗生活之道來寫，而且用文學筆法；因此，在一章中，不分段分節，只是一氣寫下，若就全書說，則有一個系統；所有系統是「純而明」，「明而神」，「神而通」。這個系統相當於天主教傳統神修學的三階段：淨（Purificatio），明（Illumiratio），合（Univificatio）。先是消極地洗淨心靈，後是積極地進德行善，最後進入和天主相結合。

中國儒家和道家的心靈生活，都沒有至上神靈作目標，儒家祇以同天地合德，道家祇以在元氣中與道相合，同天地而長終；故心靈雖超越單體的人物，並不超越宇宙天地。佛教以絕對實體之真如作心靈生命的歸宿，真如則是人的真我和實體，心靈歸於真如以入涅槃，是入於自己的本體，不是進入超越本性的境界。中國的修身進德，心靈是關在自己以內，祇求盡量發展自己的本性，《中庸》稱爲盡性，稱爲至誠。

我們天主教的神修，則是潔淨自己的心靈，以同基督結合。基督在我們的洗禮中，因聖神而赦罪，再因聖神提高我們心靈生活的本質而進入超性界，接受基督的天主性生命。心靈有了天主性生命，我們心靈和基督結合成一體，不是融會，不是化合，而是在相結合，基督仍是基督，我們仍是我們。但基督在我們心靈內，天主聖三也在我們內。儒道釋都主張反觀自心，以見自己本性；我們也主張反觀自心，以見心中的天主基督。反觀自心以見本性，不用祈禱；我們反觀自心以見天主基督，同天主基督密談，則是祈禱。反觀自己本性，以求生活規範；我們反觀天主基督，也是求生活規範。修身的工作，在於實踐生活規範，儒家便是克慾以率性而明明德；我們是克慾以行天主基督的福音，目標不相同，克慾行善的方法則可以相同。融會中國儒家修身之道和天主教神修之道，就在於採取儒家克慾和修德的方法以達到「明而神」的境界。

儒家心靈生活的目標，專看自己的心，以求光明磊落，是單面的反觀，是寂靜的反觀；我們天主教的心靈生活，在心中看到天主基督，同基督而擴到無限，與基督而進入天父生命中，是交談的，是孝愛的，是活躍的。我們的心靈的最高境界，乃是長久的甜蜜的祈禱生活，是神而通的生活。

民國七十六年九月十三日序於天母牧廬

儒家哲學的體系續篇序

民國七十二年，曾出版《儒家哲學的體系》，那冊書，不是有計劃的分章分篇地寫成，而是集合在不同機會裡所寫的文章所編成，不過大多數的文章，都與儒家哲學思想的體系有關，在自序裡，我也予以說明。

今年我出版這冊《儒家哲學的體系續篇》，則是有計劃而寫的，我的計劃是將儒家哲學的幾個重要觀念，加以簡單的說明，爲能幫助開始研究儒家哲學的人。但是在在五年前出版的《儒家哲學的體系》裡，對於儒家哲學的幾個重要觀念，已經講過了，不能再予以重覆。例如天、仁、生生、形上結構等。但有一點，對於這些觀念的變遷沿革，我上次沒有說到兩漢的思想，而兩漢的儒家雖然沒有深入的思想；然而在戰國以後，宋朝以前，兩漢儒學卻是變遷中的重要一環，可以連結孔、孟和理學。因此，在這本續集裡的上編，便有幾篇講漢朝思想的文章，可以說明儒家哲學體系的連貫。

這本續集的下編，則專講儒家幾個中心觀念的意義和變遷，唐君毅教授曾寫了六巨冊《中國哲學原論》，爲解釋這些觀念，我則很簡單，也很明瞭地予以講解，使讀者容易懂。

在這冊書裡，我對儒家觀念的解釋，是以儒家歷代學者本人的意見去解釋，表示儒家的本來面目。根據這些解釋我在《生命哲學修訂本》，則予以新的解釋，以成現代化的新儒學。新儒學的成立，必須有傳統的思想作根基，再有新的解釋，也有新的結構，才可以成爲新的思想。

民國七十七年六月廿五日羅光序於天母牧廬

生命哲學修訂本序

民國七十三年我出版了《生命哲學》一書。這本書大半是我在宏恩醫院治病時所寫的，當時祇想用「生命」貫通中國哲學和士林哲學，注意點是在於「貫通」，所以把中國哲學和士林哲學的重要部份，都列舉在書裡，全書的次序也是傳統士林哲學的次序，認識論、本體論、宇宙論、心理學、倫理學、精神生命。因而給人一個印象，是在講一次士林哲學。

出版以後，五年以來，我深入研究生命哲學的意義，漸漸有了新的構想。西洋哲學講論「有」，「有」是一個實體，可以說是「有者」。但是「有」爲什麼有呢？「有」究竟是什麼？西洋哲學認爲不必講，也不能夠講。中國哲學卻就是講「有」是什麼，「有」是「變易」。「有」爲什麼有呢？因爲「在」。「在」是什麼？「在」是變易。「變易」是什麼？是「生生」。中國哲學提出來「生生」，說「生生」是生命，但沒有講生命是什麼。

我說明生命是內在的「由能到成」。「有者」就是「在者」，「有」是因爲「在」。「在」則是繼續的變易，繼續的變易成於物體以內，所以是生命。

「有者」或「在者」可以說是本體，繼續的由能到成，可以說是用。實際上本體祇是一個抽象觀念，雖是抽象但有實際的根據，實際的根據在於繼續由能到成的用常結成一整體性和一致性，就是普通所說的「我」。實際的「我」則是繼續由能到成的行，即是生命。中國哲學常講體用合一，或體用不分。

這種生命，即繼續由能到成的變易，或行，要由附體的變易才顯露出來，例如我的生命，要由身體的變易和心靈的變易顯露出來。附體的變易則由時間而顯露，時間所以是生命的顯露，顯露由先後的次序而明。「我」的「在」，不是一個孤獨的在，而是在許多的「在」中，「我」和「別的我」即「非我」的分別，要在空間顯出，空間便是單體生命的顯露。

「我」為一個體，這個個體常是一致，所以是一致，因為同一生命，個體的整體性和一致性由生命而成。宇宙萬物的個體，雖都是單體，卻不是孤獨的單獨在，而是在生命上互相聯繫，因為每個物體的變易在動因上互相關連，最後的動因則是造物主的「創造神力」；「創造神力」發動—宇宙開始時的初次物體，予以「創生力」，初次物體發動再次物體，以後陸續發動，陸續傳予「創生力」，然而從開始到現在，一切物體仍靠造物主的「創造神力」繼續支持，這種繼續支持，等之於繼續創造。造物主的「創造神力」，即是造物主生命的神力，這種生命的神力，聯繫了整個宇宙的萬有，宇宙萬物在生命上乃有整體性，而宇宙萬物的生命也有整體性，由同一的生命神力所發，分享造物主的生命。

宇宙萬物的生命，在人的生命中全部表現出來，人的生命則是「我的生命」。「我的生命」造成人文世界，也造成整個世界，凡是沒有和「我的生命」相聯繫者就等於不存在。「我的生命」不僅在我以內生活，又在我的世界裡生活，和別的我（人）相通，且和宇宙裡物相通，好似一湖水，互相旋流，旋流的水就是仁愛。

「我的生命」來源在造物主的生命，本然地就傾向回歸來源。中國儒釋道的哲學都講一個生命的超越目標。士林哲學和天主教的神學相連，指定「我的生命」的超越目標，在於分享基督的神性生命，由本性生命邁進超性生命。

「生命哲學」因此便是完全講生命，不僅以生命貫通一切，而且解釋生命的意義，由生命的意義解釋萬有。這樣的解釋好似走入海德格的存在論路線，我先不知道，近日閱讀項退結教授在〈哲學與文化刊〉所發表〈海德格的存有與時間探微〉，才理會出來，但是內容不相同。以前我講生命哲學時沒有看到方東美教授的文章，後來看到他的著作，發現我們都是由同一路線解釋中國哲學。這一點或者表示哲學應該向這方向走。

《生命哲學》修訂本現在付印，出版後大概不容易被讀者所明瞭，更不容易被讀者所接納；但是我相信我的路線是不錯的。

民國七十七年四月十七日序於天母牧廬

宗教與生活序

民國六十三年，輔仁大學董事長蔣宋美齡夫人致畢業生訓詞裡說：「很多人都頌揚總統之豐功偉業，這固然是總統應得的讚揚。可是我認爲總統最大的成就，還是總統追慕耶穌基督大仁大慈的修養。所以我寄望本校同學，持躬治事，待人接物在在都要發揮宗教仁愛，好善惡惡的精神。」（中央社日法新電）

我們的學校有雙重的特點：一是宗教信仰，一是學術研究。在相互切磋成器的環境中成長，應較其他青年更佔優勢，應有更遠大的發展。

人生的經歷，不是佛教的「生老病死」四個字可以了結的。「生老病死」祇能標出人生的起點和止點，在起點和止點的中間，有多少的酸辛甜蜜，痛苦和快樂。對於起點和止點的來源和歸宿，一片茫茫的迷惘。現代人以科學自豪，科學對於這些人生情景，啞口無言。一名寡婦痛苦自己的亡兒時，科學可以說什麼安慰的話？一名青年聯考失敗，心中茫然無主，科學可以拿什麼去振作他的精神？一對青年戀愛成功，踏上紅毯結成夫妻，心情洋洋充滿喜樂，科學可以講什麼使他們愛情永固呢？當人身患癌症長臥病榻，科學可以說什麼以平靜他的心情呢?蘇東坡遊赤壁時,自覺「寄蜉蝣於天地,渺滄海之一粟」,科學能夠向他說什麼?范仲淹登岳陽樓時,遇陰雨霏霏,則去國懷鄉,感極而悲;遇春和景明,則心曠神怡,喜氣洋洋,科學又能向他講什麼呢?當韓愈祭十二郎時,「嗚呼!言有窮而情不可終,汝其知也邪?其不知也邪?嗚呼哀哉!」科學更能向他談什麼呢?

在這些人生的境遇中,祇有宗教信仰可以說話,可以平靜人心的感觸。社會事業熱使人心沸騰踴躍,偶然「姑蘇城外寒山寺,夜半鐘聲到客船」,獨自一人聽到,一定構成一服清涼藥,涼卻心中的名利熱。中國古代詩人騷客常到寺院作客,或者像韓國前總統全斗煥被迫隱居佛寺,「萬籟此俱寂,惟聞鐘磬音」,必自見自心,理會世事的價值。

天主教信仰告訴人生的來源來自造物主,指示人生的歸宿歸到生命的根源。說明死亡時生命並非毀滅,祇是走過人生的旅程,升入永遠的安所。

人的受造乃是造物主之愛,人爲行善避惡有救主基督的助祐,人生的歷程常走在上主的照顧之愛光中。

閱讀《新約》福音,人生的遭遇,在基督的一生中都有對照。家庭的窮苦、無理的迫害、社會的聲望、群眾的歡呼、仇敵的陷害、無辜的慘死,基督都遭遇過;然而基督一心愛天父，接受天父安排一生遭遇的旨意；又一生爲愛人，甘心受苦而完成救世工程。基督生活的心境，就是我們因宗教信仰而生活的心境，在任何境遇中都有愛心，因愛心而生活，生活在痛苦中，心境也平靜安祥。

我曾出版《哲學與生活》一書，是爲作證「生活不可沒有思想」。人爲有理性的動物，一切屬於人的行動，意識地或無意識地由理性指揮；至於生理方面的變化，則屬於一切動物共有的作用。哲學講論道理，不僅在抽象的形上玄想，也在於形下的日常事務。哲學和生活連結在一起，中國古人乃講人生之道或「君子之道」。

我出版這本《宗教與生活》則是爲作證「生活不可沒有信仰」。中國傳統哲學以人爲「倫理人」，人的生命以人心爲主，人心生來有仁義禮智的根端，人的生活就在於發揚這種根端而成爲有倫理道德的人。《中庸》稱爲「盡性」，盡量發揮人的本性，達到完人的境界，以贊天地化育萬物的工程。

爲實踐這種做人之道，必須要有堅定的信仰，孔子到了老年曾述說自己一生的經歷，「吾十有五而志於學，三十而立，四十而不惑，五十而知天命，六十而耳順，七十而從心所欲不逾矩。」（論語　述而）孔子篤信上天的天命，一生奉行天命以傳承文王武王的大道，終身不惑。

近代的人，另外現代的人，卻以宗教信仰爲迷信，又以科學反對宗教，不屑以宗教信仰來指導自己的生活。於是，便以金錢，便以性慾，便以名位來作生活的導師，生活天天沈淪在物質裡，人心隨著物質腐壞。先總統 蔣公中正乃警戒人們說：「人生不可一天沒有宗教信仰！」

中國古人懷有藝術家的天性，知道欣賞「山間之清風，江上之明月」，（蘇軾 前赤壁賦）在「雨雪之朝，風月之夕，擷園蔬，取池魚，釀秫酒，瀹脫粟而食之，曰樂哉遊乎。……名其台曰超然」。（蘇軾 超然台記）體驗到造物主在自然界所賦予的美好。今天的人雖然大家也在週末，趕著往遊山巔水涯；然而大家的心，卻厚厚地包在金錢和飲食色慾裡，不能超脫。宗教信仰則提攝人心，不僅有孟子所講的充塞天地的浩然之氣，而且還超越宇宙，脫離時空，昇入精神的永恆境界。

成年和壯年的人，目前心中燃著金錢慾和事業慾，不會讀這本書，更不會想到宗教信仰；但目前卻有兩種人會走向宗教信仰。我們只要看今年高雄佛光山舉辦大專學生禪學營，青年學子今天對著富裕的經濟生活，心中反而覺得空虛，尋求精神的資糧。又看今年輔仁大學開辦老人大學班，退休的人渴望填滿空閒的時間。一方面，在人生起頭的青年，向人生遠處瞻望，希望能看得遠；一方面，在人生盡頭的老年人，在快走盡人生時，願意知悉生命的歸宿。這兩方面的心情，使青年和老年人，走向宗教信仰的門戶。這本不講系統哲理的書，由生活的體驗，述說宗教信仰溶解在生活裡的成效，或者可以作爲他們的讀物。

民國七十七年十一月廿八日羅光序於天母牧廬

耶穌基督是誰序

我習慣獨自一人，坐在寓所「牧廬」的小聖堂裡。陽光從兩個彩色嵌花的玻璃窗照進，光明渾澤祥和。老年人當然想著生命還有多久？我的生命往那裡去？回過頭去，過去快到八十歲的生命，究竟從何而來，又怎樣過去了。

眼看著祭壇上長明燈所照的聖體櫃，靜靜無聲。聖體櫃裡不是有耶穌基督嗎？我等著祂給我答覆。我心裡聽到了沒有聲音的聲音：「一切都是我」。

走在陽明山公園，滿眼顏色繽紛的花，綠葉茂盛的樹，近處矗立著高峰，遠處有白光一線的河，胸懷開敞，呼吸舒暢。這一切是無目的而偶然生出來的嗎？望著天上悠悠的白雲，我心底處聽著無聲的回答：「不是盲目偶然的，是造選的。」

我一生坐飛機的次數，不算很多，也算不少。從民國五十年到七十五年，二十五年的歲月裡，幾乎近一百次在由台北到羅馬，由羅馬到台北的航線上飛過，可是我越來越討厭飛機，因爲航程遠，飛行的時間長，我不能睡眠，身體非常累，但當飛機飛行平穩時，看看窗外的天地，也是賞心悅目的奇景。看看意瑞兩國邊境阿爾卑斯山巔的白雪，看印度連綿的黃色河流，看北極冰天雪地的白光，看地中海的千傾藍色海波。我又想起當我在民國十九年乘船往義大利時，在印度洋看船尾的明月，在希臘沿岸看天崩海裂的濤浪，心中覺到宇宙偉大，驚奇宇宙美麗，然而目前靜居天母牧廬，在書齋窗前觀看窗沿上放著的小花草，卵形綠葉上點點紅圈，纖細的青葉上畫著黃色的十字，還有小小花瓣的紫羅蘭，就是最精細的手工也織不出這樣美麗的圖形。難道宇宙偉大的美，纖細花草的美，都是盲目偶然併湊的？一次併湊了，為什麼又常常有同種的花草和同樣的山河美妙？我心底處聽到無聲的回答：「是我的化工。」

聖經上說天主以聖言創造了萬物。〈若望福音〉開端說：「原始就有聖言，聖言與天主同在、聖言就是天主。在原始聖言就與天主同在，萬物是因祂而造成的。」

聖言是誰？

〈若望福音〉繼續說：「聖言成了血肉，寄屬在我的中間，而我們見了祂的光榮，正如聖父獨生子光榮，滿溢著恩寵和真理。……而且我們從祂的滿溢中都分享到了，而且恩寵加恩寵。因為法律是由梅瑟（摩西）傳授的，恩寵和真理卻是由耶穌基督而成立的。」

聖言是耶穌基督，我心底無聲的聲音就是耶穌基督。

但是耶穌基督在世時，有一天，在凱撒肋地方，向門徒說：「人們說我是誰？」門徒們答說：「有人說你是黑落德王所殺的若翰復活了，有人說你是尼里亞先知，有人說你是葉肋米亞先知，或是先知中的一位。」耶穌再問說：「你們以爲我是誰？」伯鐸祿（比得）回答說：「你是默西亞救主，永生天主之子。」耶穌說：「伯鐸，你真幸福，這不是有血肉之軀的人可以告訴你的，乃是我在天之父啓示你的。」（瑪竇福音　第十六章第十三節—第十六節）

問題並沒有結束，兩千年來，人們常常問耶穌基督是誰？也常常問宇宙是怎樣來的？又常常自問生命由何而來往何而去？

我出母胎就受洗禮，自己獻身作司鐸也已經五十三年，又作主教作了二十八年，卻免不了也常常有上面的幾個問題。不是在學理和信條上有問題，而是在實際的生活上突出這些問題。

在實際的生活上，我要實際體驗到每椿事件，每種情節，都和耶穌基督連得上，不僅連得上，且要體驗到我的生命的每一刻，生活的每一動，都由耶穌基督作主。

耶穌基督是誰？已經不是一個學術上或歷史上的問題，而是我生命的問題。由我的生命連到人類的生命，由人類的生命連到宇宙萬物的生命，整個生命的問題，都由耶穌基督來回答，來解決。

我把所有的體驗和感觸，寫成了一本小冊，贈與輔仁大學的朋友。在紀念輔仁大學創校六十週年時，表示謝謝他們的關懷和協助。這一本小冊子可以協助他們解答生命中最擔心的問題。

民國七十八年四月廿六日羅光序於天母牧廬

中國哲學的精神序

三十八年以前，我由香港商務印書館出版了我第一冊講中國哲學的書，書名是《中國哲學大綱》。今年我由學生書局出版這冊書，書名《中國哲學的精神》。第一冊書是我研究中國哲學的開端，這冊書是我研究中國哲學的結論。在這兩冊書出版時期的中間，我出版了整部《中國哲學思想史》，一共九冊，又出版了《儒家哲學的體系續編》和《儒家的形上學》，代表我研究中國哲學的歷程，也代表我研究工作的辛勞和心血，因爲我是在行政工作中，抽出時間做研究的。

我寫第一冊書，用系統的方法，寫《中國哲學大綱》，沒有用歷史的方法；我寫這冊書，也用系統的方法，不用歷史的方法，寫中國哲學的精神。

俞大維老先生常勸我用通俗方式寫一冊介紹中國哲學的書，書中少引古人的話，我盡心用這種方式寫這冊書，但是我怕既不通俗化，又不學術專門化；不過，讀起來，比較我其他的哲學書容易懂。

我讀過方東美先生的《中國哲學的精神及其發展》，和《新儒家哲學十八講》，牟宗三先生的《中國哲學十九講》，覺得都沒有把他們願意講的講完。我的這冊書則把中國哲學的特點，分成十六章，擇要講明。中國哲學的特點精神當然很多，但是我認爲這冊書中的十六點，乃是特點精神最重要的，最代表有價值的。

目前大家在談整理中國的傳統文化，在談新儒學，首先便要研究清楚中國傳統哲學的精神，使整理的工作，和創新的工作有個起點，有個基礎。我便把我研究中國哲學五十年所得的結論，說給大家聽。說得對不對，請大家批評。

民國七十九年二月二十六日序於天母牧盧

畫馬集序

四十年前，余任駐教廷使館教務顧問，日與謝壽康公使過從，壽康大使以畫竹自娛，但余乃以畫消遣，余喜其有古學之風，採納其言，習畫竹，較深其指點，壽康大使日後留學巴黎與徐悲鴻友善，遂出其馬集示余，勸習之，余因無心習畫，然以陶冶性情，亦樂事，遂每週兩次畫竹畫馬。既無師教，又非專攻，隨畫隨棄，數十年不斷。

天主不棄有心人，恆外執筆揮毫，竹幹竹葉漸表風格，見者悅之。民七十五年，逢余晉神父金慶晉主教銀慶，門人等於歷史博物館國家畫廊作一畫展，印行畫冊，友朋等慶爲傳統儒者之風。

近四年，每週兩次畫馬，馬身馬蹄顯滂沱之氣，奔躍紙上，且有欲爲人言之勢，門人等又促作馬展，余則僅應作畫冊，畫展俟之他日。

余生湘南，地多竹，勁幹筆直，氣態岸然，又多騾，體壯步健，耐勞、穩走山崖危壁，故畫竹馬舒洩鄉思，近又畫荷，衡陽城廂荷塘櫛比，清風萬里，湘賢周濂溪先生曾讚荷出汙泥而不染，堅余心焉。

——羅光自序於天母牧盧的民國七十九年七月廿七日

生命哲學訂定本序

《生命哲學》一書，在民國七十四年元旦出版。民國七十七年九月出版了修訂本，今年民國七十九年年底出版了訂定本。在五年以內，這本書經過了兩次大修改。

第一次的修改，在於增加「生命」的說明。初版的《生命哲學》，試圖以「生命」貫通全部哲學，重點在貫通上。修訂本把重點放在「生命」上，從哲學思維去解釋「生命」。自然科學解釋「生命」。以由單細胞分裂爲另一細胞，爲生命的開始，由簡單而到複雜，爲生命的發展。這是自然科學的「生命」，不是哲學的「生命」，且不能解釋精神生命。

哲學的「生命」，爲內在的活動以成就自己。內在的活動，爲一種內在由能到成的變易。《生命哲學》的修訂本，講論了「變易」。「變易」的觀念來自西方士林哲學，但是士林哲學以本體不能變，本體變便是滅。本體由生而有，一有就是成，一成就不變；變只是附加體的變。這種不變的本體，只是一個抽象的觀念，如同「有」的觀念也是一個抽象的觀念。中國哲學由具體存在方面去研究「有」，具體的有乃是繼續的「生」。本體的生，不是一生就固定不變，而是繼續不斷的生，假若一斷了「生」，便不存在，沒有了。中國哲學乃以「有」爲「生命」。

「生命」，爲繼續的內在變易，繼續由能到成。在這方面，有兩個重大的難題：第一，內在的變是本體的變，本體若變，本體怎麼存在？第二，本體繼續變易，變易爲用，變易的體何在？熊十力講宇宙生命，以宇宙就是生命，生命就是宇宙，體用不分，體用合一。王船山講《易經》，以性日生，命日降，性由陰陽相合而成，陰陽相合依照天命而結合，生命便是陰陽的結合，生命的體就是陰陽，佛家講生命的輪迴，用燭火作比喻，火是生命，輪迴是火由一燭點燃另一燭，燭是「六入」，「六入」爲六識，代表身體。

我自哲學方面去講，重點在「本體」上。現代西洋哲學許多派系反對傳統不變的本體(Substance)，認爲是一種虛構的觀念。士林哲學根據亞里斯多德和聖多瑪斯的思想，主張本體爲一抽象觀念，但是在具體的「有」上有根據；因此，並不肯定本體在具體上不能變。例如「一致性」(Identity)問題，我爲什麼常是我？十年前的我，二十年，三十年，以至於八十年前，剛出生的我，就是今日的我？西洋哲學有些派系說是因爲有「記憶」，有些派系說是有「自我意識」，有些派系說是因爲有「心理感受」；這些說明都不能解答所要解答的問題，都是從自然科學心理學去解答。實際上哲學要從「本體」去解答，我常是我，因爲我的本體不變。但是「本體」究竟是什麼？「本體」是一個自立的個體，這個自立個體，在具體上無論怎麼變，常是這個自立個體。我是一個由心物合成的自立個體，心物兩方面都常在變，自立個體則常是這一個。同樣，這張桌子，四支腳若換了三支腳，仍舊是這張桌子，你可以反駁說桌子除了桌面和腳以外，還有什麼？我也可以反問你，你說這張桌子，為什麼不說這張桌面或四支腳？這張桌子是個本體，本體是個觀念，但不是虛構的觀念，而是在實事上有根據的觀念，感覺看不到，理性則見到。

生命的本體，就是每個具體存在的實體，這個實體繼續由能而到成。「成」便是實體，實體既成，又繼續由本體之能到成。繼續之成相連，不是滅和生相繼續，又不是兩個自立體的結合，而只是一個變易的自立體。士林哲學以自立體不變，自立體的附加體則變，自立體常是同一的實體。實際上，一個人的身體的變，由少到老，不僅是附加體的變，而是身體本體都變了，所以現代哲學派中，有許多不承認在身體以外另有人的本體。然而身體實際上變了，個體的我則沒有變，便必須在身體以外另有人的本體。同樣人的生命，是繼續內在的變易，繼續變易是繼續由能到成，變易的本體，即生命的本體就是「成」，「成」在觀念上不變，就是本體的不變，我的不變，實際上則繼續在變，我繼續在變。

這次訂定本的修改，在於講明生命的來源。

儒家的《易經》，主張宇宙為一道生命的洪流，而以生命的根源為天地，《繫辭下》第一章說「天地之大德曰生」，朱熹便說天地以生物爲心，日夜不停，化生萬物。道家的老子以「道」爲天地之根，「道」化生萬物。莊子卻承認有造物者，佛教以「真如」爲萬物的本根，「真如」向外表象而成萬物，萬物好似海水的波浪，爲海水的外象。

宇宙萬物爲相對的實體，相對的實體有自己存在的開始，在開始以前不存在，不存在者不能使自己存在，所以必須由絕對自有的實體使它存在，宇宙便有創造主天主。創造主天主創造宇宙，不是由自體變化而化生宇宙萬物，因爲創造主是絕對之有是純全之成，本體不能變易。創造主天主用創造力而創造宇宙。創造力爲絕對之有之力，爲全能之力，由無中造有。

創造力創造宇宙是造一種力，這種力稱爲「創生力」。創生力有體有用，即是一個變易的質體，有如老子所說的「道」和張載所說的「太和」。這種質體含有無盡的能，又有創生的力，又有變易之理。創生力和創造力常相銜接，由創造力乃常有發動各種變易之力。變易之力，發動變易，由理和質相合，化生萬物。聖多瑪斯曾經說天主的創造是繼續的創造，天主若停止創造，宇宙就歸於無。

創生力就是宇宙，開始時只一物體，逐漸變化，化生他種物體。物體的化生，不由別種物體進化而來，而由創生力的發動，使一種理和質相結合而成物。實際上爲一種進化論，但不是物種進化論，而是「適者生存論」，到一種物體適於生存的空間和時間，創生力便發動相應的理和質，而化生適於生存的物。這種創生的力在宇宙以內，所以創生力的變，是宇宙內在的變易，因而稱爲宇宙的生命，宇宙是生命的洪流。

生命雖是繼續的變易，生命卻常是一，而且是一的根由；生命乃有整體性，整個宇宙是一，不論銀河多麼多，星辰多麼眾，彼此距離多麼遠，宇宙是一，是一個創生力。每一個物體的一，來自它的存在，實際存在爲生命；物體的一來自生命。人活著爲一個人，人死了，身體就解肢分化。凡是通常所說有生物，都有生命結成一；就是通常所說的無生物也，由它的存在而成一，無生物的存在實際上也是繼續的變，因爲創生力也在這些物中，創生力是活動的，因此凡是實體沒有不內在的變易的，都稱爲生物，都由生命而成一。一是整體性，人的整體，由生命而來，一件肢體若失去和生命相通，成爲一件死肢體，便不在人的整體內了，可以挖去割去，別的物也是一樣。一塊石頭，一部份風化了，就是這部份和整體的存在──生命不相通了。

創生力是宇宙，創生力的力週遊宇宙，貫通萬物，萬物的生，靠創生力的力；萬物的存在，靠創生力的力。

對於生命的發展，這次訂定本特別提出美善真和愛的活動。宇宙的生命，以人的生命最高，最複雜，最完成，朱熹曾說人得理之全，物得理之偏。人的生命爲心物合一的生命，然以心的生命爲主宰。心的生命，在於美、善、真、愛的各種活動，遍及知識生活，意志生活，情感生活，且有發展的歷程，形成歷史的意義。

人的生命，不能孤立，和宇宙萬物的生命相連，人生命的發展，一出母胎，就有家庭，由家庭進入人類社會，由社會伸張到國家和人類。同時，人的生命和宇宙自然界相連接而不可分，王陽明稱爲「一體之仁」，孟子乃說「親親，仁民而愛物」。這是生命的旋律，生命在宇宙中週遊，由人而到物，由物而到人。《中庸》講至誠之人，「唯天下至誠，爲能盡其性；能盡其性，則能盡人之性；能盡人之性，則能盡物之性；能盡物之性，可以贊天地之化育，則可以與天地參矣。」(第二十二章)

人的生命，由心靈發展，則不限於宇宙以內。我曾寫〈我的生命哲學〉一文，對於生命的超越，有以下的話。

中國古代哲學，儒釋道三家都很明顯地指示人的生命應超越人世的有限界限。道家指示人忘掉形骸，以心神的元氣和宇宙的元氣相合，成爲「真人」，長生不死，和宇宙而長終，莊子寓言真人入火不焚，入水不濕，飄遊六合中。佛教指示人泯滅假心，尋到真心，真心即真我，真我即真如，真如即絕對實體，人和真如相合，進入涅槃，「常樂我淨」，常在，喜樂，真我，潔淨。儒家指示人和天地合其德，與天地參，贊天地的化育，《易經乾卦》文言：「夫大人者，與天地合其德，與日月合其明，與四時合其序，與鬼神合其吉凶。」中國哲學都提挈人的精神生活，發展到無限的永恆境界。

但是我的生命，來自絕對的生命。和宇宙萬物的生命相合，我能「仁民而愛物」，我的生命貫通到宇宙萬物裡，有孟子所說的「浩然之氣」的境界，便要超越宇宙，面對絕對的生活，「慎終追遠」，始自絕對的生活，終於絕對的生命。

我的天主信仰指示我，我生命的歸宿，是回到造物主天主。天主是絕對的完全生命，是絕對的真美善。我回到天主，因祂的永恆生命，而使我的生命永遠存在，因祂的絕對真美善，我生命所追求的享受，乃能達到追求的目的。我的超越生命的完成是一種超越的圓融的愛；因爲天主是愛，絕對生命的生命就是愛。

「在愛中，圓融為一。天主教的超越生命，不是冷清的冰冷生命，不是消失感情的平靜生命，也不是空的虛浮生命，而是最實際，最有活力的超性生命，不是高飛天際傾向不可攀登的天主，而是天主在我心內的生命。超越生命是生命本體的體認生命，生命的根由和受造生命的結合，人

乃以整個心靈喊叫天主為『天父』。」（哲學與文化 第一八五號）（哲學年刊 一九八九年）

民國七十九年八月十八日羅光序於天母牧盧

我們的天父序

我曾向輔大任教的神父修女講一笑話。

我作一個夢，夢我去世後，往叩天堂的門，聖伯鐸開了門，問說：「你是誰？」我答：「羅光總主教」。聖伯鐸搖頭說：「沒有聽說過。」我答：「你翻看台灣天主教通訊錄就知道。」聖伯鐸答：「那是地上的東西，我這裡沒有，主教來進天堂，必定帶教友來，你怎麼一個人走。我看你穿中國長袍，你大概是孔子的徒弟，孔子的家就在那邊，你到那邊去。」說完，就關了門。我無精打采地去敲孔子的門，子路開了門，問我是誰？我答是輔仁大學校長，也是哲學教授，還寫了《中國哲學思想史》。子路說：「似乎聽說過，不過，人家都說你破壞了孔夫子的思想，把天主教的信仰滲在裡面，你不是孔夫子的門生，你還是到伯鐸那邊去。」子路說完，也就關了門。

我垂頭喪氣，不知道往那裡去。恰好，來了一個老太太，她喊我說：「主教，你在這裡？我陪你去敲伯鐸的門。」我讓她引我去敲門，聖伯鐸開了門，生氣說：「你怎麼又來了？老太太卻說：「他是我們的主教。」聖伯鐸問：「真的？」老太太說：「當然是真的，主教還到我家來訪問過，領我們唸玫瑰經。」外面又來了一個老先生，走來親我的手，聖伯鐸問說：「你認識他？」老先生說：「他是我的主教，我家在台南，主教到我家訪問，同我祈禱。」聖伯鐸說：「好！你們三個都進來。」

笑話不是單單逗著大家笑，實在有它的意義，近些年，人家說我似乎忘了自己是主教，專心研究中國哲學，沒有勸化一個人進教。我自己真正也屢次反省，是不是有虧職守！因此，近年放開哲學書，提筆寫宗教性的書籍。寫了《生活的修養與境界》，寫《耶穌基督是誰》。今年我八十歲，便寫這冊《我們的天父》，送朋友作為紀念。

八十歲的生命，為天父的恩物。生命來自造物主，生命的繼續，依賴造物主的照顧。造物主天父，又由聖子耶穌賞給了我神性的生命，賜我成為祂的義子。我的雙重生命，全是來自天父的愛，我對於天父，便應有教愛的真情。

孝愛天父，有多種的方式，有不同的途徑，在天主教會內，歷代的聖人都全心孝愛天父，各有孝愛生活的重點。我景仰他們的成就，把他們靈修的重點列出，貫成一系，作靈修生活的道路，也寫成書，送給朋友們參考。大家不要想，少壯時不專心修德，老年時還有什麼希望？少壯時每天手頭案頭的事很多，常分心，在馬上要決定要實現的事務上，靈修的工作被疏忽了。老年時，外面的事都減少了，不必操心要作計劃、要作決定，要去推動，把心收回來，專注靈修的工作，有何不可？天父不負有心人，祇要人願意走近祂，用心尋找，祂會樂意幫助老年人，扶助老人走，我奉勸年近古稀的朋友們，提振精神，雖不能邁步，更不能跑，但還可以步步向前。尤其可以希望基督以祂的十字架作我們的拐杖，健步向前步。

民國七十九年八月十日羅光序於天母牧廬

八十的題外話卷頭語

益世評論發行一週年時，主編林立樹教授就要收集我在刊物上所發表的文章，出一單行本。我說文章太少，內容的份量不足，等到發行兩週年時再說。沒想到祕書丁維欣小姐昨天向我說，林教授已經收集我的文章，已經打好了字，預備印一單行本，爲我祝八十壽，還要我寫幾句作爲卷頭語，盛情難卻，我祇好認命了。

在益世評論上我每期都以發行人的話，刊登一篇時事評論，短短一千多字。題材五花八門，文字不相連貫，所可取的，說話都有天主教倫理基礎，也有學理支持，不是任憑自己的私見。

寫長篇論文成了習慣，四十年前寫短篇小品的工夫，早就消失了。這些短篇評論文，又不是小品文，又不是學術，收集起來，祇能作紀念品，便印出來紀念八十歲！

民國七十九年十二月二十八日

基督傳序

羅蒙席焯炤著作之富，令人驚異不止。一般作者，大都所著愈多，其內容即逐漸減色。因爲人之才力有限，一生能有一二部命世作品，已屬萬幸。令蒙席義文漢文著作，除雜誌文章以外，已有二十部之多，是不是部部皆精心之構，我不敢說。惟觀其近著如《陸徵祥傳》，如《生活的體味》，如《中國哲學史》及最近出版之《公教教義》等書，確實是愈出愈好。多多益善。這是一種非常的現象，其原因究竟何在？照我的觀察，其主因有二：第一、蒙席平素好學如渴，手不釋卷，所以其學力愈積愈厚，無怪其後來所寫，較前尤美，所謂用宏取精，其材料愈富，其選擇愈覺左右逢源。第二個原因，是蒙席愛主之心，久而彌篤。而吾主之寵，亦久而彌盛。吾人若專恃本性上的智能學力，很容易塞絕。惟恃聖寵，則日新又新，無有止境。惟知止而後能無止，惟至誠而後能不息。這便是超性生活的好處。此書乃蒙席最新作品，其對象況且是吾主耶穌；以蒙席之愛主情深，吾主豈能不賜以洞見卓識，變水爲酒。蒙席從前所出的書，實爲這部書的前奏，讀者應作如是觀也。希望讀者因欣賞此書，進而身體力行，才不負蒙席的一番苦心。是爲序。

民國四十五年六月二十一日吳經熊

天主教教義弁言

這是想來使人紅臉，說著令人汗顏的一件事！然而「紅臉」或「汗顏」卻都無濟於事，所以還是「說說」，或者倒可以增強一線的補救之路呢！

最近一位中學剛剛畢業的學生，——所以他才如此天真坦白——見到我，似乎不勝其急地怨訴說：「什麼地方可以找到一部介紹天主教教義的好書啊？我有好幾位朋友，都真心願意認識天主教；我也急於要向他們介紹，然而我尋遍了某某學會的陳列櫥窗，竟連一本稱心的書也未找到；因爲所有此類的書，不是寫得太枯燥，即是連篇累牘地太冗長！你寫一本吧！我們真正需要一本能夠引人入勝的教義講解……」面對著這位天真熱情的孩子，我無以自解。我也無言可答。

較早以前，在香港真理學會的負責人華德中神父處，看到了羅光蒙席新著的《公教教義》，是準備即將付梓的。現在羅蒙席又來信說：「既承詳閱拙稿，當能瞭解其長短，敢請賜一短序可乎？」品長評短的輕舉妄動，非所好也；然而爲了闡揚教義之書實在是多多益善，而羅蒙席能在百忙中不憚勞煩，獨具慧眼地注意及於這基層工作，事實左證其爲知時務而非昧於先後者也!故余樂意弁以數語,並望羅蒙席大著早得不脛而走,嘉惠群倫!且願類似的著作仍能繼續問世。即使其能汗牛充棟,或者正可以解救傳教士如我者之汗顏,而書是仍舊不會太多的!因為見仁見智之不同興趣與眼光,正需有大量異曲同工的教義闡述著作,才可以應其選擇也。

民國四十四年聖母聖名節日張維篤謹書於香港玫瑰崗

代序

新經全集序

民國三十六年正月，吳子德生攜家抵羅馬，履任我國駐教廷公使。余時執教傳信大學，兼任駐教廷使館顧問。晨夕相對，事無大小，吳子常舉以相問。

吳子中國有名之法學家也。抵羅馬時，適所草編《中國憲法》公佈施行，政績斐然，而未嘗忘學，手不釋卷，尤愛研究儒釋道三教修養之學，使與我教神修之妙道，融會貫通，以為溝通中西文化之助。我教之神修生活，實淵源于聖經，而吳子之攻讀聖經，始于童年，復能悉心體驗，時有心得。故其所譯之聖詠及新經全集，極得自然之致，讀之，一若自其胸襟中流出，而不知其為譯文也。

吳子抵羅馬之次日，即以其最近出版之聖詠譯義初稿一冊見贈，更按余名而以聖詠第三十六首詩句題字：「吾人沐浴靈光內，眼見光明心怡然。」豈知此語後日竟成余之主教徽章內之標語乎！

逾數日，吳子以所譯新經全集稿見示，囑爲校訂，務求譯文之真確。余日讀數頁，遇詞句有未愜于心者，指與研究，一字之易，常遍索歐美聖經譯文，以資考核。有時吳子且偕余走訪聖經學院教授，以質疑難，今之白雅樞機，乃當日質疑之名師也。

吳子譯經，受托於總統，而最初發起者則蔣夫人也。民三十一年初夏，吳子全家十五口，逃出香港日人虎口，安抵桂林。秋，吳子隻身赴重慶，報到立法院。一日，蔣夫人召之，詢曰：「子豈無意于譯經之事乎？」對曰：「譯經本一生誓願。」夫人以委員長（今總統）欲委其譯經之意轉告，吳子感於委員長與夫人之至誠，乃慨然擔承其事。逾一月，遂回桂林閉門譯經。

初稿每成一章，必郵呈總統修訂，總統閱經，以紅藍筆圈改，或在書眉，擬句加批。得親睹斯稿，更見總統一絲不苟之精神，余不勝心折。福音若望傳首章引語十四節，原文爲詩，吳子譯爲五言。總統改削甚多，於書眉復書：「惟一聖子，無上光榮，妙寵真諦，充溢厥身」四句。吳子恍然悟，因改五言爲四言，而以總統四句作結語。福音瑪竇傳第十九章有云：「吾謂駝穿針孔，較富人之進天國猶易」。總統批云：「穿字大有語病，豈謂駱駝以腳引線穿針孔乎？」吳子遂改穿爲經。啓示錄第三章有「如再不醒悟，吾必襲爾，猶盜之突如其來。」第十六章有「我來如竊」。以盜竊比擬天主，總統於心不安，批云：「原文雖爲盜，似可譯爲敵，竊字亦可譯爲密偵，加註原文之意，如何？」吳子復改盜竊爲「不速之客」，總統批云甚佳。總統修改釋稿之處，不勝枚舉㈠

吳子攜修訂譯文來羅馬，余重爲之三讀成第三稿，吳子集閤家大小合抄譯本，先以若望福音傳寄寓比之陸徵祥院長，再請指點。子興院長覆余一書云：「拜誦三遍，深得我心，極願執筆，隨讀隨記，遇有欠明之文句及名詞，註以報命。詎料於捧讀時，愈讀愈順，口誦心維之下，敢直言之，並未有欠明之句。三讀之後，未便久留，當掛號寄繳德使。……竊思譯經一事，德生執筆，聖神執手，無思無慮，一筆揮成。德生確有求工之慮，而聖神執手以代工之故，文思之來，如泉源之流，筆到工成，且至精至妙。至名詞音義雙收，傾瀉而出，作爲定本，亦無不可。至用我國古文之成語，即滿通中西之樞紐，既能吻合，復冶一爐，非聖神默啓，曷克臻此哉」㈡。子興院長又上書總統，賀譯經之成，上書教宗，慶福音新譯，使基督聖言，遍行中國。

譯稿既定，吳子請余作註，預備付梓。教廷傳信部委于斌總主教負責審定，于公派子興院長與余爲審查員，民三十七年夏，余攜新經全集譯本赴比，子興院長於十月三日簽名審定付印，由余副署。三十八年春，德生以孫哲生院長之召，有回國之行，攜新經譯本，至奉化，面呈總統審閱。過香港，以譯本交真理學會付印，三十八年十一月出版，書首有教宗碧岳十二世賜函代序，四十九年再版。

去年夏，吳子因總統召，由美來臺，主寫國父英文傳。欣逢總統八秩華誕，思在臺灣重印新經全集以壽總統，索序於余。聖經之書，固不宜有序文，況余乃昔年吳子之助手，更何敢言序。謹述譯本之原委，使人知此書爲總統壽，非同世俗之酬應，實因此書之成，乃總統心願，而此書之美，實有總統之心血存焉。

民國五十六年正月十五日羅光序於臺北天母

註：

㈠ 中國學術史論集（四） 現代國民知識叢書第四輯 吳經熊著 總統與譯經。

㈡ 羅光著 陸徵祥傳 第二十八章聖經。

聖詠譯義序

《聖詠譯義》初稿，於民國三十五年十月初版，迄今已二十九年矣，吳子常思早成定本。昔年出使教廷，在羅馬已囑余校閱初稿。今年，吳子修改初稿，一月而竣，乃決定十月出刊定本，以紀念總統　蔣公當年修正初稿之苦心。

定本於初稿之修改頗多，以求譯義之詩章，與聖詠原義相符。更求詩句之雅順，隱晦者明達，難澀者通暢。吳子多年之宿願，今乃得償。

吳子翻譯聖詠，始於民國二十六年，時上海已淪陷日軍之手，吳子被困愁城，幽居斗室，心中愁悶，乃譯聖詠數首以解愁，所譯第一首，爲聖詠第二十三章，詩曰：『我主作我牧，所需百無憂。……雖行幽谷裡，主在亦何愁。……行藏勿離主，此外更何求。』吳子被敵人所困，必懷憂懼，乃引聖詠之詞句，以安定其心。然其時固無翻譯全部聖詠之志願也。

次年，吳子潛逃香港，以數首聖詠譯詩出示孔祥熙夫人，孔夫人喜其所譯，遂寄贈蔣夫人，夫人轉呈　蔣公。蔣公甚愛其譯詩之雅。民三十一年夏，吳子從生死邊緣逃出香港，置家於桂林，隻身住重慶，遂得　蔣公之託，翻譯聖經。

《聖詠譯義》初稿，曾經總統　蔣公手訂，手訂稿現尚珍存吳子家中。稿中詩篇多有被蔣公指明未妥之處，且有改譯之句。如上面所引的第二十三首「雖經幽谷裡，主在亦何愁。」幽字改爲陰字，亦字改爲我字。又如聖詠第八十五首的最後四句，也爲　總統所譯：「以仁爲居，以義爲路，康莊大道，眾庶所步。」稿中詩篇譯文佳麗者，　總統則加點加圈，或詩中情景協和　蔣公心境者，亦多圈點。吳子在《蔣總統精神生活》書中，作有一章名聖詠的欣賞，章內舉出　蔣公所喜愛聖詠之篇章。　蔣公深契於大學、中庸之安定慎獨，喜讀聖詠順天樂道，恃天無憂之篇什，如第一、第三、第四、第六十二、第百三十四、第百六十九首。　蔣公一生歷經憂患，忠心愛國，但曾遭人惡意毀謗，友叛僚離，故對於聖詠向天傾吐清白之篇什，衷心喜悅，如第五、第三十五、第五十五等首。尤其處變不驚，堅定信心之詩篇，多加圈點：如第四十六、第三十一、第三十四、第三十七首。　蔣公之精神生活止於天人合一之境，正如聖詠第八十四首云：「以熙春陽，以潤吾身，寵惠備至，百祿是膺。大主何私，忠貞是親，一心恃主，樂哉斯人。」

夫吟咏聖詠非若吟咏名家之詩篇。吟咏名家詩篇，欣賞其詞句之美，表情之切；吟咏聖詩則更入而以聖詠詩篇之哀苦喜樂，體爲自己之情，藉聖詠之詞句，向上主天父抒說隱衷。

翻譯聖詠，亦非若翻譯名家之詩，因聖詠乃屬聖經，在信達雅中，信爲最要。故普通聖詠語文，常以白話散文出之，信既信矣，達與雅則難兼有。吳子《聖詠譯義》，譯成古詩，既信且達，既達且雅，可謂翻譯界之奇跡。佛教經典中，亦有譯詩，未有能若聖詠義之美者。

《聖詠譯義》，具有中國古詩之名格，有三、四言、五言、七言，律詩絕句則因字數有限，難達原義，不能採用。其他名格，俱運用自如，讀之不覺其爲翻譯也。

初稿問世時，國內外文人學士爭相稱譽，陸徵祥院長曾謂「德生執筆，聖神執手，無思無慮，一筆揮成。」昔杜少陵有句云：「讀書破萬卷，下筆如有神」，予以吳子見之矣。

民國六十四年八月十五日羅光序於天母牧廬

蔣總統的精神生活序

聖奧思定在他負盛名的著作《天主之城》裡說：

「我們所稱幸福的領袖，是以公義治國，不因諂媚而自大的賢者。賢者記得自己是人，將自己的權力為上主天主服務，宣揚對於上主的敬心。賢者敬畏，愛慕、朝拜眞天主；仰慕大家和睦相親的天國。賢者急於寬赦，緩於行刑；若因國家公益的需要，或為保衛國家的權利，而執行刑罰，他們不用為報仇，不存有私心。賢者緩於用刑，不是疏忽自己的職務，而是希望人能改過自新。他們若採取嚴厲的手段，卻也知道用恩惠和慈心予以減輕。我們所謂幸福的領袖，是不順從私慾的賢者。賢者，以克慾而正自己的心，勝於統治宇宙萬邦。他們克慾正心，不為尋覓人們的喝彩讚揚，乃是為求自己的永生。賢者承認自己犯有錯誤，為著自己的錯誤，自上主天主誠心奉獻謙卑的祭獻。」（第五卷第二四章）㈠

蔣總統堪當為聖奧思定所稱幸福的賢明領袖，平生以宗教信仰穩定自己的精神生活，以精神生活貫徹一切的政治設施；因此在國家多難，政途坎坷的時勢中，心安不亂。總統曾自著《事天自安箴》：

存心養性，寓理帥義。
盡心知命，物我一體。
不憂不懼，樂道順天。
至誠不息，於穆不已。

孔子曾說：「政者，正也。」（論語 顏淵）「苟正其身矣，於從政乎何有？不能正其身，如正人何？」（論語 子路）。《大學》乃說：「欲脩其身者，先正其心。欲正其心者，先誠其意。」（第一章）《中庸》也說：「故君子，不可以不脩身。思脩身不可以不事親；思事親，不可以不知人；思知人，不可以不知天。」（第二十章）「誠者，天之道也，誠之者，人之道也。誠者，不勉而中，不思而得，從容中道，聖人也。誠之者，擇善而固執之者也。博學之，審問之，慎思之，明辨之，篤行之」（同上）

蔣總統常以中庸為中華民族之傳統人生哲學，他自己的精神生活建立在這種傳統之上。總統說：

「今天我要將我國古代最精微正確的人生哲學即中庸之道講授給大家，這是我們個人修己立身成德立業之道，我們將要完成革命救國的任務，不可不透徹明瞭這個哲學的理論。」㈢

中庸指示修身正心，應先知天，蔣總統潛心研究，深明天道，每天捧讀聖經，而且遵循曾國藩的讀書要領：「虛心涵詠，切己體察。」

吳德生先生在這本書裡指出，「總統生活的源泉，在於中庸和聖經」。吳先生說：「大家都知道，蔣總統爲一位偉大的政治家。總統不僅相信一種自強不息的生活，而且身體力行這種生活。但是奧妙卻在於 總統一生的行爲都從精神生活的源泉而流出，這種精神生活爲一種靜觀的生活。據我的觀察， 總統的精神生活建立在「慎獨」的堅固基石上。……慎獨出自中庸，但也包含聖詠第一百三十九首的思想：『明哉上主，燭幽洞微，諳我起居，鑒我秘思，行藏出處，明察罔遺，心聲未發，主已先知。』…… 關於孔子倫理思想的宗教背景，陶遜 Christopher Dawson 曾有幾句深刻的評語，陶氏說：『孔子思想的精神，貫注在天道。天地運行和社會生活，由天道節制。孔子從沒有否認天道的超越性，但他不願以天道作爲巫祝的讖語，而以天道作爲人生的規律。』我引了這一段話，因爲這一段話

和　蔣總統的思想相吻合。但有一點應該說明，儒家思想因著　蔣總統的基督信仰，天道的超越性乃更見明顯，同時精神生活的內在性，在心靈裡更能深徹地體驗。」㈣

吳先生解釋　蔣總統連貫中庸和基督信仰，在於人性，他說：「總統認為人性是根於神性的，因為「天命之謂性」，人性本來就是天所稟賦的。因此，假如一個人能把人性中的仁義禮智四端擴充到極點，他便是盡了人性，盡了人性，也就是達於神性。　總統又說『我們人類的天性受自上帝的靈性，這個靈性就是仁愛的精神，這個仁愛就是宇宙真理之所在，也就是我們人類生命意義之所在。』這就是總統的人生哲學與宗教思想的究竟話頭。」㈤

吳先生更明瞭地說明　蔣總統的精神生活融合儒家哲學和基督信仰：「在　蔣總統的思想裡，中國哲學和基督信仰是融為一體的，因此他不僅像哲學家一樣，從人心中去畫出了整個宇宙的體系。同時更進一步體驗到創造宇宙的上帝，就活在我們心靈的深處，所以宇宙萬物對上帝懷著潛意識的嚮慕，而這種潛意識的嚮慕，在人心中表現出來，最是彰明昭著的，親切有味的。」㈥

蔣總統的生活，安祥舒怡，優遊於大自然中，像中國的詩人聖哲，浸潤在孔子所說：『吾與點也』的心情裡（先進）。從自然美景的藝術裡，　總統的精神飛騰到造物主的愛心裡，進而體驗到造物主的愛心在使自己的心裡洋溢飽滿，通於四肢百體。因此　總統的精神堅苦卓絕，應接國家大事，卻又和悅安祥，內心獨與天父相接。

吳先生的大作，全書浸滿詩情，文筆秀麗，引人從淺顯的事例，進入　總統生活的堂奧。有時像莊子的冥想，飄然飛在宇宙之上；有時像孔子的實踐，細看日常小事的意義。在精簡的二十篇裡，繪出了　蔣總統的內心奧妙。

吳先生的大作，還給我們一種很重要的啓示。他會寫　總統的精神生活，證實了儒家的精神生活和基督的信仰，能夠融合一體，造成優美深湛的精神生活。錢穆先生對這種事實曾深加懷疑。錢先生以爲「中國古代的宗教，乃完全屬之大群，而小我與上帝，將漸漸失其精神之交感，如此，則小我之生命日萎縮，而大群之團聚亦將失其憑藉而終至於解消。」孔子乃倡禮與仁，以宗廟祭祀，以解脫小我之生命而融入宗族大我的生命裡。錢先生認爲「今試以儒家教義與耶佛兩教相比，則有絕大不同者一端，孔子教義在即就人生本身求人生之安慰與希望。而耶佛兩教，皆在超脫人生以外而求人生之安慰與希望，此其所以絕不同也。……儒家教義終極點，即在人世大群之修齊，治平而以人類之性善爲出發。耶教教義之終極點，不在此世而在將來，不在大群之修齊治平，而在各人之贖罪得救，而以上帝之意旨爲終歸。」(七)

我認爲錢先生把儒家與耶佛兩教劃分得太過決絕了。其實儒家的思想，是以內在天性爲出發點，同時上達於超越的天道。而耶佛兩教，則是在超越之中含有內在性。

蔣總統遵循孔子所說為政在於先正己心，使自心之動合於天命之性以接近上帝，在上帝之愛心中融會自己的心，愛國愛民，具有范仲淹所說：「先天下之憂而憂，後天下之樂而樂」的精神。錢先生所言為沒有宗教生活經驗者的疑慮，吳先生的書則是體驗宗教信仰和儒家精神的結晶。

儒家講至誠，道家講真人，佛家講禪祖，三者的生活，神秘而超越現實。基督信仰的靜觀則接於上主，浸入無限的神性生活，與絕對的真善美相接，忘己忘物，而以天父之愛懷抱萬有。蔣總統的精神登上了這種超越的境界。

註：

㈠ 參考吳宗文譯　天主之城　上冊　頁一九二　台灣商務印書館　民六十年版。

㈡ 科學的中庸　（第三章附錄三）

㈢ 中庸之要旨與將領之基本學理　蔣總統言論彙編第十二卷　頁二九八。

㈣ 吳德生　蔣總統的精神生活（英文原稿）　第十四章　慎獨。

㈤ 同上，邁向宇宙進化的太極（譯自英文原稿）

㈥ 同上，優遊大自然中（譯自英文原稿）

(七)　錢穆　中國民族之宗教信仰　見自由報　民六十三年五月四號、十一號、十五號、十八號。

「超乎東西」義文譯本序

凡是同本書作者吳德生先生見過面，談過話的人，不大容易忘記吳先生坦白的笑容，深刻的見解，和滿胸宗教熱情。我則是很幸運，兩年多的工夫，在駐教廷公使館，每天常能向他領教。那時，我們因爲職務所關，見面時，不免談談外交政治，但是很多時間，我們是談聖經和神修。

吳先生是聖詠漢譯的絕代譯家。《聖詠譯義》初稿出版以後，他從事翻譯新經。任教廷公使時，他作新經譯稿的最後修改，囑咐我幫忙校閱。我很欣賞他譯文的高雅，但更欣賞他對聖經的敬愛。每次我們談到聖保祿宗徒，吳先生就要提出致哥林多人書論愛德的一章，而且是興致勃勃。他也並不掩飾自己對聖若望宗徒的特別敬愛，因爲聖若望既是他的主保，又是愛德的宗徒。

在吳先生法學專家的胸襟裡，具有藝術家的心靈。他感覺很敏捷，熱情很坦白。他的血液裡，雖流著儒家的血液，他的嗜好則在於道家。道家的精神，傾向超物質的神秘主義，乃中國歷代詩人畫家所好。吳先生從道家的本性神秘主義，升登公教大聖師的超性神秘主義。

在他手頭，翻來覆去地常有聖大德蘭和聖十字若望的全集。他並且也贈我一本，以便我們能夠討論書中的問題。他融會了聖十字若望所講的「被動克己」的精神，在逆難中，似乎有時表示不近人情的喜樂，因著這種喜苦的精神，他和另外兩位有藝術性的聖人，即聖嬰仿德肋撒和聖五傷方濟，又相親近；對於聖德肋撒，他不單是衷心敬仰，在他所寫的愛的哲學小書裡，還是熱情地歌讚聖德肋撒，根據愛的哲學，最近他著了一冊《神秘生活的內心加默爾》（In terior Carmel）。

一個教友談神修，談神學，並且還寫這類的書籍，在我們看來，似乎有點可稀奇。但是吳先生在這方面，則像是在自家的園地裡。若是我們再看到他深刻地實踐這種神修生活，我們就不會稀奇了，而且還要表示欽佩。

他身邊有十三個兒女圍繞著或更好說緊逼著！他卻竟像天天一個最自由最沒牽掛的人，心內涵養著聖德肋撒所教的孩兒依靠天父的心情。他在羅馬時，各方有人來看他，來請他演講或寫稿，他卻靜心不亂，注意自己的書籍；他心裡已經習行「內心加默爾」與天主相結合的生活。

許多朋友催他逼他寫他歸向天主的經過。他拗不過朋友們的好意，在羅馬時就開始寫自傳。寫了幾頁，他念給我聽，自己加些有趣的注腳。當他這冊自傳出版時，他由檀香山給我寄來一冊，我乘著夏天在海濱的幾天假期，把書讀完。對著無際的海波，開書默讀，似乎聽見又是他自己在讀，在做注腳，可是那時，吳先生已經是在海洋的另一邊，住在夏威夷島上。

一些中國朋友，以爲吳先生放棄政治生活過於早，很爲可惜。我對於他辭職的理由，知道很清楚。吳先生感到自己負有學術傳教的使命，他願一心從事研究哲理和法學，以便從事著述，藉著學術，以宣傳天主的聖愛，這冊自傳，算是這種工作的初果。自傳完成後，吳先生已經又寫了一冊神修書和兩冊法學書。

吳先生的思想，從這冊自傳裡可以看出，深而且博。他咀嚼了西洋和中國的各種思想書。但是他的思想雖博，在博中則有一貫之道，他一貫之道，即是貫通中西的耶穌。

註：

Beyond East and West《超乎東西》爲吳經熊先生自傳，原文爲英文、法文、西班牙文、義文都已有譯本。

天主教史序

王維賢女士翻譯了海脫令神父的《天主教史》，請我寫一篇序；我雖遠在羅馬，參加大公會，也在百忙之中抽出時間，簡單地寫幾句話。因爲這冊《天主教史》，譯成了中文，由徵祥出版社刊行，乃是一件很有價值的事。

第一、原著本身有自己的學術價值。它並不是一冊通俗讀物，而是由一位史學者寫成的歷史著作。書中所敘的史實，都有確切的根據；全書的結構，也有一貫的線索。而且全書的精神，不偏不倚，既不唾罵攻擊天主教的人，也不誇耀天主教的事業，而指引讀者理解天主教的真正生活。

第二、在中國學術界，這冊譯本也能有所貢獻。中國現在所有的西洋史，著的或譯的，都不算多，而且多是非天主教人士所寫的。關於西洋的政治學術和天主教的關係，常是扭曲事實，以攻擊教會。這冊歷史，就歷史而講歷史，可以使我國人不單從一方面去判斷史事。

第三、對於我們天主教人士，這冊歷史可以說是比較詳盡的中文天主教史。我近年在臺灣，常常聽見神父們和教友們說，希望有一冊教會史。教廷駐華公使高理耀總主教也請我設法刊行一冊天主教史和一冊天主教在華傳教史。我因此囑咐徵祥學社社長項退結神父，計劃發行這兩冊書。於今第一冊《天主教史》，已經可以付印了；第二冊《天主教在華傳教史》也將在本年底編輯就緒。對於教胞們，這該是一個好消息。

第四、王維賢女士的翻譯，我不敢譽爲中國的上乘譯品，可是較之一般的翻譯，真是高明得多。最近在《現代學苑》雜誌上，我發表了一冊《西洋近代思想史》的書評，曾表示不知道何以要發行那樣的書籍；因爲譯文的字句，多有讀不通的；死板呆譯，最好還是不譯。王女士的譯文很通順，讀者不必費心去思索原文。現代學苑雜誌登過王女士所譯的法國文藝作品。我們已經知道王女士的本領，雖然她自己對於這冊天主教史的翻譯，自愧沒有應有的神學、教律和西洋史的學識，常不能勝任，我們讀了讀本以後，則覺得她很勝任，而且替大家做了一件很有價值的事。

民國五十三年十月二十日羅光序於羅馬

天學初函影印本序

《天學初函》為明末李之藻所編輯，一六二八年刊刻，次年之藻卒。之藻生於一五六五年，少於徐光啓三歲，與光啓隨利瑪竇研究西學，又同篤信天主教；晚年，輯集利子、徐光啓、龐迪我、熊三拔、艾儒略、陽瑪諾，以及他自己的譯著，合成兩編：一為理編，一為器編；每編收書十種，共二十種，題名天學初函。

理編所收十種，乃討論天主教理的書，之藻稱為「要於知天事天，不詭六經之旨，稽古五帝三王，施今愚夫愚婦性所固然。」（刻天學初函題辭）

器編所收十種，為論數學天文水利各科的譯書。這十種科學譯述，為中國近代翻譯西洋科學書籍的最早紀錄。之藻稱讚說：「迄今又五十年，多賢似續，翻譯漸廣；顯自法象名理，微及性命根宗，義暢旨玄，得未曾有。」（刻天學初函題辭）

《天學初函》刻印以後，中外流傳頗廣。然而時至今日，相隔已經三百三十七年，各處所存的刻本，已經很稀少了。五年以前，我尚寓居羅馬，耶穌會士德禮賢神父以《天學初函》一部，囑托保存。緣德神父為編撰利瑪竇的義大利文中國傳教史，曾向金陵大學借用

《天學初函》全部，許諾閱讀後送還。共黨既竊據大陸，德神父又已年老，自知不久於人世，乃以所借書冊囑托保存，並要求簽字許諾在大陸恢復自由後，將此書歸還金陵大學。兩年後，德神父去世。

今夏六月，我在臺北參加教務會議，鄉友吳相湘先生來訪，談及影印曾文正公及曾惠敏公手書日記事。我告以三年前，胡適之先生曾想影印利瑪竇的《西國記法》一書，托我由梵蒂岡圖書館所藏書中攝影，後來適之先生因病，不能顧到影印事，影片現存臺南主教公署。相湘先生欣然色喜，願將這書影印，又聞我代保管《天學初函》，更欲影印《天學初函》全部。我乃托羅馬趙雲崑神父計劃攝影。

相湘先生影印《天學初函》，用為紀念 國父孫逸仙先生百週年誕辰。孫先生建造民國，提倡科學—民主和科學，為西洋的政體和學術之基礎。《天學初函》所收二十種書，即是中國第一期研究西洋學術的譯著。影印這書以紀念孫逸仙先生，意義很深遠又很適當。

《天學初函》在我們中國的學術史上，是一冊最有價值的書；開中國思想革新的先河，啓中國學術前進的門戶。最可惜的事，是有清三百年沒有繼承他們事業的人，使三百年已有西洋科學的中國，到今日仍被視為科學落後的國家！影印《天學初函》，足以令我們自愧自勉。

李之藻編輯《天學初函》，收集天主教人士的譯著，他的心目中，曾看到佛教的大藏和道教的道藏。佛僧自魏晉到唐宋，譯經疏經，積成了宋高宗所刻的大藏經。道教的典籍，雖然蕪雜，然賴宋真宗的御旨，也編成寶文統錄。之藻收集初期天主教人士的譯著，名曰《天學初函》，理想著後來有人繼續編刻二函、三函，以至千百函，可以和佛藏道藏相抗衡。不意在初函以後，天學便沒有續編！

之藻的生辰，今年正值四百週年。我們影印他所編輯的這部書，自覺對不起先賢。以我們今日研究學術的環境，比起光啓和之藻等先賢研究學術的環境，不知優良幾千百倍；而我們所得的收穫，比起先賢輩已有的收穫，卻又不知貧弱了幾千百倍！是我們的天資不及先賢呢？是我們的勤奮不如先賢呢？天資固有高低；但是今日所缺的實在是我們研究學術的勤奮精神。影印《天學初函》以紀念先賢，我們要發憤在《初函》影印之後，能有繼起的續函，以實現先賢的理想，以發揚先賢的精神。

中華民國五十四年八月二十三日羅光序於臺南主教公署。

天主教在華傳教史集序

張曉峰先生發行國民基本知識叢書時，曾主張在叢書內有一部《中國天主教論集》，因爲一部《中國佛教史論集》已經編入叢書裡。可是當時沒有人負責編纂，《中國天主教史論集》便沒有成書。

我在羅馬時，常常想寫一本中國天主教史，我對傳記文學很感興趣。然而，我不是專攻歷史的人，又沒有時間去研究成千成萬的檔案文獻。我便想和一位專攻教育歷史的外籍神父合作；他跑圖書館，我在家裡用中文寫。我已經和兩三位研究中國傳教史的義大利青年神父商量過，但是很難取得他們上司的同意。當我被任命爲臺南第一位主教時，曾向傳信部長推辭說：「我正想在傳信部檔案處研究中國傳教史料，離開羅馬真可惜。」雅靜安樞機即答應說：「要緊找史料時，常可以來羅馬。」

到了臺南，越覺得需要有一部中文的天主教史和一部中文的中國天主教史，因爲臺灣沒有這類的書，大家又需要閱讀這本書，在大陸上，老一點的，有獻縣出版的聖教史略；新一點的，有商務出版的德禮賢所著中國天主教傳教史，和徐宗澤的中國聖教傳教史。可是在臺灣，這些書都沒有了。我因之便和項退結神父商量：關於天主教史，可翻譯一部德文著作；關於中國天主教史，雖有Columba Cary Elwes所著China and the Cross（Studies in Missionary History），然而過簡，不便翻譯，最好另外寫一本，那時我們決定中國天主教史分爲兩冊，一冊爲系統史，一冊爲史料論文。系統史想請方豪神父寫；史料論則請在中國的傳教修會各寫一篇，書成之後，作爲田樞機受祝聖爲主教之銀慶賀禮。

方豪神父本來早就有心寫一部中國天主教史，然而他只怕所搜集的檔案和史料不夠不敢動筆，這次雖經我和項神父的再三催促，依舊堅辭不願寫。於是我們只能僅僅收集十幾篇史料論文，作爲一集。

這冊《中國天主教史論集》所收文章，每一篇都代表中國天主教史的一部份，合起來，真是一部中國天主教史；只可惜每篇獨立，不相銜接，讀起來索然無味。又因其中缺少一篇敘述中國聖職人員的傳教史，似乎中國的傳教事業完全是修會做的：這是一大缺點。我們本也看到這一點，很想加上一篇中國國籍神父主教的歷史，可是請不到人去寫，便只好缺如。

但是這本書所收集的文章，對於中國天主教史，乃是很好的史料。我們把這一冊書，獻給我們的教胞，使大家知道中國天主教傳教的經過，也明瞭傳教的困難，大家便鼓起精神，在中國天主教千鈞一髮之秋，肩起繼亡存絕的責任；使基督的福音，由臺灣而得再入大陸；

使中華民族藉著福音精神，一新自己的歷史。

民國五十五年七月二十九日序於臺北天母

保祿六世及其思想序

徐熙光神父輯著—教宗保祿六世思想一書，要求我寫幾句話，作爲序言。我在百忙之中，本不能靜心寫作；然而也不能卻退徐神父的要求。

我在羅瑪三十年，那時所認識的孟迪尼蒙席，是一位文雅木訥的外交首長，他每天接見從世界各國來見的客人，每天處理整個天主教會的外交事務。但很少在公共場所講演。

可是在孟迪尼蒙席沒有當教廷外交首長以前，他曾擔任義大利大學博士聯誼會的指導司鐸。大學博士聯誼會的委員，都是剛考了博士的青年，有學識，有思想，有心火，擔任指導司鐸的神父，也該是年歲不老，學識高，思想好的神父。孟迪尼神父當時就是最受青年博士所敬服的指導司鐸。當時他常向青年博士們講道，他講道常有新穎的思想。

作了外交首長，他沉默了，他埋頭工作。但是從每天所接見來自世界各地的來客談話中，和從每天所接到駐節各國之教廷使節的報告中，他對世界各國社會的思想和局勢，得了深刻的認識；而且得有整個的認識。

陞了米蘭總主教，孟迪尼總主教乃時常講道。他特別注意現代的問題和現代的時潮。

登基的教宗，立時主持梵蒂岡第二次大公會議，立時接見各國覲見的團體，發表演說，於是保祿六世的思想，就成爲全球人所注意研究的對象。

每位教宗的思想，一方面保持傳統，一方面配合時代。保祿六世的思想，是配合大公會議的新穎思想。天主教的教義，是不隨時代而變的；天主教的制度，也不隨時代而變。但是教義的解釋和制度的運用，則宜配合時代；其他各種社會問題的解答，則主要就實際社會情形而定。保祿六世的思想，可以代表當前天主教配合第二次大戰後社會思潮的觀點。

徐神父所選譯的文據，雖不能把教宗保祿六世的全部思想都表達出來；可是其中最重要之點，則都表達出來了。因此這部書不是等閒的一部翻譯，而是經過選擇，經過心思研究而譯著的。

既然是翻譯文據，而不是空言；這本書爲表達教宗保祿六世的思想，便有真實的價值。而且也是講述一位偉人的思想，是確實和最科學化的作法。因此，我特別獎勵徐神父寫這本書的苦心。

六月二十七日序於天母

聖經樂章中文版序

每次到輔大附設神學院主持彌撒聖祭，常聽到優雅的聖歌，歌者一人或數人，和者全堂信眾。歌韻悠揚，表情篤切。堂中氣氛嚴肅又和樂。參與典禮的青年，都感到彌撒聖祭超出凡俗的意義。

神學院所唱的聖歌，採自「聖經樂章」。「聖經樂章」是法國聖神會戴思的作品，陳濟東神父連同輔大附設神學院的教授學生，把樂章譯成中文，由光啓出版社印行。「聖經樂章」的特點，樂曲取材都採自聖經，舊約新約兼採，歌調悠揚，頗有東方風調。陳神父做修士的時候，已經指揮同學歌唱樂章的聖曲，試唱了兩年半，大家都認爲歌曲美麗，動人深思。

青年學生參與彌撒，方式應和成年人的方式不同。成年人可以坐聽聖經，同誦經文。青年人則喜歡歌唱，喜歡行動。我曾囑咐臺北教區禮儀委員會編訂青年學生彌撒，採取聖經關於青年人的訓言和史實，充彌撒中的書信福音，再編造適合青年心理的聖曲，供彌撒內的歌韻。現在看到「聖經樂章」，心中非常愉快，我心喜青年彌撒的聖曲，已經有了很好很美麗的歌本。

我又常去看青年學生的夏令營和講習會，白天在淡水本篤會院，或八里鄉聖心會院，白雲在天，淡水常流，青山盡頭，海水悠悠，黑夜在金山或萬里，營火環繞，同學圍坐，清風徐來，海濤微嘯。在這等幽靜的山水中，靜聽青年們同聲高歌，手拍節奏，兩腳移動，不覺心神飛揚，頓忘一切憂慮。現在《聖經樂章》出版，夏令營及講習會更多一種歌曲資料。將來《聖經樂章》的曲調，將伴著吉他和手風琴，在海濱水涯，山頭林中，綴合青年的聲音，敞他們的胸懷，使他們飛入神祕境界，領略造物主的愛情。

《聖經樂章》的功效，將大而且高。我不禁爲編譯者賀。

民國五十九年七月十九日序於天母

中東列國通鑑序

在今天的國際局勢中，情形複雜，而又動盪不安的地區，必定要算中東。以色列和埃及的戰爭，現在還沒有結束；以色列和約旦的砲火，幾乎每週都重新發射，而伊拉克的政權，則繼續在相敵對的軍人手中，換來換去。一方面有埃及領導的阿拉伯主義；一方面有全球猶太人所支持的以色列國，又有蘇俄的共產主義，都想在這個區域裡稱霸。於是這個區域的政局，便常是動盪不安，常是愈來愈複雜。

在國際關係裡，這個地區又是最重要的地區。中東乃是歐亞非交通的要路。只要看封鎖蘇彝士運河一事，對於歐亞非交通的影響，便可以知道中東在國際關係中的重要了。還有一種最有影響的事，就是中東的石油。

從中東各國的民族來說，中東的局勢，本來可以是安定而單純的。中東各國的民族，極大多數是阿拉伯人，他們的語言，都可以通用阿拉伯文；他們的信仰，幾乎百分之八十，都信回教。但是實際上中東各國民族的關係，則很複雜。這種複雜的情形，可以說是歷史上所遺留的陳跡。從紀元前的歷史去看，中東地區，曾受波斯王朝的統治，曾受埃及王朝的蹂躪，曾受亞彼細尼亞王朝的征服。後來則屬於希臘亞歷山大的帝國，又屬於羅馬大帝國的領域。西曆紀元後，中東爲東羅馬帝國的屬地。東羅馬帝國崩潰後，土耳其率領回教徒，征服了中東，北非和東歐。土耳其勢力衰頹了，英法便把中東作了他們的殖民地。到了第二十世紀，中東各國纔先後獨立。然而，中東各國背後所有的歷史遺跡，仍舊影響他們行政的心理。

偏偏在這個時代，以色列民族復興了自己的國家；以色列民族的歷史，從開始就是和周圍的各民族戰爭以求生存的歷史。在紀元後第一世紀羅馬大將「提督」，毀滅了耶路撒冷城以後，以色列國在地圖上已經不存在了；可是猶太民族則是存在的，而且在全世界都具有經濟的勢力。現在以色列已經成立，經濟勢力變成了政治的勢力，阿拉伯集團對它又畏又恨，這是中東的一個很複雜的問題。

宗教的問題，在中東不是一個大問題。雖然信仰基督的信友，分成了許多派別，和天主教相脫離；也雖然在中世紀歐洲的天主教十字軍，曾經七次東征；但是中東的宗教信仰仍是回教；基督信友只能生存，決不能發展自己的影響力。阿拉伯民族今天結合成一團體的線索，還是這種同一的回教信仰。

壽華先生作了一冊介紹中東形勢的書，要我作一篇序。我便簡單說明中東問題的複雜性，以顯示壽華先生作這冊書所費的心之大，又爲作證這冊書，對於目前研究世界情勢的重要性。我相信在讀了這冊書以後，大家對於中東複雜的情勢，必定可以看得明白，而且進而可以預測世界將來情勢的發展。

民國五十七年七月廿一日序於天母

聖安當傳序

在難得的一個清閒下午，讀了施神父編著的《聖安當傳》，心中真覺得清閒的可貴。聖安當一生追求清靜安閒，斷絕世事，全心與天主相接。在我們現代生活繁劇的人的眼中，這種生活似乎是不可能的，似乎是毫無意義的。而且聖安當的克己苦身，便似乎有點神經不正常，他和魔鬼的鬥戰，根本可以說是近乎神話了。可見，我們現代人的心理離聖安當很遠，我們已經不能明瞭他的生活的高深意義。從此，也就知道我們現代人對基督福音的認識，很是膚淺。

要真明瞭基督福音的意義，必須完全地按照福音去生活。在生活內外各方面都脫除了世物，赤裸裸地浸在福音的大海裡，身心所呼喚的乃是基督的超性神力；那時便可以體驗到福音生活的神樂，而以世樂爲糠粕了。這就是聖安當的隱修生活。

聖安當的隱修生活方式，當然是一千五百年前的傳奇式生活，現代人不便步他的後塵。但是隱修生活的精神，擺脫世物，身心清靜，默對天主；則正是現代在繁忙生活中的人所最需要的精神，也是所需要的實事。

我自己雖然已經力排眾議，位在距離鬧市稍遠的城郊，仍舊覺得心中雜事紛紜，不能清靜。心不靜則不能慮，不慮則不能安；心不安則不能見到天主，我若心中見不到天主，便成了俗人，所做的事都成了俗事，豈不是和自己的聖職背道而馳了嗎？

因此，我覺得聖安當的清閒是多麼可貴。

民國五十九年六月十一日序於天母

聖奧斯定神修選集序

閱讀了這冊《聖奧斯定神修選集》，我的頭並不發痛，像讀別的翻譯書籍一樣；這是因爲施神父的譯文，很流利，真正是中文，而不是用中國文字所寫的洋文。

聖奧斯定的著作，都很深奧，都有高深的神學哲學思想。但是他關於神修的講演和文章，卻平易近人；而且還很新鮮，似乎是我們廿世紀的人所說的話，例如六七九頁上說：「在此千變萬化，變化莫測的世界裡，我只發現兩個時間：『過去』和『將來』。我要找『現在』，卻沒有找到。」六二三頁論祈禱的姿態說：「當你要祈禱時，設法先把你的肢體，隨著環境的需要，妥善地予以處置，使能更容易地激動心靈，善行祈禱。」六四三頁論工作與祈禱配合說：「可是用雙手勞作的人，便容易歌唱聖詠，而他們的勞作，就成爲天主的神慰。」

有些神修訓話，卻似乎是老生常談。可是我們想一想在一千五百年前聖奧斯定已經講了那些話，這些話乃是福音的註解，由後人流傳到今。這些話經過了一千多年的人的實驗，證實是人們精神生活的指南；我們便要因著這些話的久遠價值，更加看重；而不能因著話是古人所說的，乃加輕視。

廿世紀的人的生活，都已經成了現代化，脫離了神聖的和來世的觀念。教父們的神修言論，在他們看來像是另一世界的人所說的話，已經不可懂。可是聖奧斯定的懺悔錄，則仍舊寫出廿世紀的人在心中所有的憂傷。而寫《懺悔錄》的聖奧斯定爲平定心中的憂傷而注意神修，則廿世紀的人爲平息自己心中的痛苦，也要像聖奧斯定修養精神生活。

民國五十九年六月十三日序於天母

教父神修選集序

中國修身之道，在《大學》《中庸》：《大學》以修身在於正心；《中庸》則以聖人在於誠。正心而誠，乃有宋朝理學家的主敬存一；而主敬存一，則與佛教的明心見性，互相貫通。

怎能正心而誠呢？孟子說：克慾求放心；佛教說：空心絕慾；這一點，在現代人看來，不僅是汙闊，而且是反乎人性。現代人，以自我人格為重，發揮自我人格，豈可談克慾或絕慾？殊不知人格之養成，必須鍛鍊；鍛鍊就不是放縱，而是修養。修養便是修身；則自我人格，怎能可以建立呢？修身的方式。古今中外，可以不同，而修身的大原則，則原無不同之處。

修身以建立自我人格，而自我人格，是本乎個人的特性，再加以合理的發展，便養成各不相同的品格。但是在各不相同的品格裡，都有相同的人性。建立自我人格，也就是發揮人性。《中庸》講：盡人性以求參天地之化育，本來這也就是建立自我的人格；佛教所談：空心以結合真如，也是一種發揮自我人格的理想。

但若向現代人去講參天地的化育，或談「結合真如」而進「涅槃」，則現代人，總以爲太空泛不切實際。現代人談發展自我人格，乃是追求實際的真美善。

一翻開施安堂神父所譯《教父神修選集》，我們便讀到教父所講神修之道，很合乎現代人的心理；蓋教父神修集，指導人的理性，在天主聖寵的助佑之下，趨向真理，並引導人的心靈，脫離虛幻世福，以追求真美善，而真美善的頂點，乃就是真美善的根源—全真全美全善的天主。

現代人，還可以信仰天主嗎?現代人，是追求科學知識的人，是渴望幸福的人，大家放棄了空洞的哲學，遠離了宗教的信仰。就因爲放棄了哲學和遠離了宗教，現代人便迷失了真理，失卻了真幸福；因爲人若追求知識和幸福，而不接受真美善的根源，則是南轅而北轍，越走越離開目的。

施安堂神父所譯的教父神修選集，乃是合乎現代人的需求，絕不是翻譯枯朽的古本書；施神父的譯筆，非常通順，也絕不是生硬的譯文。我祝福中國教友和教外有志之士，都能人手一卷，口誦心維，以求自己的修身之道，而抵達真美善的成全境地，永享真福!

民國六十年三月二日羅馬

虎口逃生序

《虎口逃生》，我讀了以後，心中有說不出的悲哀。若是讀一冊抗戰史，史中悲慘的事必定很多，可以使我流淚，但是心中除了悲憤以外，還有爲民族爭自由的信心。若是讀一冊英雄傳記，傳記中當然也充滿可悲可泣的事蹟，然而英雄冒險的氣概，可以使我心中驚喜多於憂懼。在我讀了《虎口逃生》之後，心中只是充滿了感傷，除掩卷嘆息之外，沒有別的話可說。

費了極大耐心，懷著高度的希望，結束了八年的抗戰，滿以爲可以安居樂業，度著強國的新時代生活；不料卻讓無人道的中共，逼迫離鄉背井。在日寇佔據的時候有許多人尚可勉強在家鄉生存；孰料在中共竊據大陸後，大家卻急忙逃走，從虎口逃生。日寇是外族入侵，中共是兄弟相殘。真是如同曹植詩云：

「煮豆燃豆萁，豆在釜中泣，本是同根生，相煎何太急。」

中共的慘無人道，迫著同胞逃生，我們除感到滿腹淒涼以外，只能恨我們的祖宗怎麼生了這些罪孽！

《虎口逃生》，記述簡單，絕對沒有渲染，事實都是作者親身所經驗，聽來很動人。共黨的虎口，那時剛張開，還沒有開始吃人，作者能夠幸運逃出來，後來中共老虎吃人吃多了，越變越猙獰，就再不能從他的虎口中逃生了。大陸有千百位神父，便在虎口中喪了生，這是多麼悲慘的歷史！多麼淒涼的事實！

民國六十年五月廿六日

聽告解指南序

聖保祿宗徒曾訓誡厄弗所的教友說：「願基督藉著信德，寓居你們心中。使你們在愛德中確立根基，乃能和聖人們一同體驗基督的愛，如何長、如何闊、如何高、如何深，便能洞悉基督的愛，真是不可思議，而天主完美的恩惠，也將充滿你們人身。」（弗：三，十七——十九）

通常我們以聖體聖事，來象徵基督的不可思議的愛，在聖體聖事之內，基督將自己的體血，賜給我們，作我們的飲食；這種愛可以說是不可思議的。

但是我以爲在告解聖事內，基督的愛纔真正表現出至高至深，至廣至闊，不可思議！母親愛兒子，真願意把所有的一切，連自己本人，也願給兒子，爲他犧牲，這一點，當可顯示母愛的偉大；但是若一個兒子不孝，大逆不道，違背母命；母親卻每次寬恕他，每次撫養他，每次把所有的東西都給他；這一點更顯示母愛的純潔和深度！因此，在全部福音裡最動人的一章，乃是浪子回頭的一章。

告解聖事就是浪子回頭，無論人犯了小過或大惡，甚至犯了彌天大罪，只要在告解聖事裡，懺悔認罪，基督就每次予以寬恕，還給予豐富的聖寵。一次十次如此，百次千次還是如此；基督總不厭棄悔罪求赦的人，總是仁慈接待，以人能悔罪爲樂！我們人自己卻厭煩了，卻以告解聖事爲形式，以告罪爲損人格，以受人指教爲背靈修之道。這都是因爲我們沒有明瞭告解聖事爲基督愛情的象徵，純粹從每個人的心理方面去評判。

事實上，不但告罪的人應從基督愛情去告解聖事，聽告解的神父更應當以告解聖事爲基督愛情的象徵，而基督愛情在告解聖事內的表現，以聽告解的神父爲代表，神父在告解聖事裡所表現的，便是基督的愛情。基督愛心，願人悔罪，願人行善得救。神父在告解聖事中所做的，也就應該是這三點。

神父爲做到這三點，先該在自己內心，充滿基督的愛情，基督的明智；蓋盲目的愛情，不是基督的愛情；冷酷的學識，也不是基督的智慧。

施安堂神父所譯蕭松神公所著的《聽告解指南》，可以協助神父培養基督的智慧，使不陷於盲人引盲人的危險境地，故我樂爲之序。

民國六十年九月十九日序於天母

教父神學選集序

去年三月，我在羅馬參加法典改編會議時，曾趕著為施安堂神父所譯《教父神修選集》，寫了一篇序，現在施安堂神父又催我替他所譯的《教父神學選集》，寫一篇序文。我很佩服施神父勤勞的精神，每天可作三千字的翻譯，而且天天不斷。九百頁的神學選集在一年半的時間裡，能夠譯完，乃是一樁很不平凡，很艱難的工作。

我也很感激施神父的翻譯，很滿足了我們中國教會的兩種需要。第一種需要，中國神父和修女，也有些教友，有心研究神學，祇是嘆息沒有可供研究的資料；不但是中文的神學書沒有，連中文的神學基本資料都缺乏。神學的基本有兩種：一是聖經，一是教父神學傳統。中文聖經由思高聖經學會翻譯完工，出版問世，算是中國天主教的一種極大的事業。教父的神學傳統則祇有呂穆迪神父所翻譯的《宗徒時代的教父》，和基督教所翻譯《拉丁教會文集》和《東方教會文集》；但嫌所選譯的文件不多，譯文的辭句也不容易讀。現在施安堂神父的兩種翻譯，則是根據歐洲神學界的兩種具有權威性的選集，譯文的文筆也很通順。今後中國教會人士為研究神學，可以有教父神學傳統的資料了。資料雖仍不太豐富，但是基本的資料可以有了，這是一椿可慶幸的事。

第二種需要，我們現在大家都談神學中國化，或中國神學。爲創造中國神學，首先需有中國神學書，然後要有中國神學家根據中國思想的傳統來解釋教義。聖經譯成了中文，《教父神修選集》和《教父神學選集》也譯成了中文，這就是替中國神學打下了基礎。神學雖不必分東西，可是神學是分學派的，將來用中國傳統思想解釋教義而成的神學，當然可以成一學派。雖說將來中國的神學家並不是大家都在一個學派裡，中國神學可以有異於歐美的神學，就如將來印度的神學有異於歐美的神學，則不是一椿不可能的事，也不是一椿違背教義的事，祇要我們對中國傳統思想和聖經及教父神學有高深研究的中國神學家，中國神學就可出現。現在我們所可以也應該作的事，在於預備中國神學的資料和道路，把中國思想傳統，予以系統的整頓，把聖經、教父神學、和歐美神學巨著，譯成中文，以培植將來可以有成就的神學家。

因此，我很慶幸施安堂神父的翻譯能夠付印，我也希望他常繼續翻譯神學思想書。我認爲他的這種工作，是一件很有價值的傳教工作。

民國六十一年八月二十日序於天母牧盧

船山遺書序

船山先生逝世於船山，茲已兩百八十載矣。曾文正公曾序《船山遺書》云：「其身長遯，其名寂寂，其學竟亦不顯於世。」豈僅生時身遯名寂，其學不顯；終清之世，先生之名之學，隱埋鄉里，世少知焉。乃於逝世兩百八十年後，今有人揚其名，顯其學，崇其氣節，以爲天上師；豈其德其學，蘊藏既久，潛力深厚，乘時而發，撼搖人心更巨乎！抑或處今之世，國勢偏安，有心人乃顯揚船山先生，以振民氣，以培國基，俾吾人終可復興中華乎！

夫船山先生終身爲明之遺民，既不屑爲清廷所用，亦不附於流賊及吳三桂，「荒山敝榻，終歲孳孳，以求所謂育物之仁。」（曾文正公序）此其氣節之高，實導源於其歷史道統之論蓋古之修史者，常以正統爲準，正則正嫡，統則統一，船山先生駁正統之說，倡道統與治統之論：「以天下論者，必維天下之公，天下非一姓之私也。」（讀通鑑論卷末敘論一），元朝雖統一中國，然非中國之道統亦非國家之治統，船山先生譏之爲亂統，滿清亦然。今日中華民國政府，偏處臺澎，然乃中華民族道統之所繫，亦有中國之治統；大陸共黨政權僅中華民族亂統耳！道統亂統既明，吾人衛道之氣節，將如孔子所云：「朝聞道，夕死可矣。」

船山先生論史，常以理在勢中，勢在理中。時勢之成，必有其理；理如真切，亦將成勢。今日吾中華民族處分裂之勢，有其所成之理，吾人窮探深究，將可燭照。然分勢雖成，吾人則不能安於此分裂之勢，吾人有強有力之理，以保全中華民族之文化，且更有激奮人心之理，以救同胞於暴政。吾人若能真切信服此理，則將造成復興中華之勢，大勢既成，無力能抗矣！

信任此理之真切，宜用船山理在欲中之論。人生不能無欲，而人之行動，亦欲之動也。欲非惡，動能中理乃善。若理在欲中，合理而動欲，人之動必熱情真切。今吾人講明救民族救同胞之理，激動國人愛國之欲，復興國家之勢則可成矣。

船山之學，名為實學，清朝儒學之趨勢，反卦氣虛幻之易，反明心空疏之理，船山先生開此趨勢之先聲，又能發揚儒學之義理，以史事為依據，以人生實況為體驗；講學重實事，今於現代科學之精神，惜其未識明末徐光啓，否則其必提倡科學之研究歟？

船山先生逝世二百八十週年，船山學會成立。學會與自由出版社蕭天石先生，共謀複印《船山遺書全集》，發揚隱蔽三百年之實學，激勵國人愛國之氣節，余幸獲參與其事，欣慶此事之成，故樂爲之序。

民國六十一年七月序於天母牧廬

羅文藻史實序

羅公文藻，福建省福安縣人，爲道明會士。高雄鄭天祥主教以同省同會的情誼，收集有關羅公文藻的文獻，編輯成書，印行問世，以作紀念。

羅公文藻受任爲中國第一位主教，早在三百年前，而普通則稱中國第一任國籍主教，爲一九二六年在羅馬受聖的六位主教，大家認爲羅公文藻受任爲主教，乃當時時勢所逼，爲教廷的一種權宜措施。羅公去世以後，再沒有繼任的國籍主教。

但是羅公文藻受任爲主教，固然是因爲康熙初年楊光先反天主教排外運動爆發，外籍教士在國內不能留住；但也是因爲教廷在一六二二年創立了宣道部（傳信部），直接遣派傳教士，不受葡萄牙王保教權的干涉，而且所派的教士爲各國人士。教廷纔接受外籍傳教士的建議，祝聖第一位中國神父爲第一位中國主教；同時也訓令羅公將中國神父中，可任爲主教者，向教廷推薦。後來各國的傳教修會先後成立，傳信部把各區的傳教事務託給修會，各區的主教乃都由傳教修會的會士充任；竟致成了習慣法。直到教宗庇護第十一世纔決定打破這種制度，而改用當地的國籍神父充任主教。

中國第一位主教的選任，雖在非常的時期，但也表現第一位主教的非常人格。並不是在不能有外籍主教，而中國神父僅此他一個人的時候，教廷乃暫且選他爲主教。

在關於羅公文藻的文獻裡，我們可以看到當時推薦羅公文藻爲主教的函件。推薦的人有主教有神父，他們都贊揚羅公的美德和熱誠。

史實也證明羅公文藻在受任爲主教以前，在中國傳教史上是一位特出的傳教士，四次往返馬尼拉，獨自一人訪問東南各省教友，足跡走遍浙、贛、粵、湘、川、江南、晉魯和直隸。閔明我神父向道明會總會長的報告，說羅公文藻在二年半的時間，視察了中國十個行省的教務，曾給兩千五百人授洗。

史實又證明羅公文藻具有堅強的毅力，深厚的忍耐。他在一六七四年受任爲主教，然實際受祝聖爲主教，則在一六八五年，中間擱延了十一年的時間，遭受馬尼拉道明會省長的折磨。省會長竟採取「將在外，不受君令」的態度，違抗教宗和道明會總會長的命令，將羅公軟禁在馬尼拉，不許受聖爲主教。因爲他在中國禮儀問題上，反對道明會士的主張贊成耶穌會的意見，忍耐了十一年，不屈不撓，卒能逃出馬尼拉，在廣州受聖爲主教。

史實且證明羅公文藻爲一位非常明智的主教，他在所轄區域內工作了六年。六年裡，當時教會裡有兩件很難的問題，第一件難題，爲敬祖敬孔的禮儀問題，教廷下令嚴禁敬祖敬孔，羅公接受教廷的訓令，在執行時知道按照中國民情，予以緩和，第二件問題爲葡萄牙的保護權，教廷傳信部在中國設立宗座代牧區，委任主教，以教宗代理人名義，治意傳教區，不受葡萄牙王的干涉，葡王乃迫切要求教廷在中國設立北京和南京兩教區，受葡萄牙保教權的限制。可是羅文藻主教在逝世以前，不經過葡王的同意，已推薦一位義大利方濟會士余神父爲繼任人，去世後即由他繼任。

羅公向傳信部的報告，簡明清晰，能把當時傳教問題和困難，扼要說明，雖然羅公自己謙虛，說自己不諳拉丁文和西班牙文；可是他的報告，文字通順，都能達意。

在紀念羅公受任爲主教的三百週年，懷想他當日處境的艱苦，和傳教的困難。我們也想到今天大陸的同道，所有的悲慘境遇，我們更希望羅公在天之靈，有祈求上主，賞賜今天在大陸的主教神父，知道追隨他的德表，不屈不撓，謹愼明智，應付萬般的困難，使福音的種子，留存在大陸，將來風暴過後，自由的太陽再放晴光，福音的種子發芽生長，鮮花怒放，爭相光榮天主。

民國六十二年三月九日羅光序於天母牧廬

台北總教區二十五年史序

天主教遠在明熹宗天啓六年，公元一六二六年由西班牙傳教士傳入台灣，基隆淡水立有傳教所。後十六年，台灣北部爲荷蘭人佔領，傳教士被遣往巴達維亞，台灣傳教工作中斷。兩百多年後，主曆一八五九年清咸豐九年郭德剛和洪保祿二神父由菲律賓經廈門抵高雄，再度開始傳教，一脈相傳，百年不絕。

台灣教務，從一八八三年光緒九年後，隸屬廈門教區，民國二年獨立成爲監牧區，由班國道明會神父任監牧。中日戰爭二次大戰爆發後，民國三十年教廷由日本調派里脇淺次郎爲台灣署理監牧。日本投降後，里脇淺次郎回國，由涂敏正神父代理，三十七年由神父陳若瑟繼任。當時全台灣省的天主教教友約一萬多人，神父共三十餘位。

共黨叛國，竊據大陸，摧殘教會，驅逐教士。大陸的中國神父和外籍傳教士，相繼來台。三十八年十二月卅日教廷劃分台灣爲南北兩監牧區：北爲台北區，南爲高雄區。台北監牧區管理台北、基隆兩市，台北、宜蘭、花蓮、桃園、新竹、苗栗六縣。四十一年，花蓮自成監牧區；同時，台北升格總教區，爲台灣教省之首區。五十年新竹、桃園、苗栗三縣成立新竹教區，台北總教區所轄教務行政，則爲台北、基隆兩市、台北、宜蘭兩縣。今年二十五週年時，教友共五萬餘人，司鐸三百，修女四百，中學九所，職校三所，小學四所，醫院診所九處，痳痺兒童療養院一，殘廢兒童收容所一，安老院一，孤兒育嬰院兩所，低能兒童班一所，學生宿舍十所，職工青宿舍一所，青年輔導中心三所，教義與學術研究中心三所，學術刊物五種，週刊一種，聖職訓育修院兩所，幼稚園約五十餘所。全國性的輔仁大學也設在台北。

台北教區的發展，和整個台灣省的各教區一樣，發展很快，組織也健全，這是由於大陸被共黨驅逐的神父修女集中在一齊，用他們的經驗學識，用他們的精力和熱情，可以說是人力物力集中，乃有這樣的成績。

從台灣教會的發展，我們看到台灣社會心理的變遷。當大戰終止，共黨禍國時，大陸逃難到台灣的同胞和台灣本省的同胞，在精神和物質上，都感到非常空虛，尤其政局不定，大家心神不安。有什麼可以滿足心中的需要，而使自己具有信心呢？宗教信仰，有鎮定人心的力量，可以使人性的軟弱，因天主的全能和全美，在沒有希望中而有了希望，國父在倫敦蒙難時，　蔣總統在西安被困時，都親身經驗了這種心理。當時乃有成千成萬的知識份子，皈依天主教，充實自己的精神生活。當時又有多數的難胞，感於教會的博愛，由物質需要升到精神需要，也領洗信主。台灣從一萬教友的數目，在十五年內，一直升到三十五萬教友的數字，從一個監牧區而分爲七個教區。

近十年來，台灣的社會由農業進入了工業，由貧寒的生活轉到了富裕的生活；尤其是政府堅強的政策，穩定了政治局面，人心乃安定而趨於享受了，台北的高樓大廈，遊龍車輛，就證實這種地步。餐廳林立，酒吧遍設，更顯示享樂慾望之高。因著這種社會的變遷，人們的心理也變了。大家心理感到自足，每人滿具信心。同時工業商業的競爭，佔住了大家的思慮。整個的社會成了以現世生活爲唯一生活的社會，現世生活又唯以物質生活爲主。目前政府盡力提倡倫理，恢復民族道德，教育當局更盡心計劃以求心理建設；就是因爲人心沉於物質，罪惡泛濫社會，在這種社會心理之下，台灣天主教的教務似乎陷於停滯。因爲社會人士所追求的生活乃是現世的享受，誰還想追求超於現世生活的精神生活呢？社會心理既變，思想也隨之而變，教會的佈道方法和內部組織，不能適應當前的社會，佈道的工作也因此缺乏了整體計劃，失去了能有的成效。

好景不常，世界通貨膨脹，經濟萎縮，台灣的社會也受了波及。人心又開始動搖，多少也失去自信心，享樂的迷夢漸漸甦醒，精神的苦悶又漸漸重現。物質失去了控制人心的力量，人心或將傾向精神，宗教信仰再度能夠使人安穩，把信心還給人。天主教的佈道工作可重新活躍，佈道的方法也將革新。

這就是歷史的循環，顯示上主天主措置的奇妙。大陸被共黨竊據以後，自由的中國人能有台灣作爲復興基地。大陸的教會被共黨暴政摧毀了，自由的中國聖職員能在台灣重建教會，爲復興大陸教會奠下根基。現在我們紀念台北教區成立二十五週年，心中滿懷對上主天主的感激，慷慨地肩起復興中華教會的使命，爲民族的心理建立安定的磐石。

民國六十三年十月二十日羅光于天母牧廬

中國天主教要理史序

我翻閱了這冊書的手稿，心中有兩種滿足：一是滿意對於中國教會的歷史，有一冊可貴的資料；一是滿意對於中國講要理的方法，有一冊可供研究的書。

研究中國天主教會教授要理的歷史，等於研究中國天主教會的歷史。天主教會在中國是個傳教的教會，所有活動都集中於教授要理，使人信從。從教授要理的經歷當中，可以看到以往的傳教士的工作，另外可以看到以往傳教士的思想。

傳教士的心火常是熱的，常是希望有更多的人信教，在各種環境中尋求教授要理的方法，因為要理代表基督信仰的基本。我們現在很難想像得到兩三百年前傳教士宣講教義的困難，當時中國的語言文字和生活環境，為他們一切都是新的；而且當時中國的政府禁止宣講天主教義，中國社會人士懷疑天主教義，傳教士抱著大無畏的精神，把天主教義輸進了中國。對於這種精神，我們衷心表示敬佩。

當時傳教士都是從歐洲來的，他們所受的教育，是歐洲的教育，他們所用的宣傳方法，也是他們本國的方法。這一點在這一冊教授要理的歷史裡，很明顯地反映出來。所產生的結果有優點也有缺點。

優點：在於教授要理非常認真。他們當時翻譯教義上的名詞，謹小慎微。沒有找到適當的譯名，寧可真譯語音理，在主日和大節期，公共唱頌要理問答。教友們乃能將基本的要義，熟記於心。在教難迭起，傳教士常被逐被殺的風波中，信仰終於能夠存留。

缺點：在於不懂中國文化傳統，把中國宗教和哲學思想排擠於天主教信仰以外，又懷疑中國士大夫能夠保全教義的純淨，逃避與他們接觸，因而使天主教的信仰祇在農工商的民眾中宣揚，遭受士大夫的輕視。當利瑪竇在北京時，每遇困難常能和徐光啓、李之藻等名士商量，謀求適合中國民情的辦法，後代傳教士不明中國民情，又沒有適當的人可以共同研究，於是爲能立足在中國社會以內，不免有時依賴歐洲的政治勢力；乃致使整個教會被中國人視爲帝國主義的工具，至今還受人的詬罵。

假使當時，傳教士保留利瑪竇的傳教方法，一方面往士大夫階級宣講教義，一方面往鄉間傳道，而且以天主教教義和儒家思想相配合；後代的政治糾紛既可避免，天主教教義在中國思想界必定有了創造中國新思想的成就。

龍華民開始改變利子的方法，道明會和方濟會變本加厲，法國傳教士更帶來了「楊生主義」（Gansennismus）的恐懼心情，使兩百多年的中國天主教要理，沒有一句話提到中國傳統的思想，若是提到則祇詆毀爲迷信。這是一項很可令人扼腕嘆息的事；然而也是時代所造成的悲劇。

但是，我們現在正在提倡宗教生活本地化，又在實行兒童心理教學的時代，我們對於講授教義要理，有什麼成就呢？我們捫心自問，應當俯首自認一無成就，成千成萬的教友，匆匆領了洗，沒有受過完好的教義要理訓練，一部份不願意明認自己是教友了，一部份和教會脫離了關係，祇有一小數部份忠於自己的信仰。教友家庭的兒童因著學校功課忙，不來學習要理，到了他們進入大專時，在大專同學會裡，雖然熱心參加工作，然而教義的知識很低，不能養成根深蒂固的信仰生活。近年暑假乃組織神學研究班，牧靈中心又設神學夜間部。

因此，我們對於教義要理的教育，應當慎重研究，擬定圓滿的辦法。要理課本的編寫，雖然按照兒童年齡以及成人知識水準，分成多種；然而應有一種共同的基本要理書，簡單地列舉教義的綱要，如同以往的要理問答。所有的教友，從兒童以及成年人，都能背誦，使教友的信仰，能有穩定的根基。講解要理的方法，隨時隨地有所變更；但是教義的基本知識，則不變換，而且每位教友都應具有。這種熟讀基本教義要理的方法，在中國實行了幾百年，今日教授要理，雖不宜像以往，祇教兒童熟背，必須以新式心理教學法，予以講解，講解之後應使兒童每次熟記一兩端要理。成年慕道者聽道，也當熟記基本要理。在中國大多數人不信基督，社會更沒有一絲基督福音生活習慣，我們教友的信仰，一定要有穩固的根基，纔可以養成信仰的生活。

我讀過這冊《中國教授要理史》，使我深深有這種感觸，故樂為寫這篇序。

民國六十四年二月廿六日

穿上天主的甲冑序

當我在羅馬傳信大學任教，又兼任駐教廷使館教務顧問時，常常因事往傳信部謁見次長剛恆毅總主教，或在辦公室，或在私邸中，剛公常是有問必答，有問題就解決，有新著作出版，也必贈送一冊。有一次，他送給我一冊藍色封面的書，書不厚，裝訂簡樸。剛公說那是他留給主徒會的訓言，囑咐我唸一唸。

我回家翻閱那冊書，書名《穿上天主的甲冑（武裝）》，封面印著兩行小字，「留給主徒會士的紀念，思想，囑咐。」又在下面印有更小的幾行字，引用聖若望宗徒第三書信的話：「我沒有別的喜樂，較比聽到我的神子們遵守正道時，使我更喜樂。」（第四章）

在第二頁空白紙上，中間印著聖保祿宗徒致哥羅森書信的話：「我身體雖然不在你們中間，但是我的心靈卻和你們同在。我高興看到你們生活的秩序，和你們對基督堅定的信仰，你們既然接受了基督耶穌爲主，就應該在祂以內行動生活，堅定基礎，修建精神。在祂以內穩定你們所學習的信仰，充滿感恩之情。」（第二章第五節——第七章）

第一章可以說是緒論，開端引用聖保祿宗徒的話：「我們的口向你們張開，我們的心也向你們敞開了。」（格林多後書 第六章第十一節）接著就說：「我想我死後，藉我的久已消逝的聲音之回聲，還能彷彿生存在你們中間。」

這冊書便不是一本著作，而是一冊家訓。中國歷代名臣學者中有好幾位留有家訓：《司馬溫古家訓》，《朱子家訓》，《顏子家訓》，《曾文正公家訓》。中國的家訓都是短篇文字，剛公的家訓則是集合三十三篇而成一冊。

在這三十三篇的訓言裡，主徒會修士可以找到對於自己各方面生活的指導。從修會三願，聖事禮儀，祈禱默想，對禮聖體聖母，到傳道工作，團體生活，都可看到剛公的思想和經驗。

剛公是一位忠於教會而又富於教會意識的偉人。在半世紀以前，任宗座駐華代表，就因著教會意識而開始革新傳教工作，以建設地方教會的目標。到中國四年後便回教宗碧岳第十一世推薦出任中國主教，由教宗親自在聖伯祿大殿祝聖，開創了全球傳教工作的新紀元。在中國剛公提倡中國藝術，鼓勵中國修士研究中國文學和哲學。又遣送中國修士赴羅馬深造，組織教友的公教進行會，然後又創立了中國修會主徒會。在剛公的思想裡教會是本地教會，本地教會又是唯一的公教會，本地教會有本地聖職員和教友，本地聖職員和教友又擁戴羅馬教宗。而本地教會和唯一公教會的聯繫，則在於聖職員忠於基督的精神。我們在剛公的這一冊家訓裡，可以明白地看到剛公的這一片誠心。全書的結束，記述一千九百三十九年三月二日，剛公自己在聖伯鐸廣場，參與教宗碧岳第十二世當選後，第一次祝福禮，剛公說：「我的可愛神子們，在公教會的長久偉大性面前，世間一切別的事物都看來是怎樣渺小、卑下、短暫！」

今年正值剛公百年冥誕，又值慶祝首位國籍主教受聖五十週年紀念，主徒會將這冊家訓翻譯成中文，滿全了剛公的願望，剛公在這冊書的最後一句話，就是希望主徒會士把書做成漢譯。家訓既譯了中文，不僅主徒會士人手一本，就是我們中國聖職員都可以每人一冊，閱讀深思，在各人的生活上，貫徹剛公的遺訓，是爲序。

民國六十五年二月廿一日羅光序於天母牧廬

郎世寧畫冊序

中國繪畫素有傳統畫法，以線條爲主；線條和書法有關係，講究策力，又講究策畫的變化。魏晉南北朝時，佛教傳佈中國，大興佛寺，且在陝甘建造石室佛窟，繪畫佛像，雕刻石佛。佛像畫法繼承印度藝術，在中國藝術中獨樹一格，爲外來美術對中國美術的第一次滲入。

明末清初，天主教教士由歐洲來中國，介紹西洋學術。教士中以繪畫供職朝廷的，有郎世寧、艾啓蒙、王致誠、潘廷璋、安德義，賀清泰等人；他們中間以郎世寧最有名，畫法也最工。

當歐洲教士初到北京時，向皇帝貢呈西洋畫品，皇帝和朝臣都很欣賞西洋畫的透視法；但是清朝乾隆帝則不喜歡，他令郎世寧繪中國畫。郎世寧乃造成一種新的繪畫藝術。以西畫的立體幾何作輪廓，以顏色表達生氣。中國畫本以線條爲主，顏色爲副。郎世寧的畫，生氣盎然，人物逼眞，然而缺乏中國畫的神韻。但卻顯露西洋畫寫生的優點。這是外來美術對中國藝術的第二次滲入。

當時從郎世寧學畫的徒弟，雖有幾人，然都不及他的高明，在中國畫史上沒有產生影響。因此郎世寧的畫在中國畫史上可稱絕筆。這種絕筆，幾乎全部藏在故宮博物院。院長蔣慰堂先生珍惜這些畫品，精刊成冊，以償世人。

近五十年來，西洋畫已成爲中國各藝術系的必修科目，學西洋畫的人也多。但是抄襲的氣味太濃，很少有獨立的創作，習西洋畫卻不深入西洋藝術的哲理和精神，祇能在皮毛上模仿，也係西洋人習中國畫，祇知能用筆用色，總不懂中國藝術的哲理和精神，便流於畫匠的呆板畫品。

郎世寧融會中西畫法，自成一格，雖沒有傳人，實可珍貴。且爲貫通中西文化，作證天主教教士對中國學術的努力，更令我們欽佩。因此，特爲他的畫集作一短序。

民國七十年七月廿三日羅光序於天母牧廬

仁愛序

盧伽肋女士在第二次世界大戰時，創立普世博愛運動，照顧戰中的難民。這種運動和普通戰地服務團不同，不是臨時專爲戰地的組織，而是集合有志終身奉獻的青年，修身克己、清潔心靈，以愛心接觸社會人士，從事普世博愛運動，建立和諧的社會。爲達到這個目的，她先後組織了各種大眾運動，有「新家庭運動」，「新人類運動」，「堂區運動」，「新司鐸運動」，「修會團體運動」。這些運動不是有名無實的標語，不是暫時的集會，而是長久持續性的進修班，使參加的人，取得仁愛的精神，青春的活力。

盧伽肋女士看清了現代社會的病症，在於自私自利。工商業的社會爲謀利互相競爭，心目中祇有一己的利益；一己的利益集中於物質享受；一己的享受成爲青年人的生活目標。因而當代的哲學思想，乃是唯我主義。唯我則排擠非我，小則造成盜刦強暴欺詐的罪惡，大則醞釀階級鬥爭，國家戰亂。盧伽肋女士乃提倡仁愛。

仁愛的起點，在於人都是天父的子女，彼此有兄弟手足情；仁愛的終點，在於因著和基督結合爲一，彼此也合而爲一；家庭合而爲一，國家合而爲一，世界合而爲一。

理想高達雲端，似乎可望而不可及。盧伽肋女士則腳踏實地，眼望天父，三十年來把博愛運動推展到全世界，在各國各地，設立瑪利亞中心，宣講仁愛，激發千千萬萬青年人和成年人的愛心。

瑪利亞中心在台北已經設立，博愛運動講習會也舉行了四年。這種運動的形態，在台灣的社會裡漸漸塑成，表現自己的特性。運動負責人乃將盧伽肋女士所著《仁愛》一書譯成中文，這書頁數不多，文字清淺；然而爲介紹普世博愛運動的基本書籍，我便要爲這書寫一篇短序。

民國七十年十二月廿六日羅光序於輔仁大學

雅培理小傳序

雅培理神父在生時已有聖人的聲譽，教宗、樞機、主教和教會人士，都對他表示敬意，他病重垂危時，教宗保祿六世親自去探望，慰問他。教宗離開後一個半小時，他安然去世。

雅培理神父的偉大處有兩點：宣傳福音的強烈熱火和對時代徵訊的明白認識。

現在是什麼時代？是一個動的時代，是追求娛樂的時代，也是追求知識的時代。一百年以前，歐洲的社會，每村每城都是以聖堂爲中心，一切節日都是教會的節日，青年人的娛樂是到聖堂和聖堂側旁的大廳，唱經唱歌和遊戲。但是百年以來，社會的形態改了。青年人的娛樂場所，是電影院和舞廳跳舞。社會人們星期日已經不進聖堂，卻往山上和海濱或鄉間別墅。各城鎮不僅是學校林立，而且雜誌日報週刊各處都賣。電視和廣播把新聞消息和悲喜的事劇，帶進每個人的家裡。

在這樣的一個社會裡，宣講福音的人還坐在教室裡，等學生來聽要理；站在講壇上，在彌撒中講道，來聽的人有幾個呢？要理班和講台上所講的，生硬不中聽；外面電視、電影、廣播、雜誌、日報，則充滿各種形狀的新聞，各種引人的文章，各種誘惑的畫面。社會人們腦海所收進來的，都是和福音沒有關係，而且很多反對福音的事理，又怎樣能把社會的思想和生活形態，都一切淡化了呢？

雅培理神父很明白清楚地認識了當代的社會，看到了影響社會人心的最大勢力，是大眾傳播事業。他的心燃起了一股宣傳福音的熱火，他決定用大眾傳播工具把福音的話帶入現代社會。現代的人既然都用電影、電視、廣播、刊物，宣傳他們的思想，人們又樂於接納，爲什麼宣傳福音的人不用這些工具呢？雅培理神父說：若是聖保祿宗徒生在現代的世界，他必定成爲一位新聞記者。宣傳福音的人，應該使用最新和最有效的宣傳工具和方法，向當代的人宣傳福音，而不能僅僅用著幾百年前的傳統工具和方式。人家坐飛機，我們還坐牛車，兩者的效力要相差多遠！

雅培理神父便創立聖保祿孝子會和聖保祿孝女會，從事大眾傳播事業。在五十年前，教會風氣還以大眾傳播工作爲新奇，而這種新奇的工作又需要大量的錢；雅培理會祖遇到了很大的阻力和困擾，但是他不是遇難而退的人，他誠心祈禱，加強對天主的信心，在失敗中求進取。教宗保祿六世曾說明雅培理在不長的歲月裡，使自己的事業有驚人的成就，原因在於「一個謙遜而又忠誠的僕人之意願，和上主仁慈而又慷慨的聖意。」

天主玉成了雅培理神父的工作，因爲是時代所需要的工作。宣傳福音是把福音帶進人生的各層面，帶入社會的光明和黑暗的角落。聖堂和要理廳是已經有意接納福音的人之聽道所，宣講要理和表白福音和給已對基督有認識的人所講的聖言；但是怎樣使不知道基督的人有意接納祂的福音，那是今日宣傳福音的人之最大又最難的工作。在社會的各種辦公室裡，在各級學校的講壇上，在每個家庭的客廳中，用各種方式把福音帶進去。臉上常是笑容，語言常是現代的用語，理由常是流行的學術，聽的人就是不信，但也不能說講話的人不識時務。然而講話的人，自心要懷有聖神，行動要表現福音，處處和不信基督的人相接，要謹防引起對基督的反感，這種生活，較比僅在聖堂和要理廳講道者的生活，還更困難，更有意義。宣傳福音無所謂直接傳教和間接傳教，把福音的聖言帶入社會人們的生活裡就是傳教。傳教的拉丁原文是「派遣」，是「使命」。基督向宗徒說：「如同父派遣了我，我也同樣派遣你們。」（若望福音　第十七章第十八節）基督被派遣來世，居在人間，祂的每秒鐘的生活都是傳教。被基督派遣的人居在人群裡，每秒鐘的生活也應該是傳教。

大眾傳播的工作，原是被基督所派遣的使徒，把自己的語言和形象，進入每個家庭和每個人心中，和聖若望一樣須備基督的來臨。雅培理因此被稱爲現代最偉大的傳教士，真是基督的化身。

聖保祿孝女會翻譯了波爾多所著的《雅培理會祖小傳》，預備出版，要求我作篇小序，我很樂意寫出我的感想以爲序。

民國七十一年十二月八日羅光序於天母牧盧

民元以來天主教史論集卷頭語

這冊書，是今年聖誕時，吳相湘先生由美國給我寄來的，作爲聖誕禮物，書已經很舊，爲抗戰時候出版物，紙張很壞，字體又小，書的封面也沒有了，但是我還是覺得它很珍貴，它是在台灣可以找到北平輔大出版的稀少的珍品，幾乎全是陳垣先生的作品，考據天主教在中國的一些史蹟，爲我們教會難得的史料，現在既已絕版，我便將書交給輔大出版社影印。

順便在這裡，我提一種情況，希望能夠改善，我們台灣的天主教人士，太不注重歷史，前些年台灣學生書局影印了天主教傳入中國的史料，這些史料都是從羅馬和巴黎的檔案處找出，由照相攝影寄到台灣，經過方豪教授和吳相湘教授考訂，然後付印，其中有天學初函一套，也是世界少有的古版書，可是，我到台灣各學校的圖書館，很少有機會看到這一些天主教史料書，主教和神父修女知道這一系列的史書的並不多，輔大現正準備出版利瑪竇全書，把利氏的開教史和書信，將都譯成了中文。我希望利氏全書出版後，能多有些讀者，天主教學校圖書館都購一冊。至於這一冊民元以來天主教史論集，則可以爲利氏全書開路。

民國七十四年四月十日羅光

傳家寶典序

自由中華民國的中國人，自己變成囚徒，關鎖在鐵門窗裡。每家都裝置鐵門鐵窗，這些鐵門鐵窗是自己裝的。爲什麼呢？說是怕竊盜、怕小偷。就是走出鐵門鐵窗，媽媽還要告誡女兒：一個人不要坐計程車，在晚間則絕對不能坐，夜裡不要單獨在街上走。當我在二十五年前，從羅馬來到臺灣定居，大家都向我說臺灣的社會最安寧，連扒手也沒有。羅馬扒手實在很多，但是我在羅馬住了三十一年，總沒有被扒過；可是第一次來臺灣觀光，就在臺北遭了扒手，不過那時臺灣的社會真正安寧，不像由美國來的朋友所說夜間單獨出門，遇上了黑人，便很麻煩。

二十五年後，臺灣的社會可以算是最不安寧了，每年住家所裝的鐵門鐵窗越來越多，連在五樓或七樓的人也都裝上了。當林洋港先生接任內政部長時，很豪爽地說在幾個月以後要使鐵窗業蕭條；但當他轉任行政院副院長時，鐵門鐵窗是增多了。

鐵門鐵窗不能靠政府去廢棄，是要中華民國的人自己去廢棄。臺灣社會爲什麼不安寧？每天有強竊、有小偷、有強暴、有殺人，犯這些罪的都是青年人。大家於是喊教育失敗，尤其是國民教育。大家卻不捫心自問，年青人犯罪是誰造成的？是成年人甚至老年人所造成的社會風氣；在台北市成千成百的豪華飯店裡，每天坐滿了大吃大嚼的男女；在幾千以上學生的國民中學裡，年輕的學生從清早到深夜，背著書本的篇章，爲能勝過高中的聯招；高中的學生同樣地或變本加厲地啃著書本爲趕大學聯招，不堪這種壓力的青年，根本就逃學；他們看到社會人士的花天酒地，價值連城的汽車，便起心強竊、強暴、殺人放火。社會人士爲著自衛乃安置鐵門鐵窗，把自己鎖起來。我到歐洲和北美旅行，從來沒有看到家家鐵門鐵窗。

中國原來號稱禮義之邦，號稱倫理深厚的社會；爲什麼現在竟墮落成沒有禮義，沒有道德的社會呢？大家說這是由農業社會升到工商社會必有的過程，歐洲當時也有過這種現象；可是，我在羅馬住了三十年，沒有聽人說過，自己也從來沒有在家而嗜鐵門鐵窗的風味，爲什麼我們一個素稱禮義道德之邦，卻淪成這樣呢？這是民國初年一般學者倡導打倒傳統的禮教，打倒傳統道德的孔家店，傳統的禮教和道德是廢除了，跟著社會漸漸淪落爲無禮儀無道德的社會，構成了每家都加裝鐵門鐵窗。

現在應該是建立社會道德的時候了，國父　中山先生曾經在民族主義第六講裡說：「一個國家要有高尚的道德，國家才能長治久安。」先總統　蔣公也主張倫理、民主、科學，倫理爲最優先。中華民族能夠立國幾千年，所靠的就是民族的文化、民族的倫理。

中國歷代哲人所指示處世之道，乃是哲人的智慧，不能視爲迂闊。清朝學者陳宏謀曾輯《五種遺規》，「一曰養學士，二曰訓民俗，三曰嚴閨範，四曰儆官箴，五曰戒胥吏。勤搜博採，凡典籍之垂訓，名賢之格言及學士大夫婦人女子，一言一行有關名教者，莫不檢擇，以標於簡編。」臺視石總經理永貴邀請青年學者曾文樑先生，重加編裁，易名爲《傳家寶典》，編目改爲修身、爲學、齊物、處世、理事五項，加以詮釋，附作者小傳，以期能對於敦風移俗有所貢獻。編中所收昔日哲人的言論，現在讀了仍然是作人的規矩。雖然一些古代禮儀和具體行事方式，和現代環境不相適合，應加修改，但是所有原則，在現代生活裡，沒有失去意義。每一個家庭若能放置一冊，家中人每個都讀，又都實踐，則家中的鐵門鐵窗就可以廢除，中華民國的社會又可以成爲禮儀倫理之邦。

歐美人的家庭所有傳家寶典，爲一冊《聖經》，家中人對《聖經》具有虔誠的信心，又有實踐的努力，社會風俗雖壞，總還有善惡的標準，人心有所適從。我希望臺視所編的《傳家寶典》雖不能和《聖經》相比，但對於世道人心的好影響，也真可以稱爲「傳家寶典」。懷著這種希望，對石總經理敦風易俗的理想又感到衷心的欽佩，故接受石總經理的要求，很樂意爲這冊書寫一篇序。

民國七十五年四月八日羅光序於天母牧廬

利瑪竇全書序

一九八三年九月十一日到十六日，國史館、中央研究院、現代史研究所、故宮博物院、輔仁大學，共同召開了國際中西文化交流研究會，以紀念利瑪竇來華四百週年。當時，我就答覆各方的要求，出刊利氏全集。

利氏中文著作，最重要的爲《天主實義》，《畸人十篇》，《二十五言》，《交友論》，《記法》，《西琴曲意》，其他有和徐光啓合譯的《幾何原本》，與李之藻合譯《同文算指》。

近年學生書局影印《天學初函》，又刊印《天主教本傳文獻一，二，三篇》。《天學初函》；收有利氏的《天主宙義》，《畸人十篇》，《二十五言》，《交友論》，《幾何原本》，《同文算指》。《天主教東傳文獻一編》收有利氏的《記法》。因此，可以說利氏的中文著作，在學生書局所刊印的兩種書中，都可以找到。

外文的利瑪竇著作，則有兩種很重要的書籍：一種是《利學資料》（Fonti Riccicine）或譯名爲《利瑪竇札記》，或譯名爲《利氏學案》或《利子全集》；一種是《利瑪竇信札》。

《利學資料》是一部札記，述說利子在中國傳教的事蹟，從肇慶到韶州，從韶州到北京，全書分五卷。利子在萬曆三十六年秋（一六〇八）至萬曆三十八年二月（一六一〇）間，用義大利文寫成。利子在萬曆三十八年五月逝世，金尼閣（Nicolas Trigault）在一六一四年帶著這部著作往羅馬，把全書從意大利文譯成拉丁文，增添一些史事，於次年（一六一五）用他自己的名字出版，後來翻譯成法文德文西班牙文。一九〇九年，耶穌會著名歷史家達基宛杜里（Tacchi Ventuni）發現了利子的原文，在一九一一年出版問世。書名《中國論》（Commentani della China），另一位耶穌會考據學者德里賢（Pasguale D'ELia）於一九四二年到一九四九年間，爲利子的書作詳細註釋，標出中國的地名和人名，由義大利國立的皇家學院出版，名爲《利學資料》（Fonti Ricciane），共三冊，一九五三年，耶穌會士加萊格爾（Louis Gallagber ）把全書譯成英文，大陸中華書局於一九八三年出版一種中文譯本，名《利子札記》，由英文譯本譯出。我在利瑪竇來華四百週年大會後，以《利學資料》義文本交予劉俊餘教授，請他由原文譯成中文，由李震蒙席加以校訂。

《利瑪竇書信》一書，由達基宛杜里所編輯，他原想繼續再搜尋利氏的書札，但未能如願，德里賢也想完成達氏遺志，又繼續自己註釋的工作，給利氏的書信加以註釋，可惜他也沒有能夠實現自己的意願。我便只能以達氏所遺之本，請羅漁教授由原文譯成中文，由李震蒙席校訂。

兩部譯文也經校訂完畢，由光啓出版社出版。其他種的利氏中文著作，也將由光啓出版社排版或影印出版，合成一套，命名《利瑪竇全集》。

十五年前，吳相湘教授、方豪神父和我，收集了一些關於中國天主教的初期文獻，由學生書局出版，用意在爲中國聖教會保留史料，又爲引起中國教會人士對於教會歷史的注意。另方面兩位教授是專門研究歷史的學者，當然喜歡，而且愛惜歷史的史料；我專門研究哲學，然也喜歡歷史，因爲歷史常作我們生活的導師，由以往的經驗，我們學著做人做事，而且我們的教會不是從天上掉下來的，也不是從地下碰出來的，乃是由人在天主的指示下漸漸建立起來的。教會的歷史顯示這種建教工作的歷程，使人知道來龍去脈，既能認識以往工作人的辛苦，又能明瞭建教工作的途徑，對於我們自己今天的工作，必定很有幫助。

利瑪竇爲中國天主教會的創始人，又是溝通中西學術的先知先覺，他的精神不僅引起我們的欽佩，更可以作我們傳授的導師。假使當時繼起的傳教士，稟承了他的精神和方法，中國天主教會或者已經是中國大多數人的宗教。四百年後，我們才醒悟了要回到他的軌道上去，以求福音的傳揚。我就祝望這部《利瑪竇全集》能夠得到中國全教會人士的重視，能進入每位神父的住房和修女的會院，更要能放到天主教學校的圖書館。

當我寫《利瑪竇傳》時，心中的感想是希望利氏在天之靈，垂念中國教會是他一生血汗的遺產，不要讓共黨用挖祖墳的手段般都挖光。（利瑪竇傳自序），今天我心中的感受，是望利子祈求天主，不要讓共黨用他們改變中國文化和歷史的方法，把中國大陸的教會改變了性質，使中國天主教會不能立足在整個天主教會以內。

民國七十五年五月三日羅光序於天母牧盧

中國官銀局史序

對於錢幣，我根本是外行，當代的錢幣我不懂，何況古代的錢莊，但是我生性卻頗喜歡歷史，雖然考據我嫌麻煩，對於古代的史據則愛讀、愛研究。

去年秋，黃亨俊先生在一次集會後，請我爲他的《中國官銀局史》作篇序，當時我沒有懂清楚官銀局是什麼，順口答應可以寫，後來黃先生到輔仁大學來看我，把書稿及圖片帶來，我一看頓生興趣，又承他向我解釋，我懂得其中大有學術價值，不僅是中國經濟史的資料，而且也是中國文化史的一部份。商業在古代雖不被重視，商業的實際地位，在漢朝時已經很重要，物品的交易乃社會生活的必要條件。隨著產品的增加，生活需要的加高，物品交易逐漸成爲社會生活的重要事件，在今日的國際情形裡，交易商業已算爲國家的命脈，有交易就有錢幣，有錢幣就有錢莊。在古代的巴比倫，以神廟爲存錢的處所，在古希臘也流行，歐洲中世紀，義大利各城邦開錢莊式的銀行，後來威尼斯和幾內亞握歐亞的航運牛耳，乃創立國際銀行。

中國官銀局繼錢莊而立，錢莊在中國社會史上，源流很長，現今中國的銀行，仿自歐美，然而在經濟意義上，和官銀局及錢莊一脈相傳。

黃亨俊先生為一錢幣專家，二十多年來收集銅幣、紙幣、鈔票，又收集錢幣史料，先後在專門雜誌上發表論文，這次對官銀局刊行專著，敘述中國各省官銀局或官錢局的歷史，作為中國銀行史的一部份，而中國銀行史全書，已匯集在中國貨幣史書中，預備出版。全書刊行後為中國經濟史乃一大貢獻。

在宗教座談會中，我與亨俊先生相識已數年，當他請我寫序文，即隨口答應，後來覺得自己對這門學術知識完全是外行，不敢執筆，耽誤了全書出刊的日期，心多愧悔，還是鼓起勇氣，寫幾句序言，表示對黃先生的友情，更表示對這本著作的重視。

民國七十六年二月三日羅光於天母牧廬

莊子生命哲學序

葉海煙教授的博士論文研究莊子的生命哲學，從莊子的心態，深入探索莊子對生命的目標和生命目標的追求。尤其深切地體驗莊子發展生命的經歷，在這些方面都能有適當的敘述和說明，論文的文筆流暢活潑，也能引人入勝。

莊子的心態是一種浩然無垠而又道德自然的心態，他對生命的目標，在於追求永恆，他的養生方法，在於無慾無爲，保養元氣，和天地以長終。

莊子生命哲學的根基則在於氣。他是中國哲學史上第一位講氣的哲學家，他主張由道而有氣，氣爲一，爲有，宇宙同一氣，氣成萬物，宇宙元氣在人心中，人以心之氣與宇宙萬物相通，乃有氣和，氣化。保養心靈元氣，心成心齋，心齋墮棄形骸，先悅人世，達到真人的境界，有如後世道教所說「羽化而登仙」。

葉博士的論文將由三民書局印成專書，來函索一序文，我將莊子的人生哲學順加說明，作爲一序。

民國七十七年正月廿三日羅光序於輔仁大學

書信

致高潤章先生書

潤章主席及諸位同道公鑒：

教友傳教協進會今歲欣逢建會十週年，爲紀念此一有意義之週期，諸位共聚一堂，講習研究，實可欽佩，傳教協進會十年之歷史，爲建會之歷史，所遇之困難，乃爲建築基石所必須之挖掘，挖掘之困難愈深，建築基礎則愈固，否則順事而成，乃建築在砂場上風吹雨淋必將坍塌，今後之十年，應爲向上完成建築之期，一塊一塊磚石往上砌，有耐心，有學識，有計劃，大家通力合作。十年之後，傳教協進會將爲矗立中華教會之大廈，成爲教友傳教之發動中心，謹預以爲祝。

諸位在靜山研究教友傳教之學理與精神，聚各種教友組織負責人於一堂，余特爲獻祭求主賜光明，錫熱忱，使每人作爲傳教之使徒，中華教會必可爲自強之教會，中華教會之發展必將引教宗之重視，全球主教之注意，余不禁馨香禱之現以小事相托，請大家推銷中華教會之益世雜誌，謹先致謝。

順祝

主祐

羅光謹叩

民國七十年三月二十七日

致苦修會聖三保拉院長函

聖三保拉院長惠鑒：

接讀來函及請帖，衷心感激，大聖德蘭四百週年，貴院隆重慶祝，本願前來參加，然因當天晚六時有教育部長之邀約，恐路遠不便期時趕回，再者來貴院參禮，宜於人數不大，能在聖堂靜默，又能體會隱院之幽清，否則人聲嘈雜有如其他會院之一般典禮，故請見諒，不克前來。然將於適當時日單獨再來看望，平日對大聖德蘭，確不如小聖德蘭之親近，然甚佩服大聖德蘭靈修之高深神學，及其靜觀之超凡工夫，家藏有《大聖德蘭全集》之英文本，曾拜讀全書，深願步其空虛一切之靈修，身爲總牧，又爲校長，常周旋於社會人士之間，心中不得清靜，尤不易空虛，請修女將爲代禱大聖德蘭，使能排除世人世物，心中祗有天主，且令人來接觸時，亦祗覺到是天主基督而不是一學者主教。

順祝

主祐

羅光謹叩

民國七十一年十月十三日

覆侯暢委員函

暢老委員惠鑒：

承關注教廷與我國關係問題，寄下剪報一則，此問題甚複雜教內人士亦多不明白，教外人士更不能瞭解。二月時，弟與六位中國主教在羅馬與教宗及教廷國務院首長交談一星期，將情形穩定，維持教廷與我國之外交關係，此事不能以政治或反共理論與教廷交涉，祇能以中國教會利益與之討論，周大使之盡力，且因其活動過甚反招教廷嫌忌，弟亦向外交部表示，教宗對此事評論，祇能加重教廷之反感，將加多絕交之危機。目前吾人在歐洲僅有一駐教廷大使館，教廷甚願與歐洲九國看齊，吾人此時必應特加謹慎，勿刺激教廷，教廷常主張反共然不願因承認中華民國而成爲中共之政治敵人，外間謠傳教廷與中共建交乃係無稽之談亦不懂教廷之外交，教廷辦外交之經驗，已一千餘年，既不短見，亦不輕浮，外間人少有知者，茲寄上剪報，係教宗最近來函之譯文。

順　祝

日祺

弟羅光

民國七十三年五月十七日

答趙天儀教授函

天儀教授惠鑒：

接奉來教垂詢數事將在近期召開之理監事會中說明實情，上次理監事會議後常務理事五位集會，簽名議定請馮秘書長辭職，會決交由張起鈞教授送來面談，光以爲事出突然，將引起各方疑慮乃邀請五位常理開會，議決由常務理事籌備召開全體會員大會，籌備期間，本會停止對外工作，故秘書長不再有以本會名義對外之活動，係因薪火雜誌攻擊馮教授牽涉本會會務，馮教授央請代爲澄清，光以學會內部事由內部解決，不宜在報章傳佈，故允其所請，弟心以爲可緩和者則緩和之，不逼人太甚，至於中國哲學會事，光已決辭職，實不欲夾在爭執中，以一教士之身，息事寧人則可，助長爭執則決不可也。

順祝

冬安

羅光頓首

民國七十三年十一月卅日

致邱創煥主席函

創煥主席勛鑒謹啓者敝教會在宜蘭員山鄉購有土地小塊，作爲興建教堂之用，現建有神父住宅，臨時小教堂及幼稚園，待建堂經費籌妥後，即動工興建教堂，不意宜蘭縣爲興建衛生所，乃徵收教堂預定地，捨周圍空地不徵亦不用屢經交涉，不得要領故敢祈主席飭令宜蘭縣政府尊重教會權利，勿製造困難，瀆神之處尚乞鑒原。謹頌

政安

預祝

春釐安吉

弟羅光謹啓

民國七十四年二月十三日

答吳相湘教授書

相湘教授惠鑒：

八月廿五日手示已詳讀，承寄贈稀有珍本，無任感激，上年所贈民初中國天主教史料一書，已由輔大出版社影印，陳垣與余嘉錫之書三冊，昨已收到，將仔細閱讀，此次所寄贈之書紙，大約在十月內可到，另所寄高麗紙係名貴紙料，拙畫恐將不配，近在寫民國時期中國哲學思想史，希望年底脫稿，使中國哲學思想史，從先秦到民國，整套完成，以竟全功。現歲齒已增，精力漸衰，工作能力與能耐，大不如前，祇有盡力而爲輔大擬設中國天主教資料中心，現開始收集大陸教會資料，供教會主教研究之用，以後將逐漸擴大，收集中國天主教史料，尙祈隨時協助，以爲中國教會服務，大陸無神主義者竟四出搜集天主教史料撰寫中國天主教史，魚目混珠，徒增吾人之煩惱耳。

謹祝

旅居安吉

弟羅光頓首叩

民國七十四年九月九日

致韓德力神父書

德力神父台鑒：

來信已收到了感謝對中國教會所費的心，馬世光神父也到天母和我談過，我覺得這樁事件非常重要，在九月二十日下午，約賈總主教狄總主教和王主教在主教團秘書處和我商量，我們研究了各種辦法，或者一位主教從羅馬到比國，或者我到比國參加陸徵祥晉鐸五十週年紀念會，藉機和王傳涂晤面，但是我們都以爲時機尙太早，兩方面都沒有適當的預備，不知談什麼事情沒有成就，倒替他們做了宣傳，因此決定誰也不去，還是請神父給王傳涂說：若是他們願意和我們見面對於那些問題或事情可以討論，又對於什麼問題或事情不能討論，我們怕事情先若沒有預備好，見面時不知道說什麼好，若單單爲見見面，就沒有意思。吉立友代辦也不贊成，若是他們認爲見面有好處，可以研究幾個問題，交換意見，那便可以將來安排機會，先和教廷和有關單位商量好，作一次非正式，亦不公開的見面，那樣必定有效果。

多謝神父費神，希望因天主的助祐，事情對中國教會有益，我們唯一的要求和希望就是中國教會常是一牧一棧。

祝
托主平安

羅光頓首
民國七十四年九月二十三日

致外交部邱榮男司長書

榮男司長勛鑒：

謹啓者此次縣市議員選舉有兩位神父當選，一爲楊典諭神父當選嘉義縣議員，一爲蔡貴聽神父當選南投縣議員。

按照教會法規，神父主教俱不准兼任有政治性之公職，故不准任國會議員以及省市縣議員，此兩位神父事先已得本教區主教及修會會長依照法規之勸告，但其中一位爲執政黨提名，一爲執政黨所支持，故當選，教會爲實行法規，對彼等將有處置，甚望政府及執政黨當局能有諒　敢祈

鈞部婉向執政黨中央及內政部予以解釋，因教宗對此項法規態度堅決，吉代辦亦甚堅持，主教團將不易忽視或輕鬆處理也。

專此　順頌

台綏

羅光謹叩

民國七十五年二月四日

覆陳繕先生書

陳先生台鑒：

捧讀來書，欣喜有慕道之情，對舊約之懷疑，亦意中之事，舊約之目標，在保持向唯一天主之信仰，此唯一天主爲救贖人類，降生成人，將由一民族出生，此民族應虔信此唯一天主，爲此目標，天主選擇了以色列民族，但當時之歷史環境，爲民族心理，容易因民族雜處，而失去此信仰，而此信仰實爲救世主傳道之基礎，故天主使以色列人保持此信仰，使用當年歷史環境所用之方法，在今日看來，方法過於凶乃所不免，忙中草此，順祝

日綏

羅光頓首

民國七十五年五月廿三日

致瑪利亞方濟傳教修女會會長書

會長、院長、各位修女台鑒：

祝基督的恩寵常與你同在。

明天你們慶祝貴修會來華傳教一百週年，我本來想到泰山會院，向你們道賀，但是因爲事情忙，身體也不大舒服，便只好用信來表達祝賀的心情。我以中國主教團名義，感激你們修會一百年來爲中國教會的工作，你們在中國有殉道的真福修女，有精修的真福亞松大。你們修道以往在中國分佈地方很廣，人數最多，工作成績非常好，我也曾經讀過你們總會長送給我的會祖傳，對她的精神衷心欽佩，祇可惜當共黨竊據大陸時，台灣的環境不能讓你們的修會將所撤離大陸的修女都集中到台灣來，而被分散到各處，否則你們修會在台灣一定可以如同耶穌會一樣，創立許多傳教事業。但是我們仍舊求天主，賞賜你們修會繼續以往爲中國傳教的精神，廣收聖召，培植修女，常站在中國傳教工作的前線，創造豐功偉業，我因主耶穌之名降福你們。　祝

常蒙主佑

羅光謹叩

民國七十五年五月三日

致台視總經理石永貴先生函

永貴總經理惠鑒：

光任光啓社董事長多年毫無貢獻，惟對社務日常關心，近年三電台委製之節目日漸減少，光啓又無自用之電台，故於工作策劃甚感困難。台視在總經理之經營下一日千里成就輝煌故祈臂助光啓或予委製或接納其所製節目則不勝感謝耑此謹頌

暑安

弟羅光謹印

民國七十六年六月二十日

致施森道蒙席書

森道蒙席惠鑒：

昨日元宵節，今日各方俱進入正常作業，昨輔大舉行行政會議，會議中已說明本年學校發展之途徑，今後學生向校方之要求必增多，吾人堅守原則，以愛心接受之學校必能平靜和諧如昔，蒙席請決定本年回台來校協助，傳信大學可在此數月內另覓法學院長，在台之教會人才，愈來愈少，工作甚難發展，吾人有責盡己之能，以謀在此困難時期，中國教會能穩固基礎。弟身體日衰，氣喘病纏身，本欲退休，然仍守住崗位，決不退縮，非爲名位，只爲中國教會，蒙席爲中國教會可作之事尚多，祗要有信賴天父之心，一切行政事務俱非難事，輔大文學院院長一職，尚留爲蒙席六年之職，目前無人推想此事，因大家俱知蒙席不可能回台，吾人正可保守秘密，俟該發表任命時，始告人，蒙席請暗中與傳大校長接洽，如傳信部部長方面有困難，則可由中國主教團行文傳信部，說明中國教會之需要，要求放人，此事弟未告任何人，蒙席亦可不告任何人，祗來信告知，輔大並非是非之地，祗因由三單位聯合辦理，自然不免有困難，然年來合作之情況已好，遠非于樞機當時之情形可比。

再者，教廷法律解釋委員會主席樞機（南美籍）前年大會時曾約弟同進午餐，許下來台觀光，故請代向其邀請，於本年暑假，來台一遊，吾人將盡情招待，此間慈幼會士亦必樂於歡迎也。

順祝

主祐

羅光頓首

民國七十六年二月十三日

致道明會侯會長書

侯會長神父台鑒：

多年以前，曾向來訪之道明會總會長，作一建議，建議中國道明會培植研究聖多瑪斯哲學之中國道明會士，總長曾表示欣然同意。近日在醫院靜中思維，甚覺輔大哲學系缺乏教授士林哲學之神父，問題日趨嚴重，將來輔大哲學系祇有飽學之教授，然無系內基本士林哲學思想，任憑教授各人發表高論，失去天主教大學之特色，更失去對中國教會之應有貢獻，故務須及早培植教授士林哲學之神父，台灣各教區之聖召甚稀少，故甚希望道明會培養此類人才，事關中國教會利益，祈特加注意。耑此順祝

主祐

羅光頓首

民國七十六年五月十九日

致方濟會韓承良會長書

韓會長神父惠鑒：

年來一問題常縈迴心頭，近日在醫院靜中思維，愈覺問題嚴重，輔仁大學教授哲學之神父，日漸稀少，再過數年，斯無人教授士林哲學，輔大哲學系將與台大、政大及其他大學哲學系相同，無基本思想，任憑教授亂講，失去天主教大學之一特色，對中國天主教建立中國天主教思想，將生負面影響，故務須及早培植教授士林哲學之神父，然而教區之聖召少，無法培養，故甚希望方濟會能培養一二人，祈會長神父注意，因事關中國教會利益也。

耑此順祝

主祐

羅光謹啓

民國七十六年五月十九日

致台灣天主教主教函

總主教主教道鑒：

新學年度第一次董事會原擬照例於八月中旬舉行，但因數位董事出國，祕書龔司鐸又在醫院行手術，故改在九月底舉行。然有兩事本擬在開會時提出，因時間急迫，故以函件報告：（一）文學院王任光院長任期已滿，遺缺由張振東神父接任，因文學院內已無教區神父可以接任，且三單位曾議決院長職由聖職員充任。（二）文學院在台北市所建輔大分部，作爲推廣教育之用，經數年之經驗，推廣教育甚難收效，年年虧空，文學院又無積蓄，當年建造此樓，係因台北市府徵收空地，現文學院與藝術學院經濟小組擬價售此建築物，以所得款在輔大校園建女生宿舍與餐廳，年有收入，然校產出售，須經董事會及教育部同意，且此樓將來，或可爲學校另有所用，故現祇有擬議是否可行，尚待主教及董事會之決議。專此

順頌

主祐

羅光頓首

民國七十六年八月十二日

致單國璽主教書

國璽主教道鑒：

近月因恢復校外工作，身體乃累，昨舊氣喘病劇又發作，醫囑住院，然因榮總無空房，乃囑住家休息，不宜赴宴赴會，不宜多講話，不許外出，今晨醫師來家看病情，因用藥收效，已多好轉。

下週主教團會議，必來參加，然不能參加整個議程，故有四項小見，以書面寫出，擬請交大會討論，請　此代禱。　順祝

牧安

愚羅光謹叩

民國七十五年十二月二日

附件：

一、宣道部部長來輔大，主持福傳大會典禮時，請安排一午宴，由輔仁大學招待。

提案人　羅光

二、主教團討論辛樞機訪問中國大陸事，可發一聲明然不宜批評辛樞機免傷友誼，且彼

係一番好心。不宜反對教廷與中共交談，以免引起歐美各國教會人士之公憤，聲明針對愛國教會，間接針對一切有關人士。

聲明或可如下：

中華民國主教團聲明

中國大陸天主教會近四十年犧牲遭大難，係由中共政權所造成與教廷無關，教廷遣派外交使節，駐在各國，關心駐在國之教務，促進教廷與駐在國政府之關係，歷年來，中國大陸天主教愛國教會負責人與中共政府，互相唱和，以教廷如願與中共政權交談，必須斷絕教廷與中華民國政府之外交關係，此言實屬荒謬，違反教廷外交傳統慣例，不可接受，特此聲明。

三、爲聖多瑪斯修院修士來源問題案：（中國神父俱問修女可以入輔大附設之神學院，為何修士不能？）

（一）台南碧岳修院，組成一健全哲學院，課程爲三年制，兩年士林哲學及西洋哲學，一年中國哲學，並加強神修及英語課程，教授可由輔仁大學支援。

（二）台北聖多瑪斯修院，組成神學院，修士在輔大附設神學院聽課。

理由：

1. 修生之哲學神學，可以加強。

2. 南北兩修院之修生人數可以平衡。

3. 現在碧岳之修生不來台北，繼續在碧岳上學，明年神學新生來台北聖多瑪斯修院，第一年級新哲學生在碧岳按新學制上學。

4. 輔大明年開設宗教學研究所碩士班，教育部堅持須按大學章程，輔大將盡全力爭取「按同等學歷」，然最大希望以在輔大附設神學院之畢業生，否則基督教神學院，佛教研究中心，俱將要求以同等學歷爲其畢業生爭取入學，教育部將難准，碧岳畢業修生若不能考輔大宗教學碩士班，將引起畢業生與全體神父不滿。

提案人　羅光

四、臨時動議：

爲輔仁大學中國神父宿舍事，主教團決議。

輔仁大學中國神父宿舍章程

(一) 輔仁大學中國神父宿舍（以下簡稱本宿舍）供在輔仁大學供職之教區聖職員住宿。

(二) 本宿舍設主任一人，經管宿舍事務。主任由輔仁大學校長得主教團同意後任命之，任期三年，可連任。

(三)本宿舍之神父，每月須交生活費，款項由主任規定之。
(四)本宿舍之神父宜有公共祈禱之時間，祈禱之時間與方式由主任規定之。
(五)本宿舍之神父，出外兩日不能回者，事先須通知主任。
(六)此章程由中國主教團規定，修改亦如之。

提案人　羅光

致陶鑄委員函

陶召集人委員勛鑒：

報載立法院外交委員會函外交部促召回周書楷大使於月之二十四日到貴委員會報告，弟曾在駐教廷大使館任顧問十八年，頗知教廷外交習慣，聖誕節為教廷大節日，廿四日午夜，教宗舉行彌撒，外交團應參加典禮且新年元旦前後，外交團須晉見教宗賀年，周大使不能缺席否則招人疑慮，以為我國已無駐教廷大使。再者若立法院討論中梵邦交，有人對教廷態度予以批評將徒增我方之困難，中梵邦交之維持，希望已甚脆弱，此次辛樞機訪問大陸對中梵邦交尚未造成新形勢，故我方必須謹慎光對中梵邦交素極關心，亦盡心力冀有一分貢獻，故特向

貴委員會進言祈勿以妄語視之也，專此　敬祝

政安

愚羅光謹上

民國七十六年十二月十五日

上李登輝總統書

總統鈞鑒：

蔣故總統經國先生遽而崩逝全國震驚，幸按憲法繼任有賢領導群倫。鈞座學者胸襟儒家情懷身正家齊實足以治國平天下，且篤信基督爲民服務有牧者之風必能繼承蔣中正與經國兩位總統之遺志統一中國，惟台灣社會道德淪落民無法紀目中祇有金錢心中祇求享受，故須重建家庭倫理恢復社會道德切望。鈞座鼓勵有心人士研究儒家學說現代化之途，再加以基督負責犧牲之精神，合力振興民族道德，庶幾經濟之發展得倫理道德之支持，國運興隆人民幸福。鈞座之德澤將福祐世世子孫　謹此

敬賀虔祈　上主賜祐　敬頌

鈞安

愚羅光敬上

民國七十七年元月十八日

致鄧以明總主教函

鄧總主教道鑒：

謹接由單主教轉贈之尊著《天意莫測》，即抽暇一口氣讀完，心中愧感交集。總主教以為主犧牲之心，接受任命，二十三年，苦坐牢獄，嘗盡鎖鍊，以痛苦為祭獻與主基督曾同祭，為中國教會求福，光受命為主教，在自由地區受社會人士之重視，然無痛苦之祭獻又無傳道之碩果，深以為愧。雖望全能上主，憐祝中國大陸無數主教神父教友之汗血，灑遍各地，恩賜中國教會早日自由福音遍傳，歌頌主名。總主教二十三年之囚禁生活，必將生花結果，將來在天國與基督享受勝利之光輝也。遙祝

平安　福傳大會時謹候駕臨順頌

道安

弟羅光謹叩

民國七十七年正月廿七日

致李煥祕書長函

錫俊秘事長勛鑒：

謹啓者，光曾拜請中央社工會主任代呈，擬祈以三代同居，（非不分家之同堂，亦非必居一家，可同居一公寓）作十三大會之社會部之提案，提倡父母與結婚之兒子或出嫁之女兒同居，使幼有人教，老有人養，既能阻止少年犯罪率之增高，亦足培養傳統之孝道，是否有當。尚祈

鈞裁　謹頌

政安

愚羅光謹啓

民國七十七年四月十七日

致基督論壇社社長函

鴻基社長偉鑒：

貴刊基督論壇於本年四月十日副刊登載「不可包容異端」長文，責罵天主教爲異端，讀後頗有所感，孔子曰：「攻乎異端斯害也已」，何況基督在最後晚餐諄諄訓誨弟子云：「余予爾等新誡命爾等應彼此相愛」，且云：「爾等應彼此相愛，使不信者得佑爾等爲余之弟子」。天主教與基督教互相攻訐，已屬歷史之事，余等現須以兄弟之情相見，使人相信余等爲基督信徒也。順祝

撰安

羅光頓首

民國七十七年四月十七日

致賈彥文總主教書

彥文賢弟總主教道鑒：

昨接來函得知健康轉好，甚以爲喜，希望在法能繼續增進，精神舒暢，台北教區行政工作，可全託予狄總主教，將來可全心培養神父與修女之神修生活，在此一面，我本人亦希望能盡一分之力，明年身體若好，甚願爲台北神父講一次年避靜。近年因常生病，爲體驗病痛爲天父之恩，以磨鍊精神，亦以作施行救恩之代價，洪修女今日回台，因聖家會一修女在高雄去世，法國修會曾邀請我去休息，明年後年將往一住。

蔣慰堂院長昨來天母，談以中央黨部文工會之補助開辦益世日報，我答以現在絕對不可，否則大家必罵天主教爲國民黨走狗，我們先設法辦益世週刊或月刊，如能辦好，已足應目前之需要。

李震神父屢次辭教務長職，因二十年擔任行政工作，以後想專門學術研究，我尙未決定繼任人選。

忙中草此，互相彼此代禱　祝

主賜多福

愚羅光頓首叩

民國七十七年五月十一日

致石永貴發行人函

永貴社長惠鑒：

台端任職台視時，極力提倡家庭倫理，中山學術基金會特頒獎作賀，光身為此基金理事亦心感榮幸，茲有一小建議：今後談兩岸統一者，必日益加盛，雖統一須在三民主義之思想中，實則乃在中華文化中，且台灣社會今後必須提高文化生活，故國人對文化，尤其對傳統文化應有良好之認識。故謹建議在貴報闢一「文化版」，每週兩次或三次刊登講述研究，討論文化之篇什，文化之範圍甚廣，傳統思想、家庭社會、生活儀典、家庭的陳設、藝術、西洋文化、文化統一等等問題，所刊文章雖不宜為專門學術文，然其內容須充實，品質高，貴報之長河太雜且俗，文化版之編輯，宜有專長之人，且主動邀請學者投稿，目前青年頗重視此類知識，貴報為執政黨之口舌，宜在文化工作上指導社會群眾也。忙草不宣

順祝

撰安

愚羅光謹叩

民國七十七年八月十五日

致王飛次長函

飛兄次長勛鑒：

謹啓者玆有兩事相煩，書楷大使參加黨全大會，曾來天母相會，明告彼受李總統之託邀請教宗訪問台灣，勉請波蘭友人相助，玆適逢在教廷外交界服務之葉勝男蒙席來台，葉蒙席現任教廷駐伊拉克大使館參事，其大使爲波蘭籍總主教，光與葉蒙席商量擬定在慶賀教宗若望保祿二世就職十年，輔仁大學邀請波蘭Knakow，即教宗本鄉之總主教樞機亦即教宗之繼任總主教來輔大訪問，由輔大贈以名譽法學博士，邀請函明日由葉蒙席帶往伊拉克，交與其大使請代轉達，其大使於本月二十八日赴羅馬將代寄，光之邀請函，如能獲波國樞機之接受則爲外交部承擔一切旅費及招待費，并祈以此轉告周大使屆時爲其簽證。

再者負責輔大家政食品織品三種學系工作之聖神會修女，在新竹亦設有曙光女中、小學，現需要修女參加工作，其總會派兩波蘭修女來台服務，申請簽證，玆另送申請表，祈外部允其申請，電駐教廷使館簽發入境証，外交部允再發居留証。費神之處，尚祈原諒。

順祝

政安

愚羅光頓首叩

民國七十七年八月二十三日

致于衡教授書

衡兄教授惠鑒：

開學在即又將忙碌，暑假中曾作文數篇論及文化與教育（文篇）寄與中央日報發表，然有一文論及私立學校不便寄與此報故特寄與兄台祈轉交聯合日報，促其刊登以取得社會之注意，此文不談理論，祇談事實，尚屬公允，光因身任私立教育事業協會名譽理事長，本年私立高中缺新生因公立高中增班，近又因台北市教育局招考老師挖走私立學校老師，私立學校校長多人，促寫一文向社會呼籲，故作此文。文雖通俗，尚不失傳統，切望能在聯合報登出，乞兄台促成，否則祇有直函王惕吾董事長矣。謹先致謝　順頌

教祺

愚羅光謹叩

民國七十七年九月四日

致外交部歐洲司邱司長函

司長勛鑒：

謹啓者奉連部長與李秘書長之囑咐，提前赴羅馬一行，然實無大信心，可以促成吾人之所望；然仍將盡心力而爲，光擬於十二月九日輔大校慶之次日赴羅馬，攜一秘書，因賤體尚時氣喘，須人照顧。在羅馬之時日僅一旬，爲拜訪教廷國務院首長，須先期約定，另外爲晉見教宗，尤須多方與宮長接洽，故請鈞部轉告周大使，即代爲約定時日，約定之時日，在十二月十一日至十八日，爲晉見教宗，須向宮長說明羅總主教代表中國主教團有要事面向教宗陳述，主教團已有書，上稟教宗，國務院約見者，爲Cansidy 副國務卿，Sodano公共事務部秘書長（政務副國務卿）Colasono經管波蘭及東歐外交特使，傳信部長Toinko樞機，其他要員，俟光到後再約，再者，因光身體本弱，故請使館代租一車（羅馬計程車難找）供一星期之用。主教團上教宗書，已由單主教請鈞部代寄羅馬朱勵德神父。光又有上教宗書及覆波蘭樞機書（彼答應來台訪問，時間將在明年五月）亦請鈞部以外交部郵件寄大使館轉朱神父送與教宗私人秘書，以避免國務院之麻煩也，諸承費神，謹謝

順頌

勛安

羅光謹叩

民國七十七年十一月十六日

致林豐正縣長書

豐正縣長勛鑒：

謹啓者據八里安老院院長報告，作爲建造觀光區及遊樂區住宅，以貴縣政府名義，徵收或收購該安老院土地，甚至院舍，聞之不勝憤慨，八里安老院爲天主教重要社會事業，對老人福利貢獻甚豐每年申請入院之老人，絡繹不絕，修女等祇恨院小不能多予收納，及今以住宅之建築竟欲毀棄此有福利價值之事業，營利商人，祇圖金錢，罔顧人道，謹乞縣長予以阻止，令其勿再擾亂以愛心服侍老人之修女，將不勝感激，專此，順頌

政祺

羅光謹叩

民國七十七年十二月七日

致許水德部長書

水德部長勛鑒：

謹啓者八里鄉安老院為天主教之重要社會事業，院中修女愛心服務，深受社會人士所重視，近有人以台北縣政府名義，為計劃建築遊樂區住宅，聽見安老院院長告以須徵收該院土地或收購該房舍，光聞之不勝憤慨，社會正缺乏老人福利服務，謀利商人，祇斂金錢，罔顧人道，竟欲將台北僅有最適宜之老人安居所而毀之，實違背情理，謹祈予以阻止，不勝感激

專此順頌

政安

羅光謹叩

民國七十七年十二月七日

致鄧以明總主教函

以明總主教道鑒：

　　謹啓者去年輔仁大學慶祝創校六十週年，標明當年創校之目的與精神，在爲中國教會服務，特推選維持正義抗衡教會自由之烈士贈送名譽法學博士，以彰景仰舉爲表率四月中已贈波蘭馬佳基樞機此一榮銜，但學校已決定以此項榮銜贈送我國教會之忠貞主教，表彰其愛主衛道之義勇，故恭請

　　總主教駕臨輔大接受輔大之名譽法學博士，此非總主教之榮，實爲我中華教會及輔大之榮也，尚祈勿卻是幸，輔大校慶將於十二月八日舉行，然　總主教如願提前來台輔大可隨時舉行贈送學位典禮也，一切往來機票及在台之宿膳費用輔大將一切承擔，望勿費心專此　教頌德安

弟羅光謹叩

民國七十八年六月二日

致龔品梅主教函

品公主教道鑒：

欣聞赴聖京晉見教宗備受聖父盛情接待、又赴靈山露德朝聖，蒙聖母賜福半生苦獄略見安慰，甚以為喜，但盼旅運勞頓勿傷身體健康為頌為禱，茲謹啓者輔仁大學今年慶祝創校六十週年，標明當年創校之目的與精神在為中國教會服務，特推選維持正義抗衡教會自由之烈士贈送名譽法學博士，以彰景仰舉為表率，四月中已贈波蘭馬佳基樞機此一榮銜，但學校早已決定以此項榮銜贈送我國教會之忠貞主教，表彰其愛主衛道之義勇故恭請吾

公枉駕來台，接受輔大之名譽法學博士，此非吾公之榮乃吾中華教會及輔仁大學之榮也，輔大校慶將在本年十二月八日舉行然吾

公如願提前來台早期行贈銜典禮亦無不便，祗祈勿卻輔大之一片真情耳，往來旅費及在台住宿費用輔大一切承擔請勿費心。專此　敬祝

德安

弟羅光謹叩上

民國七十八年元月二日

致龔品梅主教函

梅公主教道鑒：

迭奉手教及電報，共同聲明一事已作罷，光在報章作一短文，題爲「向大陸教會呼籲」，發表於教友生活及益世評論。台灣主教團上月常年會議，討論大陸教會問題在報章亦發表一聲明表示關懷，各方俱希望大陸教會息止爭執，光提出地下忠貞教會與愛國會取得教宗認可之主教間應有默契不相攻擊，共同合力對抗左傾之愛國教會份子，推翻彼等在愛國教會所把持之地位，且警告彼等勿唆使中共逮捕主教神父，光深知此僅一觀念耳，實際可行否，困難當多，羅馬與台港之教會人士，對大陸忠貞教會打擊愛國教會之行動，減低同情與重視，因不分明打擊之對象，台灣主教團發表聲明，勸告和平相處。光甚願前來美國參加公之晉鐸晉牧六十、四十週年大慶，共商對策，然惜賤體氣喘病不適遠行，不能如願爲表示祝賀衷忱，將請我國駐紐約代表吳祖禹大使代表光前來致賀，同日亦將特爲獻祭祈主賜福

專此謹頌

德安

僕羅光謹啓

民國七十九年五月九日

致鄧以明總主教函

鄧總主教道鑒：捧讀回示深悉將蒞台接受輔大贈授之名譽學位，此事不僅對
公表示敬佩之情，亦將間接鼓勵大陸忠貞教會繼續忠貞之志，典禮日請
公於接受名譽學位後向大會致五分鐘之簡詞，詞稿請先期寄下以便先付印分送大會傳
誦。

謹此專頌
德安

牧弟羅光謹上
民國七十八年八月三十一日

致龔品梅主教之姪龔伯鐸先生書

龔先生惠鑒：

接獲致鄭總主教函副本，謹致謝意，前在報端見蔣鐸之文，心甚不悅，亦甚憤慨，身為中國神父，留美主持華僑牧務，乃不明祖國教會實情又不尊重忠貞聖職員之苦心，且對龔公品梅主教亦乏誠意，此實可悲可嘆，惟望善導報今後不再刊登彼之文稿。

茲有懇者光曾函品梅主教，謹邀來台接受輔仁大學於六十週年校慶日，贈授名譽法學博士，以表揚品梅主教忠貞精神，品梅主教近托聶增榮先生轉告，因赴歐回美，體乏腿腫，不便來台，光甚體念品梅主教之苦衷，更不敢以長途旅行傷其健康，惟念贈授名譽學位一事，非僅為表揚龔公品梅主教之美德，亦為鼓勵大陸忠貞教會人士，繼續先人之志，更為在國際上表明台灣教會之態度，故如品梅主教健康能允其來台一行，必為極佳之舉，如實不能成行，則祈派一代表前來，接受學位，且祈品梅主教早日寄下一篇詞，向大會之致詞以便先期付印，於典禮日（十二月八日）分發大會人士，謹請代向龔公品梅主教陳明一切，並致覆音。

專此順祝

主祐

牧弟羅光謹叩

民國七十八年八月三十一日

致姚宗鑑副主教書

宗鑑副主教主任委員暨教區經濟委員會全體委員公鑒：

今爲陰曆九月九日，重陽敬老節，光念及在法國休息，於近期將回國之前台北總主教賈彥文總主教，本年退休後數月不能安居，現雖有住房兩間，仍狹窄不克容書籍，教區經濟委員會有責爲退休總主教建造一適宜之住屋，供其養病養老之所，亦不宜待賈總主教自己發言，因其性既溫和，且亦不便爲自己求安居，經濟委員會應自動盡責，表示敬老，光曾爲台北退休之主教，設置兩所住房，今則一所給予修女，一所被教區出賣矣，光雖亦爲台北總教區之前總主教，然得天父恩祐，早有定居，念及賈總主教乃在重陽敬老節，向經委會致書，表達心聲，尙望能得

主委及各位委員之重視，賈總主教得安享其尙年輕之餘年，耑此順祝

主祐

前台北總主教　羅光謹叩

民國七十八年十月九日

致梅可望校長書

可望吾兄校長惠鑒：

接獲十九號請帖，本應前來赴宴共商私校法問題，惟因賤體不適外出宴會，故有負盛意尚乞見諒。

對私校法弟略有淺見，茲潦草陳述，祈在討論時，代爲轉達

一、私校應享有略大之彈性法規，學雜費由學校自定，政府只訂定最高限度，系所之增設或併合由學校自行決定，學院之設立則先取得教育部同意。

二、教授職員之保險費，在全民保險以前，應按公務員保險規定，由本人及政府負擔，學校不分擔保險費，退休金宜在學費中徵收。

三、私校之津貼，宜由教育部以明文規定項目及方式，不宜每年變更，更不宜每年由私校爭取。

四、研究所應有政府津貼，以加強研究成果。

五、董事會不能干涉校政，更不能以校長形成董事長之秘書（除創立人以外，不應以學

校作為家族私業)此點宜堅持,年來專校之問題,常由董事會滋生。

順祝

教安

弟羅光頓首叩

民國七十八年十一月十五日晚

致吳相湘教授函

湘相吾兄教授惠鑒：

拜讀來書欣悉專心著作中國近代史要，實爲應世之作，光常念及中共致力寫作中國現代史以建立其統治之權威，歪曲史實，其書流行既廣既久，大家相信以爲真史，將來予以更正將費力而不見效，兄若能早日成書，爲民族歷史作證，功在國家，中共現亦費力預備寫中國天主教史，光已見到其出版之中國教難史，以教難之罪名加於天主教，弟現與法國魯汶大學之南懷仁學社合作收集中國教會史料，培植一兩有志青年，預備撰寫中國天主教史之工作，本年爲輔大創校六十週年，一年內常有紀念性之學術集會，十二月二十二日全部結束，影印之民元天主教史論集已再另航寄一冊希能投寄不誤，光亦眼生白內障，將往榮總行手術，否則閱讀與寫作諸多不便，近日仍繼續研究中國哲學又教又寫，《中國哲學的精神》一書明年正月（下月）將可完稿，下一冊將爲中西修爲學比較研究，乘天主賜予之年，善自用之以利後進，忙中草此　謹祝

新年福樂

弟羅光頓首叩

民國七十八年十二月二十八日

致吳寧遠神父書

寧遠神父：

久不預聞教區事務，對於你生活的經歷，我不清楚，但是我很關心青年神父的前途，也關心輔大的教學工作，因此我想約你到輔大或到天母牧廬吃個便飯，談一談，你先和我在輔大的秘書室通電話，約定時間，我想我們可以愉快地交談，因爲老年人事事看得開。祝

天主保祐

羅光叩

民國七十九年二月二十二日

致呂長椿神父書

長椿神父：

關於你的一切，我都迷迷糊糊，不知道清楚。但是我相信你現在的生活環境，不是你所想望的，也不是你當初的計劃。所以我想問你，怎樣可以幫你改變環境，使你能達到你理想的生活，我想要你回來台灣，到輔大服務，攻讀輔大哲學博士班，你不要在心，把困難老實告訴我，我等你的信。

祝

主祐

羅光叩

民國七十九年二月二十二日

致湯一介教授書

一介教授惠鑒：

承送《明代道教史》一書甚為感激，將細心研究。因光素喜中國宗教史尊作之《魏晉南北佛教史》常在案頭。去年十二月六日之大札言及協助《中國哲學史研究》刊物事，經與校方同仁研究協助方法以訂購此刊物三百份為較妥，因捐助不能長久執行，如輔大出版《哲學與文化》之月刊社，每月對《中國哲學史研究》社三百份訂費，收到刊物後，分送哲學與文化之訂戶，如可辦，請來信通知，以便照辦，光現寫完《中國哲學的精神》一書，將交學生書局出版，今夏可以問世將寄送一冊，現又動筆修訂拙著《生命哲學》此係第二次修訂，望能成為定本，將來尚請指教。耑此謹覆。

順頌

時綏

愚羅光頓首

民國七十九年二月二十六日

致孫尙揚君書

尙揚先生：

接來信，知道你研究利瑪竇作爲博士論文，很欣賞你的研究精神。對於利瑪竇應該說好，在你所處的環境裡，談一談天主教外國傳教士好像不大容易！我雖曾研究過利氏的生平事蹟，但因三十年來專心研究中國哲學，對於利氏已經覺得生疏。所要我寄的《利瑪竇全書》四冊，已付郵寄來。然全書所收著作只有兩種：即利氏所著傳教史和書信，由義大利文譯成中文。利氏其他中文著作，已收入《天學物函》的和印成專書的《天主實義》則沒有收入，原先我計劃將利氏的中文著作，全部收入，以符《全書》之名，將來或將照辦，所譯的書，輔仁大學出版社可以印行，但須將原文和譯稿一併寄來。順祝

春安

羅光手叩

民國七十九年三月八日

致外甥女羅柏福書

柏福：

文件茲掛號寄來，因法院須印鑑證明，我遍找印鑑，找了幾天才找到，耽誤了時間。親戚屬證明祇能這樣寫，絕不能要法院作假見證，也不能使人誤信堂堂一位總主教怎麼有女兒和孫子，你真不懂理？主教爲你少花一點錢可以作假證明？

我獻身於教育，是出家人，我作教育的事，不管家中的事，所以我不會回鄉探親。匯錢給家中人，是在非常環境裡的作爲，此次所匯款項也是最後一次。年歲大了，不知道什麼時候，天主要叫去世，先就料理財產。我若窮，教會養我；我有錢，錢歸教會。家中人不要想有權利向我要錢。書芝要錢，憐她家境苦，故寄兩仟元，爲培養共產黨員，我絕不花錢。祝天主保祐

大伯舅光字

民國七十九年三月十七日

致楊恩生講師書

恩生教授台鑒：

蒙贈畫冊及畫展資料，深慶年輕畫家能有如此輝煌之成就，更慶能有著實而有前瞻之計劃，尤慶得有一公司之大力支持，來日之成果非僅一人之藝術作品，而乃國家社會保育事業之成績也。輔大能有天才而又努力之教授，誠輔大之榮，甚望能回輔大任專任，并得教育部升格，將來輔大應美系必將借重以發展系務。光素喜美術。見教授畫冊印刷之優美，鮮爲藝界之罕見，以此冊向教育部申請升等，必可如願，稀有鳥類之保育，爲人類對上帝該有之補償，濫殺生物，破壞生態環境，罪延全球，人物均受傷害，好心人呼籲保育，可獲上帝福祐。忙中草此　順祝

藝祺

羅光謹覆

民國七十九年五月三十日

致許水德部長書

水德部長勛鑒：

昨日邂逅相遇承告作文談宗教協助社會治安事已呈報　李總統，不勝感激，亦望光文中所說均能見諸實行，使社會治安能有增進。前有懇者新竹市高峰路有一所天主教修女院早已改爲精神生活中心，以提昇社會倫理及公民生活品質，在此舉辦講習會生活反省週精神生活實習週等活動。光亦曾數次前往參與，中心設備雖粗薄然尙可適用，近因新竹市都市計劃建一路一水溝貫通中心，院地被徵收一事，中心全部被毀，然此中心旁之佛教山地則分毫不動，光因此常說中央政府希宗教盡力協助地方政府，對於天主教卻常不置於眼中，而天主教所做社會事業如學校、醫院、老人院、幼兒院、年費億萬，地方政府不予重視，祇看重佛教寺院每年以所收信徒捐獻之千分之幾贈與政府故祈

部長於函告各宗教團體請協助社會治安以後，亦函告地方政府著稍關心教會之社會事業，不予破毀則幸甚，實若說著地方政府資助天主教之社會事業，實不敢奢望。忙中草此謹

請

裁奪　順頌

政安

羅光謹啓

民國七十九年六月一日

致劉紹唐先生書

紹唐吾兄惠鑒：

每期傳記文學收到後，必抽時間閱讀，以滿足歷史天性，兼以增加歷史知識，故他種雜誌只看題目，傳記文學則讀文章。唯近日閱啓事一則，收集名人之三妻四妾之資料，弟有懼於心，君子成人之美不成人之惡，活人有隱私權死者亦有隱私權，孝道事死如事生，孝子對亡親之私事，必存戒心，傳統講厚道，講積陰德，近且聞一無直接關係之人對光云讀到傳記文學講　中正總統四妻之事，心中恨極了，將來講名人之妻妾事，其後人必心中恨極，何若招人恨，缺陰德，目前社會已極刻薄，吾人不宜助長此風，尚祈不見怪也。

順祝

撰安

弟羅光頓首叩

民國七十九年六月十四日

致連戰主席書

連主席勛鑒：

謹啓者新竹市高峰路有天主教修女院一所，爲一靈修生活實習中心常舉行實習班，光亦曾參加爲提昇青年精神生活頗有成效，近因新竹市都市計劃擬修兩條道路貫穿修院使修院地四分五裂，且修院房舍已舊早需改建，如此將來改建亦無擴建之地，故祈指示建設局關照新竹市府，重新研究計劃，使修院受害愈小愈佳，敝教人士亦將永懷德政。

專此　謹頌

政安

羅光謹啓

民國七十九年六月二十一日

致台北市代市長黃大洲書

大洲代市長勛鑒：

謹啓者敝天主教會台北市大直道明國際小學所有校地一份，前被市府教育局徵收作爲市立小學用地，經交涉後，市府允暫不徵收，現又以公共設施名義，擬予奪取使學校行政不安校務多受影響——光以此校爲外僑學校以英語教學乃教會之重要教育事業，久受外僑之重視，懇請指示教育局勿以公吃私，勿欺侮天主教會，對佛教廟宇則從不敢動，道明小學之負責人已向都市計劃委員會提出反對意見，光謹請

市長予以指示爲禱，專此謹頌

政安

羅光謹啓

民國七十九年七月三十日

致小德蘭姊妹會會長書

安妮會長修女：

輔仁大學設有中國天主教文物館（台灣天主教名冊六十頁），收藏中國天主教文物展覽並保存。藏有此等文物者，不願或不能送予此館則可寄存館中，由館方代爲保存，隨時可以收回，余曾在三峽見到貴會所藏于右任所書之八端真福長幅卷軸，敢請寄存輔大中國天主教文物館中展出，以供大眾觀瞻。輔大將以書面保證，妥爲保存並隨時答應要求送還。專此，

順祝

主祐

羅光頓首

民國七十九年八月十五日

致教育部次長趙金祁書

金祁次長惠鑒：

謹啓者昨接鈞部來文對頒贈教廷前經濟委員會主委高理耀樞機主教名譽博士事有所訓示，光已囑秘書處照章辦理並作覆文，然光對此次來文深有所感，輔大歷年所頒名譽學位除極少數爲本校關係外，均由外交部示意爲維持中梵外交關係邀請教廷或與教廷有關之重要人士來台訪問贈以名譽學位，高理耀樞機曾任駐華大使又曾任副國務卿，當我政府更換陳之邁大使，提以周書楷接任大使時，正值彼任副國務卿，乃能順利通過。晉升樞機後任教廷經濟委員會主委，今年春始退休，光曾多次邀請來台訪問俱未獲國務院同意，此次因教宗任其爲參加日皇加冕特使，故能接受邀請順道在台停留一週接受贈送名譽博士，歷年輔大爲頒贈名譽榮譽學位事，呈文報部從未有刁難，今乃以條文規定咬文嚼字大做官僚文章。輔大祇設有哲學博士研究所，常以此系博士銜頒贈，輔大爲三單位聯合辦理之大學，凡事由三單位在校代表組成之參議會審議頒贈學位事，必然經此會同意，故請指示辦案人員協助輔大爲國盡勞。

謹以奉聞敬祝

政安

末羅光謹啓

民國七十九年十月廿四日

致張照營先生書

照營吾兄惠鑒：

久未通訊，時深神馳，每期學校有事須人策劃，執行時，常念如有兄台在此則幸甚矣。本期已開始醫學院，然為建築院舍，雖分三期進行，第一期即需款一億三仟萬元，此款由何處可得尙無頭緒。大傳系三組改系申請，兩度未獲教育部通過，明年將申請宗教學院，舊事重提，教育部必仍多困難。本學年大學聯招由輔大主辦，十一月中旬，即開始作業，上次主辦聯招，兄台指揮一切，順利完成，此次主辦，壓力甚大。光本定於十月十二日召開之董事會，提議明年退休，然主教團主席單主教堅請勿提此議，現由教廷傳信部物色繼任人選，因繼任人應爲一位主教，現有主教中有資格者俱不願來任校長，故明年是否可以退休，尙不能定。光身體頗好，當能工作，惟對校務頗感疲倦；且不願旁人認爲老而戀棧，不願讓賢，學校行政大樓之三處主管及秘書長，亦擬向董事會，當光提議退休時，建議挽留兩年，現一切俱聽天主安排。學校第一級主管及博士班學生多已提慶祝八十壽。光已堅辭，惟請學校出版光之《畫馬集》與《我們的天父》一書，以作紀念，《畫馬集》已出版，印刷精美，《我們的天父》下月中可印完，將一併郵寄，十二月底，博士班畢業生，以學校名義召開《生命哲學》學術會議，以表慶祝，一片好心，不便拒絕，兄台健康如何？有來台之機會否，甚願一見，專此。祝

天主保祐

弟羅光頓首

民國七十九年十月廿九日

致黃昆輝政委書

昆輝政委勛鑒：

謹啓者去歲十二月十九日，教育部毛部長召集私立大學校院長座談會，提出教育部獎助私立大學校院中程計劃，經過熱列討論後，全體贊成一致支持，並望行政院能予批准，頃聞行政院研究此問題之小組由

委座主持，敢乞以愛護教育之熱忱支持此案，使於今後之全國教育事業公私立大學校院並行發展，培育參加國家建設人才之私立學校能得資助，避免公立學校獨耗國庫私立大專校院告貸無門，且勿使進入私立大專校院之學生既多交學費又受較低等之科學教育憤怨不平。事關國家大計影響數十萬青年，務祈鼎力協助以迄於成。臨諸神馳　謹祝

勛安

僕羅光謹啓

民國八十年元月十一日

致尤清縣長書

尤縣長勛鑒：

謹啓者爲八里鄉安老院土地事再瀆清聽，祈予以合理解決：

一、依據土地重劃法規，在重劃前已有合法建築物之土地，其建築物不妨礙都市計劃及土地分配者，按原有位置分配之，民國七十七年十二月三十一日來函，因此八里鄉安老院現址土地分配並未有影響，又七十八年一月二十三日台北縣政府致省政府地政所公函，規定天主教安老院重劃後將保留原位置，不予拆遷。

貴府地政局竟於民國八十年二月十二日以最速件公函，促安老院同意重劃，以抽籤方式分配位置，前後行文內容矛盾，安老院決不同意重劃變更位置，尚乞見諒。

二、爲建造水溝，計劃通過安老院土地，須拆除圍牆，光曾函呈安老院之困，雖蒙於民國八十年二月初函復，根據羅光先生八十年一月五日陳情書辦理，即不通過安老院土地，不拆除圍牆。

但今日安老院院長來校報告，貴府昨日派人到該院指示該院董事會寫承諾書，且執筆作一書稿，促該院抄寫簽章後，於今日送到貴府，承諾書草稿云：請貴府惠予同意暫免拆除圍牆（截角部份願先配合拆除）請沿著圍牆設作水溝待嗣後，本院給水排水系統改善時，本院同意依照道路寬度，自動退縮改建，恐口無憑特立此書爲據。

草書此稿之人乃貴府所派人員，單言此稿明明欺負修女不懂法律自動放棄權利，受人欺負。

1.建造水溝，計劃通過安老院土地，先期並未通知，貴府亦未通知徵收。

2.建造水溝已到安老院圍牆，乃要求安老院拆除圍牆，此乃強迫手續非民主作法。

3.拆除圍牆與否，如安老院行使土地所有權之行爲，由安老院決定是否同意，而非要求貴府惠予同意不拆。

4.在土地所有權之賠償，拆除及重建圍牆費未有協定前，安老院決不自動退縮改建。

縣長先生安老院之修女多係外國人獻身爲中國老人服務，捐錢獻院。此次法國總統聽聞土地將受害將派專員由法國來院處理此案。光望

縣座俯聽在院老人之心聲並顧及國家之聲譽令公路局改變水溝計劃以顯我政府之體恤民艱也

忙中草此企望復音

順祝

政安

老愚羅光謹啓

民國八十年三月六日

致連戰主席書

主席勛鑒：

謹啓者台北縣八里鄉安老院建院已二十餘年，現收容老人一百二十名，細心照顧，使其安享餘年，北縣爲重劃土地，曾欲其遷建，七十七年底，光曾函林豐正縣長得其覆信，云依法不遷，留住原地，雖尤縣長又重談以抽籤方式決定土地位置，光謂無法同意，去年公路局建造公路，建造水溝，通過院地，須拆圍牆，事前既未徵求同意，縣府亦未通知徵收，近日乃派員促養老院院方同意，自動拆除，光今發函與尤縣長，謹呈副本，然文長不必煩清聽，祈轉住宅及都市發展局囑照顧老人利益，更改水溝計劃，無任感激。謹頌

政安

老愚羅光謹叩

民國八十年三月六日

致華幼寧會長書

幼寧會長暨諸位校友台鑒：

接讀來書，深知北加州校友將於三月十六日舉行全體大會，蒙邀出席，不勝感激。輔仁大學校友三萬餘人，分佈全球，從事文化與商務工作，各有建樹，爲母校爭光。輔大本身，歷年亦力求發展，現已有四十學系，二十餘碩士班，三所博士班，日夜間部學生約一萬六千餘人，醫學院已開始興建院舍，新式全校圖書館亦在興建計劃中，新體育場則已竣工，知承校友關注故將舉以奉告大會期近，光以身體常患氣喘，不堪遠行，近年久未出國，尚祈見諒不克親臨與會，然盼一稟故衷，愛護母校，時予支持。是所至禱　謹頌

旅安

愚羅光謹叩

民國八十年三月十一日

賀輔仁大學夜間部成立二十五週年

羅光

輔大夜間部學生的人數，佔全校學生人數三分之一，共有五千多人，在全校的教育工作上具有自己的重要地位。我自任校長以來，在校務各方面力求使夜間部和日間部相同，兩部的學生，同樣是輔大的學生，而輔大夜間部的學生，不僅表現思想成熟，求學也更努力，畢業後，投考各校研究所，名列前茅，在事業上，多有成就。

對於夜間部的教育，我不視爲補習教育，也不視爲推廣教育，而是大學教育的第二部，爲日間應當工作的學生所設立，我是主張開放學校的建立，大學校院增多，參加大學聯招的學生三分之二可以入學，夜間部就可以不是大學日間部聯招落榜者的救星，而是爲日間有業務的青年或成年人的大學生，所以我看輔大的夜間部絕對不認爲在日間部以下，我要費的心力也不在爲日間部以下。

幸而輔大夜間部二十五年來，三位主任：林棟委員，薛保綸神父，呂漁亭神父，先後殫精費力，認真規劃，又承所有教授各展所長，夜間部得有今天的成績，實乃可喜可賀。

致單國璽主教書

國璽主教道鑒：

承函告將於下月初赴羅馬參加全球主教團主席會議，商討教廷財經問題。前數年教廷進行教廷中樞部會組織法修改時，曾函詢主教團意見，光曾代表主教團向教廷建議緊縮部會機關，將為無信仰者交談，為非基督徒交談，為天主教文化，三委員會，併合為一委員會，稱為天主文化委員會，下分三組，分理現有三委員會之工作，又將關於社會工作各委員會，祗設一社會委員會，將現有為家庭、為婚姻、為正義和平、為一心、為觀光移民、為醫院各委員會俱歸併在社會委員會分組工作。光提此建議時，其他主教團亦有提此建議者，教廷且曾經研究此項建議，然因不願開罪現任各委員會主委樞機，撤消其職務乃存而不論。增加各國主教團或教友向教廷之捐款，各國神父與教友非常敏感，須慎加考慮，教廷亦須表示願意節流，裁撤不必要之機關。主教此次赴會，能否向大會有所建議？望能以光前次之建議，加在高見之中，或更能尋求亞洲各國主教團共同建議，以強取信之力乎。臨楮神馳順祝

復活節禧

愚羅光謹叩

民國八十年三月十七日

致蘇雪林教授書

雪林教授惠鑒：

承贈大作虛度九四既喜且感。喜者，教授的高壽之年仍能創作且憶及往事，證據鑿鑿，記性與記憶不減壯年。感者，教授親書題贈光則久疏問候，又數年未往台南不克登門慰問，今捧書靜讀，教授之四十餘年往事歷歷在目，自幼有定志一生有原則，在文壇守士氣，在學術創新見豈僅文筆生花而已哉，九十高齡留一自傳，中國文化界之盛事也。猶憶教授在香港真理學會服務時，光之初期幾本書當承對校指正，心尚有感激之情一併作謝。求主賜福。

謹祝

健康快樂

愚羅光謹啓

民國八十年五月十三日

致常裕民先生函

裕民先生道鑒：

前承來校過訪，惜因事未克面聚，又承來函索序，以竟修譜之功，光因不習譜學，不敢執筆，近索尋古今圖書集成之族譜典，又閱蘇洵之蘇氏族譜等文，稍對譜學有所知，乃簡書數行以作序文。

先生苦心孤詣，纂修族譜，乃一孝德，光亦念及故鄉羅氏族譜，意必散佚，近將函詢鄉中子弟，以明實況。若云續修，光已年邁，實無能爲力矣。故心羨　先生之偉業也，順祝

夏安

鄉弟羅光謹覆

賀龔品梅主教晉升樞機函

梅公樞機鈞座：

靜待十二春終獲宣佈殊榮全球人心同快，光曾怪聖座過於謹慎對大陸忠貞主教缺乏支持故特贈公與鄧總牧榮譽博士，現教宗聖父能將十二年之秘密宣佈，使全球人明瞭宗座支持忠貞教會之苦心，而大陸忠貞教會人士精神一振，此舉不僅公得殊榮，中華教會面目一新，實可喜可慶也，謹馳書恭賀敬祝

德安

牧末羅光敬啓

民國八十年六月一日

賀鄧以明總主教晉鐸金慶電

晉鐸金慶，靈牧四十，追隨基督，背負十字，鐵窗禁錮，病痛纏身，暮年自由，途導牧靈，抗衛信仰，繼建教會，豐功偉德，天人共慶。

羅光謹叩

重要日記選輯

橋樑教會的由來——日記

中國主教團和教廷的溝通

自中華民國被迫退出聯合國以後，教廷便不以中華民國政府代表中國政府，常有意關閉在台北的教廷大使館；尤其對於大陸教會，因著歐美各國的天主教人士的建言，不許在台灣的主教團有任何的關連；對於每外的華僑教友，甚至連在歐美的台灣天主教留學生，也不許台灣主教管。都爲避免刺激中共，怕中共加深對教會的迫害，歐美的所謂中國通，不斷向教廷送報告，述說大陸愛國教會的活動，建議教廷看重愛國教會。台灣主教心中非常痛苦，國外天主教人士卻批評台灣主教團不關心大陸教會，我心中又痛又憤慨，於是乘利瑪竇來華四百週年紀念，台灣主教團由我以主教團主席名義，恭請教宗遣派特使來台主禮。教宗派宣道部次長陸度沙彌總主教來台，兩度與主教們座談，主教們逐一地表達了心中的不滿，作成了備忘錄，由特使回羅馬後轉呈教宗，教宗乃召中華民國的主教往羅馬面談。談話了以後，教宗公開演講，指示中華民國的天主教會，應對大陸天主教會作爲一座信仰的橋樑。

我將對於這次歷史性事件的發展經過所有當時的日記，抄錄於后。

民國七十二年

十一月九日

上午，在輔大。

公共關係室主任傅修女來見，商妥十三日遠來貴賓之日程表。台北教會可參觀之地方稀少，外面觀光地亦僅故宮博物院。故四天日程不容易排。宣道部次長祇有兩天，十三日典禮外，接見主教，十四日故宮，下午接見神父與修會代表。

中午，與社團代表聚餐，今天來者爲活動中心總幹事、副總幹事，畢聯會主席及各院代表。

午後，在天母寫稿，身體逐漸恢復健康。

十一月十日

上午，在輔大，主持行政會議。首先，我說明輔大參加利瑪竇來華四百週年之意義，次則說明建造學生中心之計劃。在討論問題時，我堅持校車送教授回台北時，仍如以往在多處停車，不宜只在火車站停，以免年老教授和女教授多走路。

午後，在行政院參加青輔諮詢會議，我發言肯定學生中心之重要，請行政院支援學校建造學生中心。孫院長指示教育部朱部長擬貸款方案，送行政院審議。

晚，夜間部週會晚會，學生賀余之主保節，後由空軍藍天康樂隊表演。

十一月十一日

昨夜晚間四時（清晨四時），醒來，噴嚏，多鼻涕。最後喝一杯開水，漸漸使氣管流通。

上午，在輔大授課一小時，往飛機場，接韓國金壽煥樞機。

午後，參加台北市選舉委員會會議。

晚，在中國飯店宴金樞機，菲律賓Mabutas 總主教，德國Kapp主教，香港胡振中主教。

晚，蕭信雲醫師來牧廬診病，肺不好，血壓九十到一百五十過高，彼怒余不吃藥，指令每日應吃之藥。

十一月十二日。

中午，在故宮博物院，陪外賓主教中餐。

晚，在中國飯店，宴金樞機，菲律賓之總主教，德國之主教，日本Jasuta總主教，胡振中主教。

晚，到中正機場，接教廷特使陸度沙彌Lourdusamy總主教。

十一月十三日

上午，在教廷大使館，中華民國主教團全體主教與陸度沙彌總主教座談，余第一位發言，暢述對教廷處理大陸教會之態度甚表不滿。賈總主教繼余發言，亦表同樣態度，其他主教次第發言，俱針對大陸教會情況，表示意見。發言到中午十二時，尚有一半主教未說話，陸特使決定明日上午繼續座談。

中午，教廷大使館午宴。

下午，兩點半，在台北市體育館舉行大禮彌撒，紀念利瑪竇來華四百週年，由陸特使主禮，參加共祭者有樞機一位，主教二十位，司鐸二百五十餘位。參禮教友一萬，彌撒非常隆重，典禮井然有序。

午後，六點半，外賓主教與客人八十餘位，來輔仁大學參加晚會。

七時半，中美堂晚會，學生三千多，坐滿。光仁中學弦樂隊演奏，蘭陽舞蹈團表演，俱甚精彩。九時，散會，散會前，大家賀余之主保聖達義節。

十一月十四日

上午，在教廷大使館，主教團全體主教繼續與陸特使座談。每位主教俱吐心中苦水。十一點一刻結束。

陪陸特使赴外交部，朱部長接見來賓樞機及主教。

十二點一刻，朱部長爲陸特使授勳。十二點半，朱部長設宴。

午後，主教團主教在主教團秘書處開會，商討撰寫座談會備忘錄，由余起稿，用義大利文撰寫，大意有以下幾點：

1.大陸愛國會天主教會爲中共之工具，背棄與教宗聯繫之信仰。

2.應看重大陸忠貞主教、神父、教友之犧牲精神，予以鼓勵。

3.外國人士訪問大陸，祇看見愛國教會人士與活動，不明瞭忠貞教會之情形，所寫報告，俱係偏一面之消息，所謂外國對大陸教會之專家，亦係偏於愛國教會。

4.中華民國主教雖非專家，然係中國人，懂得中國人心理，對大陸中共及天主教會人士之心理，能夠明瞭。

5.如外國教會人士對大陸天主教會，表示關心，中華民國主教當然更該關心大陸天主教會，盡力協助，不能因怕中共反彈，不許中華民國主教表示關心。

晚，韓國大使館在來來飯店宴金樞機，余被邀作陪。

十一月十五日

上午，休息。

中午，到中正機場，送陸度沙彌特使離華。王愈榮主教帶來備忘錄，余以主教團主席名義，王主教以主教團秘書長名義，分別在備忘錄簽名。余以備忘錄送與陸特使，陸特使由台北赴印度，回家，爲其母慶八十壽，余又在機場購買禮物，代表主教團贈其母壽儀。

晚，在牧盧宴留美之廖學源醫師及甚妻鐘素靜女士，鐘女士爲洪瑞霞修女之表妹。

民國七十三年

正月十九日

洪法蒂瑪（瑞霞）修女，今日五十歲生辰。

晨，在牧盧小堂舉行彌撒，修女雖不多，歌韻仍佳。

早餐後，偕洪法蒂瑪修女往陽明山公園散步，天陰小雨，寒風刺骨，步行約半小時，回牧盧。中午，邀請樓上修女及家中女服務者全家，在美琪飯店吃港式飲茶，爲洪法蒂瑪修女祝壽。

午後，參加新聞評議會，開會一小時。

晚，在樓上修女飯廳，與天母及景美兩分院之聖家會修女聚餐，爲洪法蒂瑪修女賀生。

教廷吉立友代辦由羅馬回台北，晚，來電話，言有事要見面商談，余答以明天下午四點見面。

正月廿日

上午，在輔大。

教官處送來公文，申請以罵教官之匿名函送法務部調查局審定字跡，余批先與訓導長教務長商量。

往巡視考場，期末考已進行兩天。

午後，往教廷大使館，與吉代辦長談一小時餘。

吉代辦謂十二月廿二日曾在公見後，謁見教宗，談話五分鐘，上星期一，正月十六日又被教宗召見，談話一刻鐘，當天晚，被教宗邀與共進晚餐，國務卿與副國務卿俱被邀在座。教宗對台灣教會之心理情況，由上次主教等與宣傳部次長談話所表現，甚感焦慮，決定請台灣主教往羅馬當面一談，或全體主教，或主教團代表都可。

晚，在主教團秘書處，主持主教團常務委員會，台南成主教亦在，決定常務委員會全體及成主教赴羅馬，晉見教宗。

晚，七點半，主持中國天主教資料研究小組。此小組今日成立，除常務委員會會員外，有費主教，張春申神父，韓承良神父，李震神父，韓得力神父，袁國慰神父。此小組之任務，爲研究大陸教會問題與海外華僑傳教問題，今天決定收集資料之方式，并決定由李震神父負責。

二月五日

上午八時，由林會長修女，洪法蒂瑪修女，李匡郎教授陪往中正機場，與賈彥文總主教辦理手續，搭新加坡航空公司班機赴羅馬。來機場送行者，有張照營教務長，袁總務長神父，李震秘書長神父，劉文郎主任。

十時起飛，下午兩點，抵新加坡，盧神父來接，到龐神父聖心堂，華之醇神父來，趙神父、沙神父亦俱來，一起談話，後往城內參觀晚晴園，即　國父孫文寓所，晚七點，到太子樓晚餐。

晚九點半，動身，飛往曼谷。

二月六日

清晨兩點，由曼谷起飛，在Babrain停一小時，繼續飛往羅馬。晨八時抵達，周書楷大使偕羅大方蒙席在機場相候。賈總主教由機場赴Rocca di. Papa普世博愛會所。余於十點，到羅馬盧森堡仁慈方濟修女會會院，凡肋納老太太（余昔在羅馬之管家）已先到，爲余收拾行李。我行彌撒，然後登床小睡。十二點，羅大方蒙席來接，往家鄉樓餐廳與周大使進午餐，兩人長談兩小時。飯後，由羅大方蒙席送余往普世博愛會所，參加國際主教退省。普世博愛會創立人Clara Lubrich正在演講。

二月八日

上午十點，國際主教退省之全體主教進梵蒂岡宮保祿六世大廳，等候晉見教宗。十一點，若望保祿二世入廳，先行聖年大赦禮，後作講道，然後問候各國之晉見團，最後在另一廳接見晉見之主教，主教等站立一圓周，教宗走過每一主教前，同主教握手，談話或不談話，來到賈總主教前，賈總主教報告來自台北。教宗指著我說：「看，台北」，教宗祕書介紹說：「羅光總主教」，教宗說：「他名叫達義」，然後握我手說：「謝謝來看我，我希望見你。」

午後，繼續退省，談話，談合一運動，我講合一運動之經驗，講台灣教會孤獨之苦，大家甚表同情。

二月十一日

上午，八點，羅大方蒙席來Rocca di Papa接我往羅馬（退省已畢）到盧森堡修女院，先行彌撒，後接見駐教廷大使館項公使，談話半小時，約定下星期二晚聚餐。

午後，草寫中華主教團晉謁教宗備忘錄。施森道蒙席來寓所，坐談一小時。

洪瑜卿來，將其母托來之物件與之。

羅大方蒙席偕于神父來接我往大使館之王秘書家晚餐。兩年前，由羅馬回台北，王秘書請我沿途照顧其岳母，彼不諳外文，我答應照辦，予早已忘卻此事，王祕書乃爲言謝，特請到其家晚餐。

二月十三日

上午，往梵蒂岡銀行取款，由存摺提出三百五十萬里耳，尚不及三千美元。

往國務院與中國司司長蒙席長談，請代約與副國務卿Silvestrini 西爾握里義總主教之時間。此員曾在教廷駐菲律賓大使館服務，曾來台灣觀光，爲人有禮。

往訪高理耀樞機，出示去年主教團與陸度沙彌總主教座談之備忘錄。高樞機云甚好，宜面呈教宗，余又以此次主教團晉見教宗之備忘錄草稿，請其過目。彼云不宜堅持恭請教宗往高雄之建議，然宜坦白將台灣對教廷政策之不滿及反感，向教宗陳述。教宗並無成見，願聽主教等之意見。

晚，重寫晉見教宗之備忘錄。

二月十四日

上午，往宣道部拜會部長羅西樞機，彼勸此次中華主教晉見教宗，宜坦白陳述一切。彼不滿副國務卿西爾握里義總主教，又特向我說明次長陸總主教與西總主教副國務卿，互相串通，使宣道部之行動受牽制。余最後向部長說明主教團對台中教區主教選任事，宜調一位教區主教往台中，因台中瑪利諾會年輕神父頗多，大使館館員全體在座。

二月十五日

上午，往宣道部見次長陸度沙彌總主教，彼云從台北回羅馬後，曾以中華主教團之備忘錄原本呈遞教宗，副本送部長及副國務卿西爾握里義總主教，並作一積極性之報告。此次中華主教晉見教宗後，於廿八日拜會部長，又在以先與彼會晤。

往主教部拜會巴齊阿部長樞機（Baggio），陳述國務院對台灣之政策，並以中華主教團與陸特使談話之備忘錄及中共十九號文件（處理宗教事務）英譯本予之。

到國務院見副國務卿西爾握里義總主教，副卿尙在開會，先由中國司司長接見，談話約二十分鐘，副卿會畢來接見，討論中華主教團代表晉見教宗事。彼云，將由教宗秘書請示教宗，方式將爲開會式，時間將有兩小時，以後，拜會國務卿樞機與第一副國務卿。彼又云，教宗甚關心大陸教會，因有地下忠貞教會，又有愛國教會。教宗希望能有所爲，中國忠貞教士教友殉道之精神與教會初期羅馬殉道者之精神相等，中國教會必賴彼等保全，然須預防在香港成立愛國教會。

二月二十日

上午，在寓所，繼續寫書稿（生命哲學），寫〈生活〉一節。生活爲生命之活動，今有精神性。宇宙萬物生命相連，生活互助，生活多采多姿。

中午，龍鳳餐館楊老闆請用飯，施蒙席來接，與狄剛主教同往。

晚，彭保祿神父來晚餐，賈總主教來羅馬，餐後，余與賈、狄兩位主教長談，談明天往宣道部見中國司司長談話內容。（我們三人同一寓所）

二月二十一日

鄭總主教劉主教俱來電話，報告已到羅馬，單主教來電話言重感冒。

上午，余同賈總主教狄主教往宣道部訪中國司司長Luidon蒙席，談明台中選主教宜注意之點。……

由宣道部往梵蒂岡，拜會宮長馬爾旦（Martain）總主教，（馬總主教曾為余在法律學院之同班同學，每次相見常如老友。）接洽晉謁教宗之日期，彼云國務院已有通知，往國務院訪Coppa哥巴總主教，爲巡迴大使，去年曾來台北，彼此感情融洽，賈總主教請爲王主教白主教。

二月廿三日

上午，中國主教一同往聖母大殿朝聖，爲此次來見教宗事祈禱，在聖母「羅馬人民救星」祭台舉行共祭，三位來羅馬朝聖之中國神父亦參與，單主教因病未到。彌撒用中文。彌彌撒畢，祈禱。十點半，往拉德朗大殿朝聖，守聖體半小時，特為中國祈禱，一切俱非人力之可能，余等亦不知向教宗作何建議，唯有誠心求主賜助，求聖母相幫。

中午，在聖方濟修女會午宴，陳修女接洽一切，總會長來共餐，此會現有修女九千人。午後，由彭保祿神父駕車，往聖伯鐸大殿，參加教宗為朝聖司鐸之彌撒，彌撒用拉丁文，唱拉丁文彌撒歌，全球教會神父代表與教宗共祭，合成一體。禮儀簡單，歌韻幽雅，彌撒非常動人。

二月廿四日

余與五位中國主教，往教義部拜訪舊相識之拉辛克樞機部長（Rajinger），談大陸愛國教會祝聖主教使用之中文宣誓詞，誓忠於社會主義國家，不屬教宗統制；然不知誓詞之拉丁文如何。因無確切證據，不能遽下判斷，祝聖禮是否有效。

又往教廷教育部拜會包滿樞機部長（Baum），部長召秘書長副秘書長，一起出見，談話頗久，余等說明大陸教會情形，特別述說大陸設立修院，受共產黨政權之控制。副秘書長說在捷克和古巴，也有共產黨政權所設的修院，然大部份修生都服從教宗。余指出在這兩國，主教團忠於教宗，中國大陸之愛國教會則不服從教宗。

二月廿五日

上午十一點，七位中國主教在宣道部，與陸度梅次長總主教及副國務卿西爾握里義總主教舉行會議，由副國務卿主持。首先，彼說明教宗邀中國主教來羅馬，願就中國教會問題，聽取意見。每位中國主教依次發言，余就各方情形說明四項意見：一、教廷聲明地方教會與教宗聯繫乃係信仰之條文；二、支持大陸忠貞教會；三、組織香港教區，使成為一堅強之忠貞教會；四、發展台灣教會。副國務卿暫作結論，謂中國大陸有忠貞教會之犧牲精神，有愛國教會之公開反對教宗。共產黨之政權，必係中國歷史之一種現象，中華民族必常在。教會對中華文化之合作，宜積極進行。

中國主教發言未完，決定再舉行一次會議。

二月廿六日

上午，在寓所閱書Carlo Morali所著Darwinismo e teologia cattolica 對天主創造工程有新思想。

上午，到Guidoni蒙席家中餐，有Oppilo Rossi樞機在座，中國主教四人賈、狄、鄭與余。

飯後往羅馬中國聖心會修院，七位主教於五點舉行會議，研究明日會議應提之建議，七時，會議結束。

七位主教與神父共祭，余主祭，講道，以彌撒讀經為題，神父應忠於職務，應誠心相信天父之愛，中國大陸之主教神父及教友忠於職守，忠於教宗，自願犧牲，余等主教此次來羅馬與教廷人員反省以往爲大陸是否盡職務，將來應若何盡職，我們應相信天父對中華教會之愛，必有興盛之日不宜悲觀，彌撒後聚餐。

二月廿七日

上午，七位主教往見耶穌會新選之會長Kolvenbach克文巴神父，談論中國大陸教會情形，以及所謂外籍中國專家之謬論。

午後，五點，在宣道部重開會議，西爾握里義副卿提出教廷與中國使節問題，說明教廷使節爲教務而不爲政治，爲教會而不爲政府。彼認爲若斷絕與中華民國之外交關係，可使中共無所藉口，如其不與教廷接觸，則罪在彼等。余答此時斷交，決非其時；因大陸忠貞教會將受打擊，信德亦將迷惑，台灣方面更在心理上，將遠離教宗，如教宗派宗座代表駐台灣，亦將不受歡迎。其他主教亦發言，爭論頗久，副國務卿不再堅持。

暫作休息。

休息二十分鐘後，繼續開會，聽取余代表中國主教之建議：

一、教廷聲明天主教主教必須與教宗連繫，加入宗徒團體。

二、造成國際輿論，使大家明瞭中共之宗教自由，非天主教之自由。

三、教宗不能往台灣，請國務卿由漢城往高雄，主持台灣開教一百二十五週年典禮。

四、加強真理電台和梵蒂岡電台向中國大陸之廣播。
五、加強香港教區之忠貞精神。
六、支持台灣教會培植聖召，預備向華僑及大陸傳教。
七、讓教廷高級人員訪問台灣。
八、教廷設立中國教會研究小組，請中國主教參加。
八點二十分散會，陸度梅總主教招待中國主教晚餐，副國務卿進梵蒂岡宮向教宗報告開會情形。

二月二十八日

上午，重寫看見教宗之致敬說帖。
十一點，七位主教在聖伯鐸大殿聖體前守聖體。
十二點，入梵蒂岡宮，晉見教宗。
十二時半，七位主教入教宗辦公室，鞠躬致敬，環教宗辦公桌而坐，余坐教宗對面，教宗操英文，說已聽到兩次在宣道部開會後之報告，對各項問題，已有瞭解，然請余再作說明。

余將預備之致敬說帖誦讀。說帖用義大利文，綜合兩次會議時主教所發表之意見及建議，愛國教會不代表中國教會，大陸教友百分之八十不參加，且極力反對，中共所允之宗教自由，不是真正自由。外籍人士往大陸觀光，祇見到外面情形，不明瞭內部實況，大聲爲愛國教會宣傳，力促教廷和這種教會接觸，荒謬已極，教廷須正式聲明天主教會必是公而一的教會；主教必須和教宗及全球主教相連繫。堅定香港教會的忠貞精神，發展台灣教會，保持駐台北大使館，駐使或代辦加駐香港宗座代表名義，以使日後香港歸併大陸時，教廷代表能在，最後請求教宗設立中國教會研究委員會，中國主教可以參加。

教宗聽畢，操義大利文講話，解釋教廷使節之意義。教宗又說到台灣教會的發展，中國文化之發揚。

一點，教宗率領中國主教入大廳，接見留羅馬之中國神父修女及教友，約一百人。余以英文向教宗介紹並致敬，教宗操英文，發表演講，標出台灣教會爲橋樑教會。（教宗講詞中文譯英文恭錄於后）。

一點半，教宗邀七位中國主教登樓入便殿，與教宗共進午餐。進餐時，教宗暢談對共產主義及政權之認識，及在波蘭之經驗。史達林之一貫政策，在共黨握政權之國家內，企圖組織脫離羅馬教宗之教會。中華民族之文化傳統，和共產主義不合，將來必遭共產主義漸加修改。

三點，餐畢，主教等辭出。

教宗演講呼籲在台和各地華僑教會成爲橋樑教會，全文如下：

可愛的主教弟兄們：

今天我實在很高興能歡迎你們，並且經由你們，我能把深情的問候帶給與你一齊傳教的助手，在你們中間一起工作的修會、託付你們照顧的信友以及你們所有的同胞。

今天我們的聚會不是一樁偶然的事件，你們常在教宗的心內，在教宗的祈禱之中，就像你們常與教宗結合在一起一樣；我知道經由這種精神的連繫，使得與伯鐸繼承人的共融，成了歸屬於天主教會的準據，同時「按很古的風紀，全世界的主教們，彼此之間，以及他們與羅馬主教之間，經常在統一、愛德及和平的聯繫之下息息相通。」（教會憲章二二），繼續成爲一種傳統。

在梵蒂岡城這邊，在此救贖聖年，你們在伯鐸和保祿宗徒的墓旁，汲取新的力量，他們曾在此殉道作證，爲的是向對他們敵視的世界，宣報他們對人類救主耶穌的信仰。

保持信仰，傳佈信仰

你們的來臨，也是去年你們在台灣慶祝利瑪竇神父來華四百週年結論的一部分，同時你們也正在籌備福音傳佈台灣的一二五週年的慶祝。這是提醒大家的一次機會，使教會所有的人知道，信仰的生活，常要求人根絕、放棄個人的利益，而要有個人的見證。你們和你們的信友都知道這點，因爲你們曾面臨過很多的磨難，爲了保持你們信仰耶穌基督的完整寶藏，祂「昨天、今天、直到永遠，常是一樣」（希十三 8）

你們並不願把這種信仰爲自己保留，因爲到你們那裡去的勇敢傳教士，曾教你們要將此信仰傳佈，並讓別人分享。因此我對你們的慶祝方向表示滿意，你們並沒有只懷念過去，而決心以更堅實的方式，將基督和祂的教會，宣報給今日的中國人民。

向偉大的中華民族宣佈基督福音

因爲你們是中國人並以此爲榮，你們屬於一個偉大的民族，代表著四分之一的人類。中華民族之偉大，不但是由於它的人口，尤其是因爲它的文化和價值。你們也是一個勤勞的民族，你們對今日和明日的人類在和平與福祉方面的響，是不能被忽視的。

教會對這樣一個民族，願意把有關天主和人的事與之分享。教會願意向此民族，宣報它自宗徒們所領受的真理，即：「天主只有一個，在天主與人之間的中保也只有一個，就是奉

獻了自己，爲眾人作贖罪的耶穌基督。」（弟前 二 4—5）

你們在一九八一年的牧函中曾寫道：「許多傳教士，莫不以向中國同胞傳報基督福音爲己志，他們冒險犯難來到我國宣講福音。我們應該深自反省，身爲中國人，在向自己的同胞傳報福音方面做了些什麼？現在我們可以做些什麼？也要細心的研究，在今日的中國，宣傳福音的主要障礙是什麼？還要研究如何適當地將福音的喜訊傳報給我們的同胞。」（一九八一年十二月三日中國主教團牧函）。

福音與本地文化的交流

是的，親愛的弟兄們，你們清楚瞭解，你們所要宣報的基督真理的對象，是在時空中存在的人民。你們身爲中國的親愛子民，你們的任務是將信仰的訊息，譯成你們遠近的同胞所能瞭解的語辭。

爲教會來說，這不是個新的問題，教會自開始起，就必須知道如何把它的信仰和信仰的表達方式，與其週遭的文化相配合。這樣做，教會不但尊重其文化，而且從它汲取最好的因素。你們所慶祝的，在你們中間傳教的傳教士們，就是這樣做法。他們同化了你們的寶藏，並將他們自己的給予你們，爲將在今世所能擁有的唯一寶藏——耶穌基督，能爲人所認識，爲人所愛。

今天這根棒子已交在你們的手中，你們要深入組成一個民族文化的價值，一個民族辨認自己的那些價值，超越歷史的變遷和暫時的隔離。而教會——猶如我在一九八二年紀念利瑪竇的國際會議閉幕禮中所說——「既然對於理解每個國家精神的恩賜，則不能不注視到全球人口最多的中國人民是一個統一的實體，也是一個擁有崇高傳統及生命活力的融合體，同時它被視爲偉大及富有前途的一種希望。」

大陸同胞的「橋樑教會」

在台灣生活的教會，特別對此事實開放，它並不故步自封，嘆息過去或是充滿恐懼，它祈禱、聖化自己並努力「使聖道流傳而得到光榮」（得後三1）。遠自唐朝（公元六一七至九一七年之間），公認爲福音傳到中國大陸的開始，到現在一九八四年，基督的道、祂的訊息和祂的教會，並沒有失去祂的創造力、祂的光明和嶄新。因爲耶穌基督和我們在一起「直到世界末日」（瑪廿八20），而祂和好的道形成了十字架，使非常不同的民族也連結起來。我們一直要學習他們的語言、他們的說話方法和他們的習慣，爲能告訴他們有關天主的計劃，以及耶穌經由祂的犧牲，把祂的愛告訴了我們，並顯示給了我們。

你們在台灣和在海外的天主教教友，你們的美妙任務是做大陸同胞的「橋樑教會」。在大陸許多基督的兄弟姊妹們遭遇困難，暫時像埋藏在田裡的種子。可是這一切努力和犧牲，不會毫無結果，日子快到，那時將以更有形的方式，經由教會所敬愛的整個中國的文化、期望和期待，來宣報並慶祝耶穌。

天主的計劃在歷史中實現

可敬的弟兄們，我願意鼓勵你們各位和你們的教民，要持之以恆、祈禱並忍受痛苦，對天主的計劃更要開放，雖然有困難，可是天主的計劃是經由每一個民族的歷史而展露的，猶如天使向聖母所說的：「不要害怕……聖神要臨於你……因爲在天主前沒有不可能的事。」（路一30-38）。

既然教宗想到你們，他也願意與整個教會對你們說，教會不會忘記你們，教會知道你們的憂慮，如保祿宗徒對哥羅森教友所寫的：「我們在祈禱時，常爲你們感謝我們的主耶穌基督的天主和父，因爲我們聽說你們在耶穌基督內的信德，和你們對衆聖徒所有的愛德」（哥一3—4）。

希望我們達到人，達到每一個人和整個人的熱誠，也能幫助我們去發現，基督的愛能在歷史的矛盾中獲得勝利，有時依人性看來似乎是阻礙或是不可能，但天主卻經由這一些而使歷史前進。

「你們期待上主的人們，要堅強，並勇敢鼓起你們的心神！」（詠卅一24）你們的眼睛凝視將來，因先你們而去者的見證而受到安慰，因整個教會的祈禱而得到支持，讓福音之光，由於你們團體的熱心和聖德，而光芒四射。

今晨我也很高興能歡迎居住羅馬的中國人團體，你們願意在此有意義的訪問中，陪伴你們的主教。我鼓勵你們大家要投身於主耶穌，由於你們每天的正直的生活，希望你們在世界跟前成爲福音的見證。

我以慈父的心和祝禱，將宗座的遐福頒給你們大家。（台灣主教團秘書處譯）

五月二日，羅光總主教、狄剛主教及單國璽主教赴韓參加韓國開教二百週年及韓國殉道列聖品大典。

二日至十二日教宗訪問韓國、泰國與其他三個地方，並首次在羅馬以外地區—漢城，舉行列聖品大典。（善導報）

六日，教宗若望保祿二世要求中國大陸的天主教會，重新加入世界羅馬天主教教會組織，並謂：

「偉大明智的中華民族首先向外接受了信仰，盼望他們以真正中國人的身份，在與普世教會的圓滿共融中，設法活出這份信仰，使大家感到喜樂，獲得充實。」這是若望保祿二世於一九八四年五月六日在韓國漢城，對韓國全國牧民議會所發表的講話。教宗在講話結束時，稱讚韓國教會既源於中國，又具有自己民族的特色，同時亦與普世教會共融合一。（牧我中華 一九七頁）

二月二十九日

上午，九點到傳信部，拜會傳信部長羅西樞機。彼問晉見教宗之經過，我略爲提出重點作報告，部長甚爲滿意，又云大陸愛國主教祝聖時宣誓脫離教宗，服從共黨，祝聖即爲無效。

十一點，到聖伯祿大殿側書局購教廷年鑑，又到宮內聖保祿殿祈禱。

十二點，拜會常務副卿馬爾蒂耐總主教，談教會在大陸之情形，最後余提議教廷機關報多登載台灣消息與論文。

一點，拜會國務卿加沙洛里樞機，余代表主教致謝舉行此次會談，說明最近台灣教友及人民對教宗之不滿，因避免經過台灣，故請國務卿在陪教宗赴漢城時，來高雄主持一百廿五週年開教紀念大禮彌撒，彼本人甚願來台一行，將請示教宗，彼云台灣國民政府對宗教甚佳。

中午，主教集會家鄉樓商議回國後如何答覆記者。

午後，與狄主教往訪聖言會總會長。

三月一日

上午，赴梵蒂岡銀行。

往訪高理耀樞機，不遇，彼外出。

中午，額我略大學請宴，教廷教育部部長Burmm樞機，耶穌會總長，羅馬各天主教大學校長、天神大學、傳信大學、方濟學院、本篤學院、慈幼會大學等大學校長，余坐教育部長旁，與之再談大陸情形及見教宗之經過。

午後，方太太駕車來陪余及瑜卿及另一光仁舊生往購聖物，余欲購似教宗使用權杖形之權杖，無處可得，有相似者，過貴，後購一新式權杖之聖像，回台後，再安置權杖。

晚，與瑜卿到龍鳳餐廳晚餐。

三月二日

清晨，入梵蒂岡宮，中國四位主教及數位神父，在教宗私人小聖堂與教宗共祭，中國留羅馬修女教友十七人，唱中國聖歌，教宗行祭前，祈禱多時，聖經後，靜坐、默想、彌撒後，祈禱亦久，祈禱畢，出見主教與教友，教宗謂共同為中國祈禱，乃最佳最有意義之舉，然後共攝一影，余與賈總主教狄主教施蒙席，往訪高理耀大使樞機說明在羅馬與國務院傳信部開會情形，又陳述晉見教宗之經過，彼囑回國後，接見新聞記者，發表談話，說明教宗對台教會之關心。

午後，往鐘錶店，取回修理之錶，約十五萬里耳。

三月三日

上午，早點後，整理行裝，先理一箱，將張教務長之爵士制服及洪修女托購之衣服裝入，皮箱已滿，此箱望天主保佑，實不能遺失，錢還不是大事，人情味卻甚大。

中午，與賈、狄二位主教，應Opus Dei主業會總長Portilo主教之邀，往總會午餐，先謁其會祖墓後入席，舊友Herahnz亦在座，席間暢談中國教會情形，並促其會士往台北工作。

午後，一美國神父來訪，彼寫博士論文，研究梵蒂岡第二屆大會議傳教法令第一章傳教神學，彼問當時情形，舊事重提，亦喜亦悲。

晚，大使館謝新平秘書邀余與賈、狄二位主教在其寓所晚餐。

三月五日

上午，十一點，與賈總主教到大使館，向使館館員辭行，與周書楷大使長談，說明晉見教宗與國務院副卿談話經過，雙方俱坦白無諱，效果良好。

中午，周大使在亞洲餐館設宴，傳信部部長羅西樞機、社會工作會主任剛定樞機、傳信部次長、副秘書長、中國司長、國務院Coppa總主教等，席間賓主甚歡。

回寓稍作休息。

周書楷大使送余及賈總主教到羅馬機場，與鄭總主教相會，三人登機，八點二十分離羅馬。

三月七日

林神父送余到機場，賈、鄭兩位總主教留在星埠。

十點飛機起飛。

下午，兩點，抵桃園中正機場，王興華先生及在余上次在機場來迎之輔大校友，在場照料一切，出口處，有輔大秘書長李震神父、張教務長，袁總務長，匡郎主任，洪修女及畢聯會長同學等多人相候。

感冒未癒。

報館記者因昨日羅馬時報報導，教廷將與中共建交與我國斷交，晚，來電話詢問者甚多。

三月八日

上午，早餐後休息。

十一點，往教廷大使館，與吉代辦晤談，共進午餐，陳述在教廷訪問之經過，我告以曾向教宗建議，使吉代辦升主教，留任代辦，然兼駐香港宗座代表，在港有一根據地彼甚滿意。

午，吳祖禹大使，宜玲夫婦來訪，談話頗久。

張教務長，李震秘書長，陳正堂主任，陪往榮總，問候孫院長運璿簽名，共進晚餐。

三月十日

中央日報披露昨天我所寫之，〈教廷與我國外交關係〉短文，係應該報之請對此事特加解釋。

上午，九點，到外交部拜會朱撫松部長，商簡述說主教團在羅馬與國務院政務副卿開會之經過，教廷確有停止外交關係改派宗座代表之意，主教等堅持不同意，余亦說明理由，因將傷害大陸忠貞教會與台灣教會，並已向教廷表示不接受宗座代表，余建議設法使台灣報界再勿提此事，設法使駐教廷使館勿過龐大，勿辦不與教廷有關之事。周大使勿過批評教宗與教廷，以減少教廷之困擾。

下午休息，精神漸佳

教廷與我國的外交關係

三月十日，中央日報

前天下午，我剛從羅馬回來，帶著感冒和旅途困乏進到牧廬，很想上床休息，不料各報記者的電話接二連三地發問：「教廷是不是真的和中共『建交』。而和我們政府絕交呢？」我祇能簡單地答說：「沒有這回事！」但是許多朋友要求說對這事加以解釋，寫一篇短文。

這件事要分作兩方面來看：教廷和中共「建交」爲一件事，教廷和我們政府斷交爲另一件事。對於第一件事，絕對不可能。教廷和中共從沒有接觸過，教廷對於「建交」必定要求大陸天主教會自由與教宗連繫，中共絕對不會答應。所以兩方不可能建立「外交」關係。

對於第二點，情形就複雜了。現在整個歐洲，祇有教廷和我國互換使節，中共非常憤恨，視教宗爲敵人，對內對外都常藉口不與教廷接觸。歐美的天主教人士認爲教廷應消除中共這種藉口，派一位宗座代表長駐台北，將來或者可以和中共討論大陸教會問題，以減輕大陸教會的困難。歐美天主教人士公關或秘密向教宗表示這種意見，造成教宗無比困擾。

但是在另一方面，若是教廷停止和中華民國的外交關係，派遣宗座代表駐臺北，則必造成一種很大的災害，因爲這件事是對中共一手造成的所謂「愛國教會」作極大的讓步，使大陸大多數忠於教宗，甘心進入牢獄和勞動營的教士教友，遭受莫大的打擊，摧毀他們忠於教會的精神，而天主教會在大陸的繼續存在，全靠這股忠心。反而使中共製造的「愛國教會」氣焰更張，然而他們否決和教宗相連繫的傳統教義，自置於天主教會以外。另一方面，臺灣的天主教教士教友在心理上會冒出憤怒和抱怨的心情，不能安靜地接受這種事實，精神上會與教宗隔離，甚至對宗座代表表示不歡迎，使臺灣天主教會內心不安，再加以社會人士對教廷的指責，宣道工作將陷於停頓。因此，教廷若和中華民國停止外交關係，所造成大陸忠貞教會和臺灣教會的雙重災害，這又使教宗感到極大的痛苦。

歐美人士祇看到中國大陸教會外面的假象，認爲既有「宗教自由」，教廷應順水行舟，解除阻礙，斷絕和中華民國的外交關係。他們推測這次教宗邀請臺灣區主教往梵蒂岡，必爲宣佈這種措施。實際上，教宗是願和中國主教交談，使雙方對於中國教會各種問題，互相了解，共謀對策，而不是爲接受教廷的一項決議。所以教宗在對中國主教及留羅馬中國教友公開演講裡，指示中國教會爲一個教會，中華民族爲一個民族，中華文化爲一個文化，中華民族對人類的貢獻在於中華文化的發揚。天主教義宜與中華文化相融會，由臺灣教會傳入大陸和海外華僑，臺灣教會成為一個「橋樑教會」。

三月二十二日

上午，在輔大法學院會議室舉行董事會，討論藝術學院成立事，此院由主教團辦理，討論方濟中學校地轉讓輔大事，決議讓與主教團，再登記輔大董事會，三設立宗教學院事，決議以神學院改為宗教學院。

午後，在主教團主持全體主教會議，出席者，僅缺賈總主教與杜主教，余以拉丁文作報告，歷時一小時二十分，分為五段，一、預備，七位主教在羅馬祈禱，三次開會求共策；二、訪問樞機，三，與副國務卿及宣道部次長會議；四、晉見教宗；五、結論，五時舉行資料研究小組會。

晚，在台北主教座堂，舉行奉獻人類及中國與聖母大典，全體主教（賈總主教亦到），五十位神父七百修女及教友，余主禮共祭，證道，行奉獻禮。

中國主教團全體會議會議紀錄

日期：民國七十三年三月二十二日下午三時至五時。

地點：中國主教團秘書處。

主席：羅總主教　　記錄：王主教

出席：郭總主教、鄭總主教、唐主教、成主教、蔡主教、狄主教、王主教、劉主教、甘主教、費主教、和主教、白主教。

缺席：賈總主教（病）、杜主教（出國）、單主教（出國）。

列席：吉立友代辦。

一、主席報告七位主教訪問羅馬教宗及教廷人士經過：

羅總主教首先指出這次去羅馬晉見教宗，有了新的經驗，我們感到對整個中國教會有責任，教宗也特別指出我們的這種職責。

七位中國主教訪問羅馬可以分爲五部分：（一）是準備，（二）訪問教廷部會首長，（三）與國務次卿及宣道部次長交談，（四）覲見教宗，（五）結論。

（一）準備

1.精神的準備：主教們有鑑於此次會晤教宗，在中國教會歷史上非常重要，因此主教們於二月二十三日朝拜聖母大殿舉行彌撒，後去聖若望大殿守聖體；二十五日晚在中國聖母聖心會小堂與中國神父，修女及教友，一起奉獻彌撒並舉行聖體降福。二十八日見教宗前，於上午十一在聖伯鐸大殿聖體前守聖體一小時。

2. 討論事項之準備：主教們先後於二十二及廿五日先後集會商討研究與教宗及國務院交談資料和共議，並商討具體的建議。

（二）拜訪教廷部會首長

先後拜會教義部部長拉琴格樞機、教育部巴翁樞機、教廷財產管理委員會主席高理耀樞機，宣道部部長羅西樞機等。他們都非常關心中國教會，並向中國主教提出一些問題。最後訪問國務卿卡沙羅里樞機，當面邀請他於五月十三日來高雄主持台灣傳教一二五週年慶祝，他說他非常服從教宗，只要教宗命令他，他會高興地來高雄。

（三）與國務次卿西爾維特利義總主教及宣道部次長盧杜沙彌總主教會談

會談的主題是，我們能爲大陸的中國教會做什麼？如何做法？

交談良久，最後感到在目前的情況下，無法幫助他們，唯有祈求天主。主教們具體建議在聖部設立一個小組，研究大陸教會的種種問題，並在此小組內常能聽到中國主教的聲音。另外希望國務卿勿阻止教廷樞機主教們來中華民國訪問。

（四）與教宗會面

二月二十八日上午十二時三十分，教宗在他私人圖書館接見七位中國主教談話三十分鐘。羅總主教代表將主教們的願望和建議，說給教宗聽。教宗非常坦誠接納。隨即到寶座廳向中國主教及旅羅馬的神父、修女及教友發表重要談話。此爲三十年來第一次教宗公開向在台灣的中國教談話。羅馬觀察報也首次公佈此談話全文以及中國主教與教宗的合照。

教宗在談話中特別指出：

1.主教與普世教會及全球主教團和其元首教宗的團結，是歸屬天主教會的準據。

2.中國教會只有一個。

3.在台灣及海外的中國教會是橋樑教會，將來福音之再度流傳中國大陸，就靠此一橋樑。

4.中華文化是中華民族團結的因素。因此在台灣的教會應在中華文化與福音的融合工作上，多做努力。

(五)結論

1.我們應該研究教宗的談話，在六月的常年大會中，應研究出具體的做法。

2.我們應該向教友及同胞說，教宗是愛中國的，對我們有極大的期望，我們應該消除對教宗愛中國的疑義。

二、向教宗致謝信函：

主教們通過致教宗函初稿，全體簽署向教宗表示感謝。

三、正式邀請國務卿卡沙羅里樞機來台：

主教們同意主席去函正式邀請國務卿於五月十三日來高雄主持慶典。

四、是否派代表赴韓國參加慶祝韓國開教二百週年：

因狄、單二位主教應去韓國參加亞洲主教團協會常務會議，主教們同意由狄、單二位主教代表主教團參加。

主教們決定不以中國教會（或教區）名義組團前往。教友或神父私人組團不限制，但不能代表中國教會。

五、主教團設立大陸中國教會資料中心：

主教們有鑑於教廷來日對有關中國教會之問題，將詢問中國主教之意見，故感到必須有些資料，由專人負責收集及分析，以供主教們參考。決定設此中心於輔大。

六、主教團常年大會及議題：

常年大會訂於六月六日、七日及八日三天舉行。

議題：

一、如何做橋樑教會？

二、中國文化與福音之融合。

三、傳福音工作大會之具體準備工作。

四、教會法典中，主教團應訂規則之核定。

最後主教們一致通過向當選連任之　蔣總統及新任　副總統李登輝先生致賀電。

會議於五時正結束。

中國主教團向全體教友發表談話

主教團全體主教，聽過赴羅馬晉見教宗的七位主教所作報告，對教宗特別表示感激。教宗與國務院及宣道部首長，坦誠和中國主教交談，教宗且許下將來繼續舉行這種交誼，爲中國主教們乃是一件很可興奮的事。教宗對中國主教及留羅馬的中國神父、修女及教友的公開談話，聲明天主教主教應和整個教會及教會元首教宗相連繫，實爲適時的重要訓示，使大家對大陸愛國教會能有正確的評價。教宗又明確指出中華文化的價值很高，將爲中華民族統一的因素，中國天主教會應該努力使基督福音與中華文化融會，由台灣流傳到大陸，使大陸目前遭難教胞所播的種子，能夠發揚光大。中國主教團自認責任重大，願號召全體神父、修士、修女及教友共同祈禱，互相勉勵，全力以赴，以滿全教宗的希望。（民國七十三年三月二十二日）

奉獻人類及中國與聖母大典彌撒證道詞

羅光

住在台灣，不出去旅行，覺得天下太平，生活自由，雖然有些犯罪的惡行，還不算多；因此，沒有憂患感。一出國門，我們飛往羅馬，波斯的上空和黎巴嫩的天空都要繞道飛行，立時覺到天下有戰爭。到了歐洲，進入各國的簽證非常麻煩。我們若要往東歐或蘇俄，更是不可能。我們就知道天下分為兩半，有兩種思想，有兩種生活方式：一種是共產主義，是一種相反人性的生活方式；另一種是自由主義，是一種追求物質享受的生活方式。共產主義企圖以武力征服自由世界，自由世界謀求自保，都在極力擴充軍備，特別擴充核子武器。

我們對於中國更另有痛心的感觸，人家向我們說：你們住在台灣，台灣一個小島，最多不過是中國一省，怎麼可以代表中國呢？你們祇可以代表你們所在地的台灣，我們生在中國的人，屬於中國合法政府的人，竟不是中國人了，而祇是台灣人。這樣我們很深切地體驗到中國的分裂，中國已被竊據大陸的共黨所代表。

至於我們中國主教對於中國教會感觸更為傷心，人家向我們說：中國的教會是大陸的愛國教會，愛國教會開了聖堂，舉行彌撒和告解等聖事，建設修院，培植修士。那些反抗共黨而忠於教宗的主教神父，在二十年後就沒有了，將來所有的就祇有愛國教會。你們台灣教會祇不過是一個小島的教會，能夠繼續存在否，還要看將來台灣的命運怎樣，若是共產黨將來佔了台灣，台灣教會就必要變成愛國教會，才能繼續存在下去。這樣，大陸千千萬萬的教胞，爲忠於教會，流了鮮血，犧牲性命，或是數十年困居牢獄或勞改營，受盡了折磨；那麼他們豈不是白白受了苦嗎？中國天主教會竟由一群否認和全教會首領相連繫的基本教義之人所組織，接受共黨指導的愛國教會來代表。我們身爲中國主教的人，聽到這種論調，心中的痛苦很深很重！

但是，我們幸而出國到羅馬也有了另一種富有安慰的感觸，這種富有安慰的感觸，乃是教宗給與我們的。

教宗邀請我們到羅馬去，爲跟我們交談。我們看見教宗和教宗身邊最高的教廷負責人，都非常坦白和我們交談，誠心接受我們的建議。教宗又以慈父的心腸接待我們，和我們主教們在一起三個多鐘頭，交換意見，給我們很大的安慰。而給我們安慰最大的，還是教宗對我們主教們和留羅馬的中國神父教友的公開演講，在這篇演講裡，首先教宗聲明主教屬於天主教會的標準，在於和聖伯鐸繼任者的連繫，這是第二屆梵蒂岡大公會議的教會憲章所肯定的傳統教義。因此，我們就可以知道在教宗心目中，代表中國教會的教會，不是否決與教宗連繫的愛國教會，而是忠於教宗，遭受迫害的教會，中國教會的存在是靠他們勇敢而肯犧牲的精神。教宗說這些遭難者所種下的信德種子，現在埋在地下，將來在適當時期，一定要結果。第二，教宗稱讚中華民族為一種有光榮文化的偉大民族，現在雖有分裂，將來在中華文化裡會重新結合，將來對於人類的和平，必能有偉大的貢獻。中國教會的人須要努力使基督福音和中華文化相融會。因此，我們知道代表中華民族的，不是由蘇俄所傳來的共產主義，而是中華祖傳的文化。這種文化現在事實上是在台灣；我們住在台灣的人，是中國文化的代表。第三，教宗說台灣教會是一個「橋樑的教會」，基督的福音和中華文化相融會了，由台灣再流入大陸，使大陸遭難教會所埋的種子，能發芽生長。聽了這段話，我們的心中真有無限的安慰，教宗並沒有小看台灣的教會，教宗把台灣教會看作大陸教會的復興基地。

各位教友，我把教宗的這種愛心和關懷帶給你們，使你們和我們主教們共同分享教宗給予我們的安慰。教宗愛我們的教會，看重我們的教會。同時我就請你們體會自己的責任。台灣的教會要使基督福音和中華文化相融會，成為大陸教會的橋樑，我們每個人都有一分責任，都要常有這種責任感，以便努力去滿全責任。

我們的責任感，應該是一種憂患時期的責任感，即是人類處在憂患時期，中國處在憂患時期，中國教會處在憂患時期。人類的憂患是唯物思想所造成的，中國的憂患是共產黨所造成的，中國教會的憂患是愛國教會所造成的。總括起來，這一切憂患都是罪惡所造成的。

罪惡是人類禍患的根源，爲解除人類禍患則須使人類由罪惡中解救出來。爲解救人類必靠我們的救主，因此教宗要全球教會一起奉獻人類予聖母，而且在聖母領報日行奉獻典禮。聖母領報日是人類救贖開始的日子。

今天我們全國的主教都聚齊在這裡，神父們有六十多位代表，修女和教友有七百多代表，我們一齊舉行奉獻人類，奉獻中國予聖母的大典。對於目前中國大陸的教會，教宗說從人方面說我們沒有辦法，但是從天主方面必定有辦法，所以像聖保祿宗徒所說，在沒有希望時仍舊有希望，希望來自天主。我們大家每天應該爲中國，爲中國教會行祈禱，行克苦，求聖母轉求救主耶穌，首先使我們自己脫離罪惡，再使中國同胞脫離罪惡。我們今天站在聖母像前，恭讀奉獻經文，經文爲教宗所寫，我們便和教宗相連，也和全球整個教會的教胞相連，一同奉獻人類，奉獻中國，奉獻我們自己，求聖母助佑，求天主保佑。

民國七十三年

中國主教團曾公請教宗於往韓國之便，順道來台灣，主持台灣開教一百廿五年週年紀念大典，教宗答覆因各方關係不便來台。中國主教團乃邀請國務卿佳沙洛里樞機來台主持，彼謂當請示教宗。教宗最後決定派羅西樞機爲代表，來台主持紀念典禮，並致函主教團主席一函。

教宗致中國主教團主席　前台北總主教羅光函

敬愛的弟兄：

由於我宗座職務的許多要求，無法接受你們的誠懇邀請，到你們中間去慶祝偉大中國這一地區再度傳福音的一百二十五週年，我要求我的弟兄羅馬聖教會的樞機主教羅西，擔任我本人的代表，把我的賀意和我不斷對你們的關懷帶給你們大家。羅西樞機曾以他出色的熱心和專長，主持宣道部有十三年之久。

我首先緬懷聖道明的熱心子弟，他們自大陸來到寶島，多年來一直做福音傳播的工作，而他們今日還繼續獻身於此工作。我特別問候鄭天祥總主教，他是道明會的傑出會士，他領導著道明會士於一百二十五年前所到之處的天主的羊群。

當時開始的福音傳播工作穩固地進展，而有了顯著的繁榮，這應該感謝三十五年前，在不同的環境下從大陸來的傳教士。基督的信仰從此妥善建立起來，從一個監牧區現在成了一個教省，包括七個教區和二個宗座署理區，同時聖職人員和信友也有顯著的增加。

當然在這福音傳播的事業上也有過許多困難。即使今天，身爲有遠見的牧人，你們渴望看到耶穌能完全降生到你們的民族之中。在台灣的教會，必須保持傳教的狀態，決不可放鬆而要使我主耶穌基督，受到人們的認識並爲人所愛！我注意到主教團爲了慶祝這一大事所發佈的聯合牧函中，你們的牧靈關切是指向將來：「承先啓後」。教會本身是指向將來的，因爲教會是由聖神所領導，祂指導教會走向未知的海岸，同時因爲教會想到有那麼多人還不認識天主和祂所派來的耶穌基督，而益發努力。

關於這一點，我很高興提到你們對於推行司鐸聖召和修會生活聖召所作的努力，還有你們使教友投身於傳佈天主國的偉大工作所做的努力。我希望這美麗的寶島——這是第一批歐洲旅客到達此島時所稱呼的——由於信仰耶穌基督和愛耶穌基督，而成爲更美麗。希望在六月初由於新神父的晉鐸禮，爲你們是一個新的五旬節的開始！

你們地方教會的特徵之一是「忠誠」，由於此種忠誠，使你們和你們的司鐸和信友，與基督的代表和宗座團結在一起。不久前，我又能再次體驗到這種忠誠，就是當你們在救贖特別聖年的氣氛下，來到伯鐸的墓前和天主教會的中心訪問的時候。

一百廿五年前，信仰從大陸再次傳入寶島。因此，自然地在此情況下，我的思想會想到在偉大中國另一地區的你們的兄弟和姊妹們，他們幾乎是人類的四分之一，我對他們也特別關愛和尊敬。在你們最近訪問羅馬，我向整個中國講話時，我有機會向你們保證，教宗不會忘記你們，教宗以特別的關懷追隨你們有關的一切事件，而且在愛和祈禱中教宗與你們大家連結在一起。我熱切地希望很快地能在各地，也能以外在的方式，重建天主教教友基本條件的合一與共融，這一直是我們共同信仰的特性。

台灣傳教一二五週年的慶祝是在五月，五月是聖母月，中國教友非常恭敬聖母而且愛聖母。望她，耶穌的母親和教會的母親，從復活的基督求得合一共榮的恩惠，使現有的困難得以克服，而對救主的信仰能在我所愛的寶島上日益茁壯。

作爲這些希望的保證，我願將特別的宗座降福頒賜給你，教省總主教賈彥文，高雄教區鄭天祥總主教，各位主教、神父、會士及教友，我也求天主將豐富的恩寵賜給高貴的全中國。

教宗若望保祿二世

一九八四年四月廿二日耶穌復活節發自梵蒂岡聖伯鐸墓旁

（中國主教團秘書處譯）

五月二日

五月六日

九月廿七日

午後，在主教團祕書處召開中國天主教資料小組會議，商定與香港教區神父代表交談之四原則；爲中國教會之將來而交談，交談態度坦誠，交談對大陸目前教會有所幫助，幫助忠

貞教會亦幫助愛國教會反省

（此種交談會，後來每年舉行一次，範圍漸漸擴大，邀請澳門、菲律賓、新加坡、美國之中國神父代表參加，一九八四年在澳門舉行，台灣、香港、澳門三區之主教亦參加）

九月二十八日

中國主教團發表牧函，論中國教會一牧一棧。

中華民國主教團牧函—論中國教會一牧一棧

在主內的親愛的兄弟姊妹：

願天父的慈愛，基督的聖寵，聖神的恩賜，與你們同在！

一、地方教會與普世教會的連繫

「我信唯一、至聖、至公從宗徒傳下來的教會。」這是我們的信仰，也是我們每主日在彌撒大典中大家共同地聲明的信仰。

基督降生成人，取了人性，成了「一個」人，以完成聖父遣祂救世的使命。基督受難被釘死，祂復活了、升天，由聖父遣派聖神，來到祂所創立的教會內，給予生命、光明、熱愛。教會是基督以十二宗徒爲基石所建立的在人間的神聖團體，以繼續祂的救人工作，宣傳福音，聖化人靈。第二屆梵蒂岡大公會議說：「唯一的中保耶穌基督在人間建立祂的教會，並時刻支持她。使她成爲一個信望愛三德的團體，也是一個有形可見的組織，並藉著她向眾人傳播真理與聖寵。這一個含有聖統組織的社團，亦即基督的玄奧身體是可見而又是精神的團體，是人間的教會，而又是富有天上神恩的教會。」（論教會憲章 第八節）

基督的教會爲基督的妙體，「基督的生命在這身體內分施給有信仰的人，他們藉著聖事，以玄奧而實在的方式，與受難而光榮勝利的基督結合。」（同上，第七節）基督的妙體是唯一的，聖保祿宗徒說：「因爲我們眾人都因同一聖神受了洗，而成爲一個身體。」（格十二 13）身體是一個，不能分裂，分裂了的肢體就沒有生命，也就不是身體了。「整個身體因關節和脈絡得以滋養而連結，在天主內生活成長。」（哥二 19）

唯一的教會傳播福音，因著宗徒的工作在各地建立了地方教會，宗徒們的繼承人又宣傳福音予以增設，使基督的唯一教會在世界各地都建立起來，召集天主的子女，向天父奉獻純潔的祭祀和馨香的讚頌。

從宗徒的時代，散佈在各地的教會就彼此連繫，聖保祿兩次上耶路撒冷，會見聖伯鐸，以各教會的捐獻，救濟耶城的教友，耶城的教會也派代表往安弟約基教會，宣佈共同的教規。在第二世紀時，羅馬教宗格肋孟寫信與格林多教會，安弟約基的主教聖依納爵和史米能的主教聖波里加波都寫信問候附近的教會。在第三世紀時羅馬教會遭迫害時，北非的主教聖西彼廉主教致書羅馬教宗聖哥耐果。到了第四世紀羅馬皇帝公斯當定領洗入教以後，歐洲、北非和近東的主教，已經開始在羅馬教宗的指導下，集會研究教義和教規。雖因東羅馬帝國的政治關係，產生了東正教，與羅馬分離，然整個歐洲從羅馬帝國時代到中世紀，教會內所有的地方教會，不僅在信仰上屬於同一的教會，而且在事實上表現了這種傳統的信仰。後來福音傳到歐洲以外的地區，所有地方教會，常合而爲一。不幸在文藝復興時期，因著教會內和歐洲政治上的各種惱人的原因，路德脫離了天主教會，建立了基督新教，以後的世紀，新教再逐漸分化爲多數的基督教會，到了今天，凡是有基督的信仰的人，不論是信天主教或信基督新教，都深深感到有重新合一的必要，不能再繼續讓基督的妙體分裂，而要實現基督在最後晚餐的祈禱：「使他們完全合而爲一，爲叫世界知道是您派遣了我。」（若十七 22）

二、與教宗相連繫

基督所建立的教會爲一個有形的團體，處在人世而行天上的聖事，有形的團體必定有組織，有組織便有統序。基督在世時便指定了聖伯鐸爲祂的教會的首領，在瑪竇福音第十六章和若望福音第二十一章，基督明顯地表示了自己的意願，教會既是基督的妙體，妙體的頭當然是基督自己；教會又既是有形的團體，有形的首領便是聖伯鐸的繼承者，這種信仰從教會開始時直到今天，流傳不斷。對宗教使用統治權的方式，歷代可有不同的法規，但對教宗的教會首領乃是古今共同的信仰。第二屆梵蒂岡大公會議說：「耶穌基督永生的牧人，曾經建立了聖教會；如同祂由父派遣而來，祂也把使命交給了宗徒們；祂要宗徒們的繼承人，就是主教們，直到世界終窮作教會內的牧人。爲使主教職保持統一不分，基督定立了聖伯鐸爲其他宗徒的首領，並在他身上建立了信仰統一及精神共融的，永久可見的中心與基礎。對於羅馬教宗首席權的設立、權限、性質、與永久性，以及其不能錯誤的訓導權，本屆神聖大會，再次向全體信友提示其爲應該堅信的信條。」（論教會憲章　第十八節）

天主教會的主教乃宗徒們的繼承人，繼續宗徒們的使命和職務。宗徒們當時合成一個小團體，稱爲「宗徒團」，以聖伯鐸爲首領，共同領導教會。「宗徒團」（Collegium Apostolorum）的團體由宗徒們的繼承者繼續組織，全球天主教主教都爲「宗徒團」的成員，和全球主教互相連，和「宗徒團」的首領羅馬教宗互相連繫。第二屆梵蒂岡大公會議規定：「由於主的規定，聖伯鐸及其他宗徒們組成一個宗徒團，基於同等的理由，繼承伯鐸的羅馬教宗和繼承宗徒們的主教們，彼此也聯結在一起。按照很古的一種風紀，設立在全球的主教們，彼此之間，以及他們和羅馬主教之間，經常在統一、愛德及和平的聯繫之下，息息相通。……可是，如不以繼承伯鐸的羅馬教宗爲主教團的首領，並使他對所有牧人與信友的首席權保持完整，則主教團毫無權力。」（論教會憲章　第二十二節）

我們中國教會的主教有六十多位參加第二屆大公會議，和當時參加會議的全球兩千多位主教共同制定論教會的憲章，肯定了主教與主教的聯繫，主教與教宗的從屬關係，因爲這是教會傳統的信仰。

很可惜自從成立天主教會以外的基督教會以後，這項信仰竟成了合一的絆腳石。現在具有基督信仰的善心人，都盡力在謀求突破這種困難。

三、中國教會與全球教會及與教宗的連繫

去年，我們中國教會紀念了利瑪竇來華四百週年，今年台灣教會紀念了台灣開教一百二十五週年。利瑪竇來華重新開始在明初中斷的宣傳福音工作，以建立中國教會。一百二十五年前，福音由道明會傳教士從福建傳入台灣，在一百多年前由廣州傳入香港。中國教會據一九四八年的統計，分成二十教省，有總主教二十位，主教八十三位，監牧三十六位，共有教區一百三十九區。香港屬於廣東教省。一九六一年，台灣成立中國的第廿一教省，分爲七個教區。澳門教區係中國教會發祥地，在聖統制上雖不屬於中國教會，在教務工作上，則相當關連。

中國教會爲一地方教會，地方教會由本地聖職人員在主教領導下治理教會，教務經費應由本地信友供給。然本地教會和普世教會互相連繫，猶如一體，互通有無。我們中國教會接受全球其他教會的人力和財力支援，我們中國教會也派有中國神父和修女在別的教會工作，為普世傳教事業每年我們也捐助經費，這是教會唯一和至公的特性，並不是受人或給人的侵略。

中國教會傳統地常與教宗連繫，保持從屬關係，這是我們教會的信仰，為保全這種信仰，在大陸的主教、神父、信友，不惜犧牲一切，進勞改營，入監獄，被處死刑。因為若不能和教宗取得連繫，就是信仰不自由，我們必不屈不撓據理力爭。

在非常的時代，當事實上中國主教不能和教宗連繫時，主教們有許多自主之權，可以臨時自決，然不能公開否認教宗。破壞自己的信仰。

教會和教宗的關係為信仰的連繫，我們信教宗為首領是信他為教會的首領，不是從政治去看。在中世紀時教宗擁有自己的國家，在歐洲的政壇上常有政治活動。但在十九世紀末葉失去了國家，現有的梵蒂岡國，僅有一政權獨立的象徵，表示教宗不隸屬任何的國家政府，在國際政壇上絕無其他意義。教宗和各國政府的外交關係，純為謀該國教會的利益，而無任何政治、軍事、經濟、商業等現世利益的企圖。

大陸教會人士有人指責教宗與在台灣的中華民國政府保持外交關係。這種關係不是教宗故意建立，而是原在南京的大使遭中共驅逐出境，故轉來台灣。當時轉來台灣的大使館很多。後來因著各種不同的利益，許多國家和中共交涉建立外交關係，乃撤去在台北的大使館，中共要求教宗撤去駐台北的大使館，卻拒絕和教廷先行交涉，教廷按照慣例，不自動撤去使館。而且中共表示在教廷撤去駐台北使館，即使與教廷交涉，也決不容許大陸天主教會與教宗聯繫，這樣中共自己斷絕了交涉之路，大陸教會人士應明瞭教宗的苦衷，不應抱怨教宗放棄了他們。在中華民國的教會人士也應了解教宗試圖與中共接觸，是爲謀求大陸教會的利益；降低與中華民國的教會之關係，乃是減輕中共對大陸教會的壓力。

我們祇有求天主聖神，加強中國教會人士的信德；堅持純淨的信仰，避免政治的混淆，培養剛強的毅力，在目前教會艱苦而又爲爭取教會生存的時代，大家團結一心，共同祈禱。用一九二四年中國教會全國主教會議所撰奉獻中國於聖母頌的經文說：「求爾憐視中國億兆人民，皆爾聖子聖血所贖，賴爾大功之轉求，賜之同歸耶穌聖心，以得生命聖德之源，而共成一牧一棧。」（教友生活報 九月二十七日）

民七十四年 一九八五

香港亞洲主教團協會季刊，四月至六月五三號五頁，發表對愛國教會，余代表中國主教團之聲明。

中國主教團向國際聲明對「愛國會」天主教的態度

我們應堅持的原則及憂慮的所在

中國大陸「愛國會」天主教公然摒棄天主教的信條之一的「唯一性」並申稱羅馬教宗的首席地位僅爲政治發展的產物，是教宗的政治野心所造成。常使我們憂心忡忡和思想困擾的是他們公開否認與羅馬教宗的合一。

可是大陸廣大部分中國天主教神父及教友，仍忠誠於羅馬教宗，忍受苦難，甚至在監獄中。雖然有部分教友不拒絕進「愛國會」教堂並在他們手中領受聖事，但他們不願跟隨「愛國會」天主教的主教及神父們。

「愛國會」主教及領導人物們很高興接待其他國家天主教往訪，也不拒絕其他國家天主教邀請他們去各該國及地區訪問，以爲他們自己在中國人及世界各地教會前爭些「面子」。

1.我們願意他們承認或至少暗示天主教的唯一性。

2.我們自己的作法不應該贊成分裂的趨勢支持他們，這樣有暗示遺棄那些爲信仰而受苦的中國教會於不顧。

3.在我們一方面如果有與「愛國會」接觸時，必須清楚表示與羅馬教宗合一的信仰，決不允許那些對這一信仰，有任何含糊不清的表示。

(譯自香港亞洲教團協會季刊一九八五年四至六月五三號五頁)

十月五日

上午，在主教團秘書處。

九點，賈總主教，狄總主教，王主教與余，同由菲律賓邀請來之三位中國神父座談。

先由余蒙席樹仁報告三次訪問大陸教會之情形，又以書面作報告，報告中最重要點：大陸教會之分裂，地下主教神父修院，如何協助大陸教會。

次由徐州教區李明望神父作報告，彼亦三次訪問徐州，彼提出建議，組織橋樑教會委員會。

後由獻縣劉永石蒙席作報告，彼報告本年六月十五大陸教會訪問菲律賓之訪問團情形。

余定下星期一(七日)上午，繼續開會，討論建議。

下午在天母牧盧寫稿，寫梁漱溟思想，其以「生」代表孔子哲學。

十月七日

上午，九點，在主教團秘書處繼續前天之座談會，有賈、狄、王、劉四位主教，菲律賓來之三位神父，張春申神父，房志榮神父，劉鴻愷神父，余主持，先討論大陸地下主教神父事，後集中討論台灣主教團組織橋樑教會委員會，經過一小時半之討論，同意擴大中國教會資料中心，以一專人負責，邀請菲律賓、新加坡、馬來西亞、美加、羅馬、巴西之中國神父各一二人參加，菲律賓亦以此次來之三位神父參加。

午後，在聖家會景美會院小堂，參加創會七十五週年，第二屆在台修女發願銀慶，兩初學生發初慶典禮，余講道，先講修會歷史，後勉修女效法聖母：以聖經和十字架作生活指南。

中華民國主教團赴羅馬述職

十一月二日

晨，行三文彌撒

早點後，休息

十點三刻，吳祖禹大使來，講彼赴美，余赴羅馬，彼邀余由羅馬赴紐約，並送路費。

往榮民總醫院，探望耶穌會陳神父病況，彼將於月之八號行手術，又往探望吳德生資政病況。

午餐後，偕洪修女及王修女赴飛機場，李教務長，袁總務長、胡訓導長、朱祕書長、薛主任、劉文郎主任、李匡郎主任，夜間部教務組長，訓導組長及惠娟均到機場送行。

三點五十動身，經香港，換瑞士飛機。

十一月三日

晨，六點二十五分抵蘇黎士，換瑞士飛機，於七點二十五分動身，八點四十五分抵羅馬機場，周大使、羅大方蒙席，蔣廷信先生在機場迎候。

到修女院，休息，Elena未到。

中餐後，再休息。

午後六點，行彌撒。

七點半，周大使邀往金城餐廳晚餐。

因驟入羅馬，冷天氣，氣喘。

十一月四日

一夜安眠，今晨不氣喘。

晨，與狄剛總主教共祭，彼昨晚抵此。

上午，休息。

午後，休息，四點，唸日課，開始以打字機草爲與宣道部談話稿，並向教宗談話之稿。

今天漸適合羅馬天氣，吃藥，晚，稍有氣喘。中午，與狄總主教談話頗久。

去年，在羅馬、雖累，然不氣喘，今年，身體轉衰，一切有天父之照顧，安心喜樂。

十一月五日

上午，與傳信部中國司長通電話，詢問中國主教拜訪傳信部日期，彼云，原定星期五，然星期四星期五將由教宗接見，故祇能在下星期一，後來，副秘書長來電話兩次，言定於星期一上午九點半。

十一點，由羅大方蒙席駕車，送狄總主教與余往Casa internazionale del Cero旅館居留，中午，中國九位主教俱到。

下午，五點，中國主教開會議定今後行程，并向教宗及傳信部長之談話內容，七點，散會。

周書楷大使，宴全體主教，飯後，周大使說明目前教廷與我外交關係之微妙不安，余告以日後尚安定。

十一月六號，上午九點，往訪前宣道部長羅西樞機，彼甚感動，談彼目前工作，整頓教廷不動產之管理，余邀請彼於下星期日中午，與中國主教午餐。

九位主教往訪宮長馬爾定總主教（余之同班同學），言明明後兩日晉見教宗。

九位主教往訪高理耀樞機，談大陸教會，彼主張應向教宗陳明不宜再讓外國主教往大陸訪問，余邀請與主教等午餐。

九位主教訪聖人諡封部部長巴朗支義樞機（Palanzzini）談中國殉道真福諡封聖人案，

彼云怕有礙教宗與中共接觸之努力。

九位主教往訪主教部部長佳康定樞機(Gatin),余邀其下星期一與主教等午宴。

九位主教往訪副國務卿西爾握里義總主教,談話三刻鐘,余略述中國主教對大陸教會之努力。大陸教會一年內之改變,將來余等之工作路線,并說明中國殉道真福謚封聖人之意義。

十一月七日

中國主教分別晉見教宗。

上午十一點三刻,到國務院與中國司長車里蒙席Celli談話,彼將明天教宗向中國主教團演講內容相告,並云教宗指示彼問余,中國主教團有何希望使內容加多,余答是否可說出中國教會爲一教會。彼又云,教宗特別願意在演講中提到輔仁大學。

十二點一刻,晉見教宗,首述輔仁大學現狀及文化工作,後陳述大陸教會情況頗好轉,一年內無公開反對教宗之言論,教友公開批評愛國教會主教。但是外國主教往大陸訪問愛國教會,又邀請愛國主教出國訪問,對大陸教會製造紛亂。最後重申教廷與中華民國外交關係的重要性。談話二十分鐘。

中午,耶穌會總長宴全體中國主教。余要求總長神父協助勸外國主教不訪問大陸,在台灣耶穌會加強文化工作，加派青年神父到輔大。

晚，留羅馬中國聖職員共祭，聚餐。

十一月八日

十一點，去拜訪國務院常務副國卿馬迪義總主教（Martinez），談中梵外交關係，彼表示除非爲教會非常更高之利益，決不能接受政治壓力，考慮與中華民國絕交，彼之態度非常清楚。

十二點一刻，中國九位主教團體晉見教宗。余以義大利文致詞，詳述多項問題及橋樑教會之實況。教宗操英文致訓詞，達二十分鐘，說明宣傳福音與文化之聯繫，特別提出輔仁大學，囑輔大擔任中國文化與福音思想之融會，培植全人格之青年。

一點半，教宗邀余等九人與其聚餐，至三點鐘始散。

向到羅馬述職的台灣主教致詞

基督內親愛的弟兄們：

我今日在此以天主我們的父及主耶穌基督的恩寵及平安歡迎你們。與到羅馬來憑弔伯鐸及保祿之墓，並向我訴說牧職中的憂心和期望的主教弟兄們相聚，是我身為伯鐸繼承人服務中最重要而又最令人高興的時刻。

我願意分享你們的喜樂和不安，你們的困難和純正的希望，使我能幫助你們在信德中堅定你們。

我與你們的這次會晤——我很高興回憶事實——是在有意義的台灣開教一二五週年後，以及正在準備你們所計劃的一九八七年的全國福音傳播工作大會期間。這是件教會的大事，將在各個層面——教區、堂區、機構和家庭——產生對天主聖言和大公會議訓導的深切認識，使能更有效地向你們的同胞傳佈福音。

中國人向中國人傳福音

你們一定感到我所想到的是中國人的大家庭，它在人性和文化的價值，以及崇高的道德傳統上都很出色。你們是這個大家庭的一份子，而你們也分擔它對真正的進步和繁榮的深切期望。

你們被召成為生命訊息的先驅，你們是以中國人身份擔任此職，而且你們發現接受信仰，絕對不意味要放棄你們的文化，更不是要你們減少對你們祖國的忠誠和服務。相反，信仰激發信徒做更合人性和更合格的貢獻。你們的團體——我們也不能忘懷那海外的許多有生氣的團體——有責任，有如前任教宗保祿六世所說，「在全球共同爲基督作證」（在新世界傳福音七七）。我加一句：就因爲你們是中國人，你們是中國人大家庭的天生的福音傳佈者。

福音傳播與認識現狀

人類救主耶穌基督的福音宣報，能從內部光照人的實體，因爲「基督，在揭示聖父及其聖愛的奧蹟時，亦完全將人展示給人自己」（教會在現代世界 二二）。

福音宣報不得以膽怯的對話或嚴厲而蠻橫的斷言來表達，而要以大公會議明智地所指出的方式：像基督一樣「同樣基督的弟子們，充盈基督的聖神，也要認識與他們共同相處的人，要和這些人互相往來，好能藉坦誠耐心的交談，使這些人知道寬宏的天主分施給萬民何等的財富；同時在福音的光照下努力闡揚這些財富，排除障礙而使他們歸於救主天主的統治下」（教會傳教法令一一）。

在台灣的天主教團體，爲了島上所有弟兄的福利而決心從事的有意義的傳福音工作中，首先應該將此重要的宣報與人的救援連結一起，也就是要求真正促進提升人類生活的各方面。

我知道你們在這方面，正確地關切某些與你們的同胞所達成的經濟成長相關的含糊情況。因爲這種成長帶來明顯的消費主義型態和實際的唯物主義，這一切顯著地削弱了道德的價值，尤其是那些屬於中國人民真精神的傳統和文化價值。

傳福音的方法應予革新

親愛的弟兄們，教會小心地審查這些情況，這些情況刺激她的服務使命，同時也要求教會給予能真正觸及人心深處的需求的答覆。教會一方面重視中國人的大家庭的高尙文化傳統，並且勇敢地分辨時代的訊號而信賴主基督，同時應該不斷地致力於促進每一個人的尊嚴並確保對人生的尊重與維護。

你們都意識到，在現在社會和文化的背景下，福音傳播工作不能僅滿足於遵循過去的方法，無論這些方法是如何的好。教會也應該勇敢地想出新的方法，同時在某些情況下，仍保持願意回復到真正初期教會宗徒的宣報行動。

這種新的投身——你們適當地決定與你們親密的伙伴司鐸、會士和平信徒共同做的——成了非常迫切的事，並要求真正的傳教士的風格。

另外，必須忠於在教會內保存和傳授的生命之言。「聖傳是把主基督及聖神托付給宗徒們的天主聖言，完全傳授給他們的繼承人，使人藉真理之神的光照，用自己的宣講，將天主的話忠實地保存，闡明並傳揚開來」（啓示憲章　九）。

此外，我人應該進行強而有力地改進使徒工作，也就是有創意的，有勇氣的使徒工作。

教育機構的重要

這樣看來給予教育和陶成中心新的衝擊是好事。在這方面應該更要強調，唯有考慮到人的精神和宗教的幅度，才能避免對於人的片面的和不完整的定義。這類定義導向毀滅人靈和他最純正的抱負的發展計劃。

我知道輔仁大學所曾做的有價值的許多文化活動，輔仁大學先前曾體驗到于斌樞機主教的不屈不撓的熱火，而現在付託在現任校長羅光總主教的周到而費心的照顧之下。教會對此陶成現代人民的重要工具非常重視:陶成他們的良知向善、服務的精神、守紀律,以及在每一個行爲領域中的道德正直。這細緻的道德感受的名節,已爲傳統的中國人文主義確認爲是價值。

此高等學業中心,將成爲以各種不同方式所表達的救恩訊息,與崇高的中國文化之間相會晤的特殊而高層次的機構,提供學者和專家。這一使命是來自福音的崇高本質,以及屬於中國文化的傳統和人性價值的尊嚴和高尙。

教友傳福音的重要任務

福音傳播重要使命中平信徒有其特殊的角色,他們由於洗禮和堅振,在教會的使命中要完全的參與。我們應該不斷地提醒自己和教友,主基督向其門徒所說的:「你們是世界的光……你們的光應在人前照耀,好使他們看見你們的善行,光榮你們在天之父」(瑪五14-16)。我們也要記起大公會議因福音的啓示而討論平信徒使徒工作的啓發性的話,以及有關他們分享教會生活和服務社會的使命的文字(參閱教友使徒工作法令 六)。

假如還需要的話,提到平信徒使徒工作的範圍是:「政治、社會及經濟的廣闊而複雜的世界，但是也是文化、科學、藝術、國際生活和大眾傳播媒體的世界。其中還包括其他對福音傳播開放的事實，如人性的愛、家庭、兒童及少年的教育，職業工作及痛苦等」。教宗結論說：「受福音啓示的平信徒越投身於這些事實，清楚地置身其間，有能力去推進之，並且知道應該完全施出往往被抹殺和窒息的基督徒的力量，那麼這些事實越能有助於天主的國和在耶穌基督內的得救」(70)。

無法忘懷大陸的兄弟姊妹

親愛的弟兄們，與你們——中國（地區）主教團主教——相聚，無法不使我們想起在廣闊的中國大陸上的許多兄弟，他們在同一信仰中團結一起，被召爲生命的聖言作見證。

這個我所愛的教會，一直在我心中，我每天懇求聖神，希望在排除各種不同的障礙之後，能使所期待的完全生活出來、表達出來和享有的共融的時刻早日來臨。

目前，我們有效的任務是爲這些團體祈禱，使他們對人類救主的信仰，能在與至一、至聖、至公及宗徒傳下來的教會的共融中深切而活潑地體認出來，此教會在伯鐸及其繼承人身上有「主教們和整個信友團體的永久而可見的統一中心和基礎」（教會憲章 二三）。

是的，你們知道這是每一個地方教會與教宗以及其他所有國家的天主教團體相連的結合問題，這是天主教信仰的根本。

這並不削弱每一個地方教會的實體，而是使它更顯著更有意義，同時鼓勵並推動每一個國家的主教、司鐸和平信徒能成熟地負起責任，它使地方教會在普世教會的生活中，能有共同負責的時機和喜樂。

同時，我們要求完美恩惠的賜予者（天主），使我們的兄弟和姊妹們的愛的能力，因考驗和痛苦而更淨化之後，能推展到爲他們國家的福利和進步而努力，使他們也能在才能、投身、愛國和正直方面，有慷慨而適當的貢獻。

爲在世界各地居留的中國同胞們，你們一定也祈求天主使他們繁榮和幸福，你們希望他們更能合作，向與他們有共同出生和文化祖產的人傳播福音。

結語

去年我與你們會晤後，我託付給你們——在台灣的教會的牧人——一個使命，即在台灣的教會應成爲大陸中國弟兄們的信仰的生活見證。我知道這個邀請在你們身爲主教的心中，以及你們所照顧的團體中，有了深切的迴響。讓我們感謝主耶穌，把我們更完整託付在祂的領導下，以發現並完成祂莫測高深的計劃。

你們被召在建立一個真正的中國教會上做信仰的見證，教會完全致力於爲人，爲每一個人服務，根據天主聖言的光照，與普世教會共融，「與伯鐸並在伯鐸的領導下」爲人服務。

願瑪利亞，聖母和中國之后接納這些願望和你們的決心，而從天父求得完全的實踐。

（台灣中國主教團秘書處譯自羅馬「觀察報」十一月九日第四版。文中小標題為譯者所加）

羅光總主教十一月八日代表中國主教團向教宗致詞

首先感謝教宗去年接見中國主教，裨以橋樑教會的責任，一年來台灣天主教會認真且熱烈執行這種職務。

第一，組織爲大陸教會祈禱：祈禱方式有每星期日彌撒後唸一特別祈恩經文，有男女修會輪流舉行祈禱日，有神父們爲大陸的教會輪流獻祭，有唸玫瑰經運動；有守齋運動等。

第二，組織與海外中國神父座談會：與香港神父代表已舉行兩次，與菲律賓中國神父代表，與北美中國神父代表，均舉行一次。

決定在中國主教團之下，成立一小組委員會，專門研究大陸教會題。

第三，從香港給大陸修院寄送中文彌撒和神學哲學教課本。

第四，由大陸訪問歸來的海外中國神父的報告，大陸天主教教友已公開批評愛國教會主教，大陸共黨負責統制教會的人員已漸不大重視此輩主教，反而強調教友的團結。以後，我們要加強支持大陸教友反愛國教會的精神，使共黨看愛國教會主教失去作用，不足利用，而不予以支持。

第五，中國天主教會在清朝為教殉道，受教宗諡封為「真福者」已有一百一十九位，若能諡封這一百一十九位真福為聖者，則將堅定大陸教友忠貞的精神。

第六，外國主教往大陸訪問愛國會主教，或邀請他們出國訪問，在大陸教友中產生很大的困擾，因為彼等不承認，不尊重這輩愛國會主教，現在看外國主教卻反而尊重他們，大陸教友便開始懷疑，他們自己忠於教宗而受迫害，是不是錯了。

第七，大陸天主教教友很注重台灣天主教會的活動，台灣教會的消息常傳入大陸，使他們的心很嚮往台灣，我們將努力加強這種傾向，使外國人看到代表中國主教會的不是愛國教會，而是忠於教宗的教會。

第八，中共的國策為在台灣中華民國政府和國民注重的焦點，若這種國策，一旦不是因看教會的最高利益，即大陸教會的自由，而是因各方的政治壓力，而被斷絕，則台灣天主教會在自由中國政府和國民前，無法作說明，將四面受攻擊，傳道工作將被迫停頓。

十一月九日

晨六點出寓所，至聖伯鐸大殿，天尚未明，在走廊唸玫瑰經，心神超越。七點，中國九位主教在教宗私人小堂，與教宗共祭，尚有十餘位中國神父共行彌撒，修女與教友多人參禮。彌撒中，余想念中國教會，感想甚深，彌撒後，教宗出見，余將昨日之致敬詞稿（副國務卿已於昨日下午以電話通知，云教宗要有此稿）並請求諡封中國殉道真福為聖人之中國主教團申請書，送呈教宗。教宗謂此兩件係重要文件，又向全體中國人說，此次聖祭，在精神上，團結整體中國教會及人民。

中午，中國主教宴高理耀樞機。

晚，道明傳教修女會總會院宴全體中國主教。

十一月十一日

上午，九點，八位主教（成主教已離開羅馬）拜訪宣道部新部長董可樞機（Jomko），和副秘書長及中國司司長一同座談，部長致歡迎詞，說明此次訪問之重要，台灣傳教工作已有進展，輔大工作非常重要，部長致詞畢，余致詞，陳述各種問題，多瑪斯修院問題，本省神父出任主教問題，大陸教會問題，外國主教訪問大陸問題，中梵邦交維持問題，中國殉道真福諡封聖人問題，教宗答應組織中國教會委員會問題，傳信善會與發補費金問題，部長明瞭問題之重要，分別作答。座談一小時半。

晚，中國主教團宴佳丁樞機。

十一月廿三日

參加紀念梵岡第二屆大公會議二十週年，特別全球主教代表會議。

上午，由蔣廷信君駕車陪往菲律賓駐教廷大使館，參加亞洲主教團主席座談會，由兩位神學家講教廷與主教團之合作及教會融入本地文化，余兩次發言，一次講不宜強調主教團之權力，教區主教乃教區主持人，二次講融合本地文化，講原則，大家已明瞭，實行則須有專門學者，應盡力培植。

中午，任蓉夫婦在家鄉樓請宴。

十一月廿四日

上午，八時，空腹即動身由蔣廷信君陪往教宮，亦忘記將主教高帽帶去，八點半入宮，著祭衣，與祭樞機多位，主教兩百餘，由皇梯遊行入聖伯祿殿，主教會議開幕，行祭祈主，十一點半祭畢，唸伏求聖神降臨誦，出殿，由皇梯上行一百五十梯，氣喘，有如爬山。

午後與狄總主教往天使母后堂，爲思定服務社十七週年行祭，祭畢，在慶祝會小坐，即回寓所。

十一月廿五日

上午，乘計程車往梵城，八點半進入主教會議廳找尋余之座位，坐在左方第十一號，九點，教宗入廳，全體肅立，唱日課，祈禱畢，首席代主席樞機致詞，致謝教宗召集大會，秘書長報告籌備經過，Carron樞機報告梵蒂岡第二屆大公會議之意義及精神，大會總報告人Daniel樞機報告此次會議討論之主題「教會」十二點半閉會，午後，繼續開大會，教宗主席，首先發言。

晚，菲律賓駐教廷大使在使館設宴，招待亞洲主教。

十一月廿六日

上午，九點，大會開始，教宗主席，會員繼續發言，余於十一點發言，論大公會議傳教法「Missio」之意義，建立天主子民向教外人宣講福音，因此，其他宗教在非常機會可以得救，常規則以聖洗加入天主子民，向冷淡教友講道，不是傳教，作秘書工作不是傳教。

午後，繼續舉行大會，會員發言。

十一月廿七日

全球主教會議（各主教團主席出席，紀念第二屆梵蒂岡大公會議閉幕二十週年）第三日。

上午，大會休會時間，國務卿佳沙洛里樞機邀余到一小會議室，單獨談話半小時，佳樞機云，教宗以余此次在中國主教團晉見時之致詞全文及上教宗致謝書交與之，並指出在兩文件中，對中梵邦交可能有改變，加有條件及情況，故指示彼與余交談。彼謂大陸愛國教會日益穩定，將造成分裂教會，教友已多不加分辨，常往參加愛國教會之神父所行之彌撒，各方面向教廷建議終止中梵邦交。

余答以一年來大陸教會之轉變，於余等有益，因忠貞教友已公開批評愛國會主教神父，拒絕承認彼等之身份，中共已感到此種現象之重要，漸漸注意教友之團結，漸漸放開與教宗分裂之原則，故余向教宗說明中梵邦交決不能先絕交而後與中共談判，必須中共允諾大陸教會實際上與教宗連繫。教廷此時在此種情況下改變中梵邦交，余等始可向教友解釋，否則若先絕交，然後談判，談判又無成，余等無法向教友解釋。佳樞機云教宗先全同意余之意見，彼亦同意。

午後，未開會，周大使來談一小時半，擬致外部朱部長電文。

十一月卅日

晚，在來來中國飯店，宴亞洲各國主教團主席，共二十九位，有韓國、泰國、菲律賓三國之樞機，日本東京、新加坡、孟買、孟加拉、錫蘭、印尼等國之總主教，香港胡振中主教、亞洲主教團協會秘書長副秘書長，歐洲主教團秘書長等，韓國金樞機特叫香檳酒，請大家賀余晉鐸金慶，大家起立歌，氣氛非常和悅。

十二月六日

上午，參加大會，舉行投票，是否選舉大會秘書處成員，余發言問上次選舉之成員，有多少參加此次大會，新選舉不必，然可請教宗任命兩三位此次會議之主教參加秘書處。

宣言起草小組會，報告第三次改革之宣言，進行投票通過。

中午，義大利天主教最大之週刊主編約共進午餐，談中國大陸教會現狀，余詳細爲之說明，並談及中共外交問題。

午後，大會，教宗主席，結論稿由起草人Danid樞機宣讀，明早舉行投票。

教宗賜贈參加大會之主教每人一枚權戒指。

十二月七日

上午，往參加大會

舉行最後結論文投票，尚有數人發言，余亦想講話，然爲免好發言出風頭之譏，未發言。

休息一小時，與胡主教，加拿大主教團主席及數位會員交談。

十一點，教宗來致閉會詞，指明此次大會達到召開之目的，肯定第二屆梵蒂岡大公會議之重要及適合時間時，強調加強實行大會之議案。

一點，教宗在馬爾大招待處舉行會餐，招待全體大會人員，席間，大會最老樞機致謝詞，大會唱萬歲歌，教宗致詞，出廳外，教宗在廳門內與每位會員言別，余與教宗握手時，教宗囑多祈禱！

晚，大使館謝秘書邀宴。

十二月八日

晨，九點，入聖伯鐸大殿，忽見賈總主教，彼由法來參加週遊講道團大會。九點半，教宗入殿，舉行彌撒，彌撒中，教宗致詞，以聖母爲教會之象徵，余思此次或係最後一在聖伯鐸大殿參與大禮，五十多年來，在聖伯鐸大殿參加幾百次或千次之大典，且在祭壇與教宗共祭三次。

中午，法典委員會，主任Lara樞機在來來飯店邀宴，彼與家中三人與余，共五人聚餐，席間談法典及中國大陸教會情況。

十二月十日

上午，十時，周書楷大使來寓所，小座，即送余往機場，羅大方蒙席，蔣廷信先生與王克祿蒙席送傳芳女士一齊到，蔣廷信先生已將余之機票換成頭等，曼谷之樞機主教亦同機，羅東一位神父亦同機。

中午，十二點半起飛。

十二月十一日

晨六點抵曼谷，等候兩小時半，九點同機飛香港，香港陰雨，一點半由香港起飛往台北，兩點四十分抵達，桃園下雨。

外交部歐洲司兩位來機場迎候，一切手續簡化。李震教務長，袁總務長，胡訓導長，劉總教官，劉文郎主任，李匡郎主任，薛主任神父，夜間部教務主任，總務主任，蕭紀書先生之夫人，汪秘書惠娟，洪修女，瑜卿俱在機場等候。

四點，回抵牧廬登床就寢。

六點，晚飯。

八點，彌撒。

後誌

中國主教團和教廷的溝通，到此已算成功。但一方面台灣主教的橋樑教會工作，限於人力財力，又限於時勢，沒有辦法展開；另一方面，歐美各方面仍舊繼續有許多人向教宗建議，重視大陸愛國教會，早日斷絕和中華民國的邦交、教廷對台灣教會之看法，常以不刺激或不招惹中共爲前提，不能恢復若望第二十三世大膽發展台灣教會的計劃。

民國七十五年

中國第一任國籍主教祝聖六十週年，中國教會建立聖統制四十週年，主教團於十月二十八日，發表牧函。

中國主教團牧函

（紀念中國第一任國籍主教祝聖六十週年中國教會建立聖統制四十週年）

親愛的神父、修士、修女、教友們：

願天父的慈愛，基督的聖寵，聖神恩賜，與你們同在。

「我們不能夠把充滿整個心靈的愉快，靜默不言；我們整個心靈充滿快樂，因為今天第一次由羅馬教宗祝聖了從中國聖職員中所選擇幾位代牧區的首長為國籍主教，使他們在自己的同胞中擴展基督的神國；傳揚教會的大公名義。我們決定邀你們到教會中心的聖城，在最莊嚴又最神聖的聖伯鐸殿內受祝聖，你們穿著主教禮服、衣錦還鄉成為中國主教的鮮花和新的種子。你們來到使徒工作的泉源地拜候『伯鐸』，又從他接受了為傳教牧民所需的牧杖。」（宗座公報 一九二六 四三二頁）

上面的一段話，是教宗庇護十一世，一九二六年十月二十八日在伯鐸大殿祝聖中國第一任六位國籍主教彌撒中的講詞。教宗在講詞中且特別指出選定十月二十八日爲祝聖中國主教日期，因爲這一天是他自己受祝聖爲主教的第七週年日，使這祝聖典禮更愉快，更可紀念。

今年爲這樁典禮的六十週年，我們回憶這樁大典感覺到大典的意義非常深厚。中國教會由利瑪竇開教後四百多年，常是傳教士繼續擔任主教職務，指導傳教工作，庇護十一世祝聖了第一任國籍主教，開啓了中國教會的新歷史階段，使中國教會進入正常的傳統，教會由本地聖職員負責管理。二十年後庇護十二世，在一九四六年四月十一日頒佈憲章，建立中國教會聖統制，取消了傳教時期代牧區的非常制度。正式成立中國教會，在教會通常統序中，本地聖職員成爲地方教會主人，自治、自傳、自養。

庇護十二世說：「因著最令人想望的傳教事業最近發展，依照傳信部樞機們的意見，又欣然接受田耕莘樞機的請求，我們認定時機已經成熟，使在廣大無垠的中國內之傳教工作，有更確定的形式和秩序，照顧處理，依照在全球天主教國家的慣例，我們建立中國教會聖統制」（宗座公報　一九四六年　三〇二頁）。

從第一任國籍主教受祝聖到今天的六十年中，中國國籍主教的人數逐漸增多，今年台中教區美籍蔡主教辭職，教宗任命了王愈榮主教接任，中國天主教會完全由國籍主教負責，我們對於以往在華的外籍傳教士主教，衷心感激他們的辛勞，欽佩他們熱心傳道的芳表，也痛心他們在大陸最後所受的侮辱遭遇，竟被中共驅逐出境，形成罪狀。對於大陸的國籍主教，我們心中充滿憂慮，他們有的被監禁數十年，有的病死獄中。目前雖可執行職務，然而被迫斷絕和教宗的聯繫。

我們教會的基本信仰，是「我信唯一、至聖、至公、由宗徒傳下來的教會」。第二世紀聖依納爵殉道主教曾比喻教友有如麥粒，經過磨碎和發酵後，結成一個麵餅，各地方教會也如同麥粒，結成一個麵餅——教會。然而麵餅要成為耶穌的聖體，否則沒有意義。成了耶穌的聖體，耶穌便是頭，別的都是肢體。在最後晚餐耶穌求聖父使宗徒們以及後代信眾，團結一致，如同祂和聖父一樣，各地的地方教會也要團結一致如同天主聖三的團結。然而地方教會的團結要和基督相結合，透過基督才能與天主聖三結合；既透過基督當然以基督為頭。教會是無形的神秘團體，同時又是有形的人間組織，教會以基督為首領，由聖神為心靈，藉著聖事以施行救恩，增加天主子民的數目，擴大基督的神國，穩固基督的教會，基督在教會內建立了聖統制，使聖事的施行能有一定的秩序，使天主的子民，能有牧人的照顧。主教負有照顧教區的責任，教宗負有照顧全教會的職務，基督復活以後，曾三次吩咐聖伯鐸宗徒牧養祂的羊群。在聖伯鐸的牧養下，互相團結，教會的聖統制，乃成全球一統。

在第一任中國國籍主教的祝聖典禮中，這種信仰的精神充份表現出來。庇護十一世在彌撒中講詞結束時說：「你們去、宣講、教誨、授洗、祝福；我選擇你們，要你們去產生果實，而你們的果實常久存在。」教宗用基督的話向中國主教說明中國主教的使命。在祝聖主教的典禮中，主禮者公開詢問領受祝聖者說：「你願意建設基督的身體——教會。並願意與主教團保持合一，而隸屬於聖伯鐸繼位者的權下嗎？」接受祝聖者公開回答：「願意」。然後主禮者又問說：「你願意對聖伯鐸的繼位者，表示忠實的服從嗎？」接受祝聖者又答說：「願意」。第二屆梵蒂岡大公會議，在〈教會憲章〉很明白地說：「因而神聖大公會議正式確認，在祝聖主教時授與聖秩聖事（神品聖事）」的圓滿性，這在教會的禮儀習慣中並按教父們的說法，稱爲最高司祭職，神聖職務的頂點。祝聖主教時，連同聖化的職務，也授與訓導和管理的職務。不過，這些職務，按其本質，只有與主教團體的首領及成員有系統的共融下，才能運用。……由於主耶穌的規定，聖伯鐸和其他宗徒們組成一個宗徒團，基於同等的理由，繼承聖伯鐸的羅馬教宗和繼承宗徒們的主教們，彼此也聯結在一起，按照很古的遺傳，……經常在統一，愛德及和平的聯繫之下，息息相通。……可是如不以繼承伯鐸的羅馬教宗爲主教團的首領，並使他對所有牧人及信友的首席權保持完整，則主席團毫無權力。（第廿一節　第廿二節）

中國國籍主教素來保持這種信仰，常常從屬於基督的代權。在目前大陸的艱難環境中，主教們努力使用從權的方式，以保持教會的生命。他們心中的信仰，必定是完整的。即使有三四人公開發言反抗教宗，這三四人的言論絕對不代表中國教會的心聲。大陸的主教暫時雖不能和教宗聯繫，我們相信他們的心和我們的心，同心同德，信仰一致，常常舉首仰望羅馬教宗。他們和我們必定切實體驗到今天責任的重大，在中國教會存亡之秋，我們不能愧對四百年來，教會千千萬萬爲信仰而殉道的烈士，我們必定有頭可斷，志不可奪的氣慨，以保持中國教會信仰的完整。

可愛的神父、修士、修女、教友們，在中國第一任國籍主教祝聖六十週年，中國教會聖統制建立的四十週年，在這兩件歷史事蹟的紀念日，環顧目前教會的環境，你們知道主教們的責任如何重大，你們也知道主教們的軟弱。請你們一起來手牽手結成一顆心，和主教們結成一體，支持主教，協助主教。在今年十二月十四日，大家一齊來到輔仁大學中美堂，參加兩件史事的紀念大典彌撒聖祭，虔誠祈求上主援助我們，祈禱中華聖母助佑我們，並求中國主保聖若瑟和中國殉道真福支援我們。

在這兩樁史事的紀念中，我們在自由中國的主教們深自反省。聖伯鐸曾經訓誡有牧人職務的聖職員說：「你們務必要牧放天主托付給你的的羊群，盡監督之責……做羊群的模範。」（伯前五：2—3）又說：「不是做託給你們照管者的主宰，而是做群羊的模範。」（同上）。第二屆梵蒂岡大公會議在教會憲章，也說明主教負有訓導的職責，又在《傳教法令第三章》特別申述，傳教地區新興的本地教會負有宣傳福音的重任。四十年來，台灣教務由發芽而茂盛，由茂盛而衰弱，我們主教們應負重大的責任。目前台灣社會經濟繁榮，道德衰落，物慾盛行，我們天主教會宜及時奮起，肩負振興民族道德的使命。教友、修士、修女及神父團結一致，和我們主教們相連，共同執行這項使命。特別同心合力辦好明年的福音傳播工作策劃會議，以求尋得良好的傳福音的途徑。我們謹以基督之名降福你們。祝主的平安常與你們同在！

中華民國主教團全體主教　敬啓

民國七十五年十月廿八日

邀請教宗訪華日記

致單國璽主教函

單主教道鑒：

周大使在國民黨大會裡，來和我談話，說明李總統指示他盡力使邀請教宗明年訪台事能成功，星期六，十一月五日總統府秘書長李元簇先生給我通電話，說李總統知道邀請教宗須由主教團上書教宗，請我促成，並說因我在羅馬很久，熟悉羅馬的要人，請我往羅馬走一趟。最後他說，將和連部長聯絡。當天中午，輔大校長辦公室就接到外交部電話，說連部長約我於下星期一，七日，上午九點，見面談話。李元簇秘書長為我的同鄉，彼此很熟。

本星期一和連戰部長談話，他說李總統很注意邀請教宗訪華，已經拜託菲律賓總統柯拉蓉女士，在他晉見教宗時，代為轉達，柯拉蓉總統後來答覆李總統說，已經代為轉達，教宗答說將鄭重考慮，因此李總統特別吩咐周大使進行，也請中國主教團合作，雙管齊下，我會將轉告主教團主席花蓮單主教，連部長又催我往羅馬去一趟，還託我和教廷溝通換駐教廷大使事，我答如單主教能一同去更好。連部長說很好，先上書教宗，後來往羅馬，當面向教宗述說，一切花費，不必客氣，向我說就好了。

我想這次主教團上書教宗可以說明現在情形變了，大陸都在學台灣，從文化，政治，經濟都想以台灣爲模型，大陸天主教人士也求能和台灣教會多連繫，現在教宗來台灣，雖會導致中共的抗議，但不會對大陸教會有害，另外，對大陸教會則有益，因爲教宗來台灣表示看重台灣教會，台灣教會是忠於教宗的教會，他們便間接得到鼓勵，大陸忠於教宗的神父和教友，聯合起來，加強工作，一定可以逼迫愛國教會讓步，甚至失敗。

假使主教團因上書，教宗不答應來，面子上不大好，這種事無大關係。但是若不上書，一定招致李總統的不滿和反感，後來必定說教宗不來，是因爲中國主教團沒有邀請，在教友和國外的主教團方面，大家都以爲中國主教團對大陸對羅馬沒有行動，沒有做事，明年教宗到香港到澳門，不來台灣，台灣教友和神父修女，必起抱怨，若聽到因主教團不上書教宗，就會埋怨主教團了。

我想以輔大六十週年的名義上書教宗，兩年未往羅馬，明年正月以參加普世博愛會主教退省抽空到羅馬去。

李總統的邀請，請教宗在機場停一下，行彌撒不行彌撒都可以，我請主教你和常委會仔細考慮一下，總統府很急於要答覆。

光叩　民國七十七年十一月八日

因教宗若望保祿二世將於民國七八年來韓國主禮國際聖體大會典禮，李登輝總統欲邀請教宗順道來華，特請余往羅馬。

民國七十七年

十一月五日

上午，閱報，休息。

十點半，總統府李元簇秘書長來電話，談邀請教宗來訪問台灣事，可能請余赴羅馬一行，他將與外交部連戰部長連繫。

十一點半，千惠來電話，謂外交部請余於下星期二往外交部與連部長談話。下午寫稿：

「宗教與家庭」

十一月七日

上午九時，到外交部，與連戰部長座談一小時。

連部長說明李總統注重教宗來訪事，希望成功，曾託菲律賓總統面向教宗轉達邀請，教宗答謂將加考慮，連部長請主教團上書教宗，並請余往羅馬一行，又託余代與教廷溝通換周大使，教廷接受新派大使，又謂中華民國捐款為救濟他國天主教會經費，政府可間接幫助，余答將與單主教商量。

到輔大，與花蓮單主教通電話，彼將於十一號來台北，將好好商量。

石神父，朱秉欣神父來見，談校務。

午後，參加中正學術基金會研討會決定本年學術得獎人。

十一月十四日

上午，在輔大。

與李元簇秘書長通電話，告以主教團上書教宗，邀請來台，余擬於明年正月赴羅馬，彼以爲恐過晚，余因可於下月八日校慶後赴羅馬，但決無把握可以成功。

又電外交部歐洲司副司長（司長出國）請報告連部長，主教團上書教宗，余於下月赴羅馬，須兩張飛機票，並請辦出國護照。

十點，鄧以明總主教來輔大，談話後，看電影簡報，參觀天主教文物館，十一點在淨心堂行彌撒，十二點歡宴，學校送一金手錶，將鄧總主教原有之錶，留置文物館保存。

飯後，拜于斌樞機墓與聖母洞，余告以希望葬在聖母洞內。

十一月十五日

上午，在輔大，織品系羅修女同織品系主任來見，要求申請設織品學研究所碩士班，中文系包主任同兩位教授來見，要求設立中文研究所博士班，因爲明天將召開參議會，協調三單位今天向教育部增設系所之申請。

致書外交部王飛次長，請轉寄上教宗書與周大使，再轉朱勵德神父，送交教宗私人秘書，又請轉告周大使代約晉見教宗與兩位副國務卿時日。

下午授課兩小時

十一月十九日

上午，閱報，休息。

十一點一刻，由淑芳夫婦駕車，陪往台北總主教公署，參加歡迎Baggio樞機宴，余送與巴樞機放大鏡一支，鏡有珐瑯手柄。

午後，三刻，周書楷大使來天母牧廬座談約四十分鐘，述說彼在教廷，最近爲邀請教宗來台之活動，余亦述說總統府秘書長與連部長委託余辦此事之經過。周大使請余與彼共同晉見李總統。

十一月廿一日

上午，在輔大

朱教務長來見，談校務。

函李元簇秘書長，告以與周大使談話，又告以邀請兩函，已送交外交部請代送羅馬，並請轉告連部長余所需祇兩張往返機票，十件小禮物購買與租用一星期之車費，在羅馬之生活費與宴客費，由余自備。

下午講天主教教義半小時，來聽者十二人。

十二月八日

上午，閱報，休息，收拾行李

下午，三點，到總統府，由外交部王飛次長陪見李總統，李元簇秘書長及邱副秘書長在座，余先向總統報告民七四年與七五年，在羅馬和教廷交涉之經過。穩定中梵外交關係，李總統遂說明邀請教宗已辦之步驟，請菲律賓總統及波蘭政要向教宗表達李總統之意，李總統又願自己致函教宗，乃吩咐秘書長繕寫一正式公函問候教宗，並請於赴南韓途中，在台灣少留，談話四十鐘，辭去。

十二月九日

高潤章、聶增榮兩先生來訪，議定廿八日下午，爵士團來天母參加彌撒，聚餐，開會。

上午，在牧廬，閱報，休息。

十一點半，總統府邱副秘書長來電話謂總統信馬上送來，在聖堂祈禱。

午後，稍休息。

一點，由洪會長與蔡修女陪同起身赴飛機場，外交部歐洲司人員辦理手續，飛機誤點兩小時，在貴賓室等候，學校王秘書長、郭總務長、袁廷棟院長來送行，歐洲司邱司長亦到，王飛次長因接另一客，亦到。

上飛機，五點半起身，在曼谷再等兩小時許，登機，淑芳改坐第一等艙，與余同坐。飛機振動許久，不能入睡。

十二月十日

早上六點五十分抵羅馬機場，周書楷大使與謝參事在機場等候。周大使送余至Micheangelo旅館，房間過小，暫居一天，傍晚，遷居Columbus旅館305-306房間。

中午，偕淑芳到金龍飯店用飯，老闆還相識，請安，晚七點，周大使在余之旅館請宴，有朱勵德神父與謝參事，坐談甚歡，大使原請在外一餐館，余因累，氣喘，堅辭。

晚，用藥，身體稍安。

十二月十一日

上午，十點，往天神母后堂，訪王克祿蒙席，請彼通知留學之中國神父修女，余雖忙，午後可在旅館接見。

往盧森堡仁慈修女院，在院內行彌撒，中午用餐，院內有一中國修女，爲中華聖母會修女，同張淑芳講話。飯後，余見全體修女，又與聖母會修女取余之主教禮服，以便晉見教宗之用，見二樓之兩房，俱已爲余預備妥當，但院長云擔心廚房無人煮菜，余云此次住旅館。

午後與義大利友人通電話

方濟加太太來見。

蔣廷信先生來旅館，同進晚餐。

十二月十三日

上午，六點起床，唸日課，行彌撒聖祭，默想，早餐。

九點出門，往梵蒂岡，見宮長Monduzzi主教，申請晉見教宗，彼答一定可以晉見，大約在十五號到十九號之一天。

到國務院，見Celli蒙席，彼爲中國司司長，暢談甚久，彼已見到吾人邀請教宗之函，彼謂尚未決定明年赴韓，又謂中國大陸教會很亂，分爲四派，有何方法平息爭端。

余見Colussono總主教，老友相逢，甚歡，談中國大陸情形，更多談台灣現況，彼甚喜台灣之發展，余謂此行有三事請求教廷：請教宗訪問台灣，請教廷接受中華民國政府派新使，教廷任命畢理樂代辦兼任駐華大使，因彼已被任命爲駐孟加拉大使。往見教宗私人秘書，國務卿之秘書。

午後，休息，六點，周大使來旅館，閱李總統致教宗書，彼以余今天行動電致總統。

八位留羅馬中國神父來見，余告彼等余來代表主教團邀請教宗訪台，請先守秘密。

賈彥文總主教由法國來，施森道蒙席來，長談，共進晚餐。

十二月十四日

上午，彌撒，早餐。

八點一刻，施森道蒙席來旅館，送來所換義幣六百三十餘萬里耳，余請其明後兩日中午陪宴客，十點，周大使與施參事來，將余之向教宗說牒英文本改正數字，送來五份。

十點半，偕賈總主教赴國務院，十一點一刻，見嘉錫迪Cassidy副國務卿總主教，寒暄畢，余言此次來羅馬有三使命，第一，代表中國主教團邀請教宗訪華，嘉副卿說自己已見到邀請函。余說明彼曾在台北，知道彼被指定離開台北，雖保留駐華大使銜，台灣教友及非教友對教廷之感情不好，目前，台灣之經濟及政治俱有重大改變，並述數點重要之改進，嘉副卿說自己常閱台北英文日報，余乃說大陸教會情形亦大改變，反對愛國教會天主教神父教友講演，且公開聲明脫離愛國教會，嘉副卿說大陸教會甚亂，彼此攻擊，余乃謂余設法予以團結，彼等現尋求與台灣教會聯繫，如教宗此次訪問台灣，則可予大陸忠貞教會極大之鼓勵，使其團結，嘉副卿說此點可作考慮教宗訪問台灣之理由。

余謂余來羅馬之第二使命，乃中華政府已改組總統為台籍人士，部長多係新人，故願換駐教廷大使，但有所顧慮。嘉副卿說怕教廷不接受新大使。余說是，余詢問羅馬之數位樞機，彼等俱云既有邦交，爲何不接受新大使，嘉副卿說：新使來用何政府名義？余答以中華民國名義，中共是人民共和國，嘉副卿說「此事將與公共事務部同教宗商量，將予總主教本人一答覆」，余說此事係秘密，連部長與余談此事時，摒退一切人。

余謂第三使命更難，畢代辦已被任孟加拉教廷大使，可否依照嘉副卿本人前例，兼任駐中華民國大使？嘉副卿謂此事不好，如要派使，則專派大使駐台北，不用兼使，若第一點即教宗訪華事，若能成，則最佳。

十二點辭出，往看政務副國務卿Sodano總主教，彼新到任不久，尚未進入中國問題之情況，但Celli蒙席在座，寒暄畢，余謂此來爲請求教宗訪華，余繼述說台灣經濟政治之改變，大陸教會之改變，海峽兩方面關係之改變，以往是台灣怕大陸中共，現在是中共怕台灣，因爲幾十萬往大陸探親之中華民國人民，已將台灣情形告訴大陸親友，掀起大陸學台灣之風氣，大陸天主教人士亦看台灣之教會，請求幫助，雙方教會將更團結，Sodano總主教謂情形既改變，教廷應從新情勢考慮問題。余告辭，乃與Celli蒙席繼續談話，余並以新草之幾點建議義大利文本予之。余建議爲大陸教會之紛爭，由台灣主教直接與大陸主教接觸，商量解決之途徑。大陸教會問題，由中國人辦理，不宜再由所謂外國專家左右。

十二月十五日

上午，往San Calito教廷行政大樓。

先見Etchegaray樞機，彼為余之舊識，彼向賈總主教說，當彼在羅馬求學時，往見吳經熊大使，即與余相識，余將近兩年台灣社會之改革，與大陸關係之改革，及大陸教會之改革，向彼說明，並說明請求教宗訪華事，因以余之備忘錄送之，邀請明年輔大六十週年舉行國際學術會時，來台參加。

繼往訪Poupard樞機，晉見其秘書Cahier神父，彼為舊相識，且得有輔大名譽博士，見Poupard樞機時，述說台灣之改革，彼以其著作見贈，並許明年可來參加輔大之學術會議。

晚，周書楷大使在京華飯店宴Cassidy 副國務卿，暢談舊事。

十二月十六日

晉謁教宗

上午，再將前日經與Celli之說牒重寫，請朱勵德神父以總會之秘書處以打字機抄寫，並複印。

十一點三刻，進教宗室先有Baggi樞機晉見教宗畢，相遇問候，後有Baum樞機見教宗畢，相遇問候。

十二點二十五分入教宗辦公室晉見，教宗走近入門處握手，然面色沈重，無平日之笑容，就座前，余送呈李總統函，教宗閱讀英譯畢。余說：為整個中華民國即台灣天主教之共同願望，請求教宗在赴韓途中，在台灣停留數小時。

教宗說：時勢尚未成熟。

余答：兩年來，時勢俱變，由台灣往大陸探親之人已近三十萬，將台灣之狀況告訴大陸親人，大陸現有一種台灣熱，一切事俱願學台灣，大陸地下教會人士已漸出頭，公開反對愛國教會，願意多與台灣教會人士多有連繫，教宗到台灣，間接可予彼等安忍和鼓勵。

教宗說：時勢尚不明顯，中共將認爲訪問台灣爲一種敵意之表示。

余答：教宗訪問純爲牧靈性質，以鼓勵教友。

教宗說：中共不會多加分析，彼等祇由政治著想，認爲一種敵意之政治行動，彼等曾聲聲說教廷對彼等有敵意，祇承認台灣代表中國，和台灣有外交關係。

余答：教廷大使原留在大陸，別國使館俱撤離中國大陸，教廷大使未撤出，最後，中共驅逐教廷大使出境，教廷大使現在不派大使，是由中共自己所造成。

教宗說：中共不會承認有錯，祇說錯在教廷，不願和教廷談判。

余答：談判決不能有結果。

教宗說：中共口口聲聲，說不許教廷干涉內政，教廷從來未曾干涉一國內政，中共所說干涉內政究竟若何解釋。

余答：中共就不會讓教宗治理教會。

教宗伸開雙手說：就是這樣！但必須求得Modus Vivendi教廷任命主教以前，先詢問中共政府對人選有無意見。

余答：大陸教友之忠貞人士不會接受此種方式；彼等拒絕與愛國教會有關係之主教，除非彼等公開聲明脫離愛國會，最近已有四位主教作此聲明，大陸教友亦反對外面到大陸訪問之人士，訪問愛國教會主教，對所謂神學家與專家所發表意見，甚起反感，真理電台之最近廣播亦引起抗議。

教宗說：余在研究有何方式，可令汝等取得一些滿足。

余答：訪問台灣，爲全體教友之願望。

教宗說：時勢尚未成熟，時勢一到，余會來台灣訪問。

余說：余等在台灣之主教將設法與大陸主教取得連繫，將派可靠之神父，有計劃地訪問大陸教會，明年輔大六十週年，將召開學術會議，擬請一兩位大陸忠貞主教到台灣參加，余於明年，將被邀請參加大陸儒學會議，余並以寫好之簡單工作計劃書，呈遞教宗，此時，教宗稍釋嚴肅緊張之表情，余亦稍鬆弛心情。

教宗說：宜多與樞機等多談，可往見董歌樞機和國務卿。

余說：國務卿明天動身往西班牙，無法可見，董歌樞機則已約於明日往見。

教宗說：問題甚複雜嚴肅。

教宗乃起立，教宗私人祕書進入，攝影者亦來，教宗祕書稟告教宗明晨余將與教宗共祭，教宗謂甚好，時間爲晨七點，余答賈彥文總主總主教亦在，願來共祭，教宗謂好。

余退出時已一點鐘。下午，請Celli蒙席在金龍飯店午餐，施蒙席、朱勵德神父、王克祿蒙席作陪。席間，余簡云教宗謂時勢尚未成熟，但余告Celli蒙席：若教宗赴韓而不訪台灣，台灣教友對教宗起反感，在報章上寫文章，余等主教不能負責，余又以換大使請教廷接受，新大使事託彼進言。

周大使以外部來電出示：請求畢代辦升大使將離台，向教廷申請派大使，余告周大使在與Cassidy副卿談話時，已說明，然彼謂甚難。

十二月十七日

晨，六點半，與賈總主教與蔣廷信及張淑芳進教宗室，到教宗私人小室，與教宗共祭。夏威夷之主教及教友數十人亦在，彌撒畢，在大廳等候教宗出見。

教宗入廳，余站在第一位，教宗握手後，輕聲說吃早餐，余又介紹賈總主教與淑芳及廷信，教宗週繞大廳畢，教宗之私人秘書謂余及賈總主教云：請入內，教宗尚有話談，廷信與淑芳則在外等候。

入餐廳，教宗亦進廳，邀余與賈總主教坐其對面，兩秘書坐桌兩端，教宗今晨心情輕鬆，笑容滿面，余亦不談訪華事，祇談大陸教會情形與台灣之接觸，並說明將組成一機構，秘密與大陸主教連繫並計劃工作，談半小時許，早餐畢，教宗離席，兩秘書送余與賈總主教出宮，越南籍之秘書，說明為余之學生，曾來台觀光，並承余陪台北市。

十點，余同賈總主教往宣傳部，余見次長Sanchez總主教，賈總主教見中國司司長Ghidoni蒙席。

十一點余與賈總主教見董歌樞機，余謂昨日教宗囑與董樞機長談，彼聽後甚歡，余乃將台灣及大陸教會之目前狀況詳予講述，雖說明外國所謂中國教會專家所造成之紛亂，彼亦深惡此等專家之狂論，余告以與賈總主教將計劃派人與主教接觸，董樞機特囑多寫報告，余又談明年輔大六十週年紀念之擬定節目。

中午，在耶穌會總院，與耶穌會總長午餐，賈總主教及朱勵德神父在座，共四人，余又談邀教宗訪華，教宗不願往，總會長謂有一計劃，請教宗赴長川島拜望聖方濟沙勿略墓，後往台灣，長川島為中國領土，屬中共管轄，中共已修理聖人之墓，如此，則教宗已赴大陸又赴台灣，然問題在大陸愛國會是否派人來島，歡迎教宗。另一點，余告總會長馬尼拉之Sulojay神父，為愛國會宣傳，危害大陸的忠貞教會甚大。

晚，周大使在京華飯店設宴，邀請Rossi和Baggio兩樞機，及傳信部次長Sanchez 總主教，教育部次長（前傳信大學校長，曾得輔大名譽博士），主教會議秘書長Sdpfte總主教，與Angelini主教，傳信部司長Laidoni等，教育部次長謂爲輔大六十週年，可見教育部長Daum樞機，由施森道蒙席於星期一接洽。

宴畢，周大使，劉公使，顧參事又到旅館余房間，爲擬電報，報告耶穌會總長所呈之長川島計劃。

十二月十八日

上午，彌撒後，在旅館休息。

中午，在金鼎飯店邀留羅馬之中國神父午餐，賈總主教及淑芳與廷信俱在座，中國神父到十二位。

Angelucci先生與其夫人及一子一女俱來旅館相見，談笑甚歡。

晚飯，余與淑芳在旅館用餐。

早睡。

十二月十九日

上午，往教廷教育部見部長Baum樞機，談半小時許，陳述說輔大情形外，並談及台灣及大陸現狀，余邀請部長樞機明年來台參加輔大建校六十週年，部長樞機請余明年四月來羅馬參加全球天主教大學校長會議，爲修訂天主教大學新章程。

中午，應任蓉邀，往家鄉園午餐。

午後，往以前所住之盧森堡修女院，送回託其保存之禮服及書籍。

購瑪克糖及雜物。

Paimondi Padini先生來見。

晚，約朱勵德神父來旅館晚餐，託其接洽Celli蒙席，對邀教宗訪台事及交換大使事，爲余人說話。

十二月二十日

「晨彌撒畢，賈總主教來旅館早點，談彼與宣傳部部長個別談話之內容，彼將於明年二月農曆年後，由教廷公佈辭職，然後回台往住花蓮瑪爾大會院，以後，與余合作對大陸教會接觸事，余謂將與狄總主教商量，由台北總教區爲其建一小屋居住。

一反共組織之女士來見。

中央社記者劉先生來見。

十一點半，由周大使，謝參事，蔣廷信先生，送往飛機場，在機場餐廳用午飯。

二點，登機，三點，離羅馬。

十二月廿一日

上午，七點半在曼谷換飛機。

下午，兩點半，抵桃園中正機場。

外交部歐洲司邱司長，輔仁大學及天母洪修女等多人，在機場相候。

回到天母，即上床休息，晚飯前，行彌撒。

十二月廿二日

身體非常累，在飛機上來去兩程，俱用氧氣。」

整天臥床。

（附註：十二月卅一日，進榮民總醫院病房，住院，於正月一日出院回牧盧）

十二月廿三日

上午，臥床。

下午，三點，到外交部與連戰部長談話四十分鐘，余述說與教宗，嘉錫迪副國務卿，董歌樞機，談話經過，教宗之答覆爲：時間未成熟，情況不明朗，但在研究一方式，使中國主教能得一答覆，請與董歌樞機及國務院人多談，故此事未結束，連部長說此事尚剛開始，能有此直接之了解，非常有益。

余謂爲換使事，教廷接受新大使否，副國務卿謂將有一函作答。

余謂爲教宗派大使來華，余曾建議由畢齊樂大使兼，嘉副國務卿謂不好，尙謂不必談。

民國七十八年

正月十六日

上午，在輔大。

閱讀信件，中有由大陸直接郵寄者之件，有一件由北京孔學籌備處（孔學研究會議）邀請余於今年十月七日至十日參加在北平舉行之孔學研究會議。

中午，輔大宴畢齊樂代辦餞行，祝賀其升駐孟加拉大使。

午後，四點，到總統府晉見李總統，報告此次赴羅馬晉見教宗及教廷要人之經過，十二月十六日余晉見教宗，呈遞總統之函，說明邀請教宗訪台乃總統以及全國國民之願望，尤其天主教人士懇切希望教宗來華，教宗答之已閱余之說明書，但認時間尙未成熟，情況不明，恐中共認爲仇視之舉，余從教會立場，說明訪華之利益，教宗謂中共不會從教會立場評判。

李總統謂此次晉見教宗兩次否，余答係兩次，十六日單獨晉見，十七日早，與教宗共進早餐，談話約一小時。